U0132647

香港本地風光・附新界百詠

黃佩佳　著
沈　思　編校

本書圖片由黃佩佳後人及沈思提供，特此鳴謝。

香港本地風光·附新界百詠

作　　者：黃佩佳
編　　校：沈　思
責任編輯：黃振威
封面設計：張　毅
出　　版：商務印書館（香港）有限公司
　　　　　香港筲箕灣耀興道三號東滙廣場八樓
　　　　　http://www.commercialpress.com.hk
發　　行：香港聯合書刊物流有限公司
　　　　　香港新界大埔汀麗路三十六號中華商務印刷大廈三字樓
印　　刷：美雅印刷製本有限公司
　　　　　九龍觀塘榮業街6號海濱工業大廈4樓A室
版　　次：二〇一七年七月第一版第一次印刷

ISBN 978 962 07 5727 3
Printed in Hong Kong

黃佩佳與庸社行友

這些圖片是黃佩佳先生與庸社行友所攝，蒙黃公後人允予借出。由於照片人物眾多，目前只能辨認到來自報界的吳灞陵、趙斑斕、黃嗇名，以及由公務員組成的雄風社的黃公、黃賢修和布達才，其餘人物未詳，有待識者指正。

一九二六年十二月，黃佩佳先生肄業於皇仁書院大學預科班，這是他的肄業證書照片。原件由黃公後人借予皇仁書院校史館展覽。

黃公肄業後，在香港政府庫務署工作時攝。

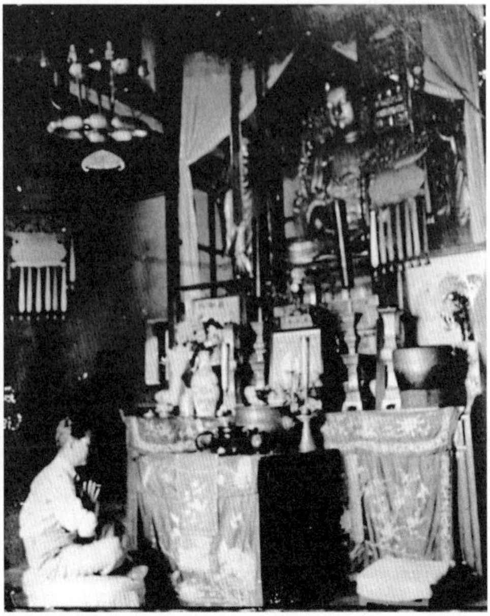

黃公在荃灣東普陀寺參佛。照片附有缺字詩文，以「江山故人」署名，下題民三十一年（一九四二）七月：「半生侘傺，無以（人）聊，乃寄懷於酒，倏（爾數）年，今忽如夢初醒與酒告別。（悄）向佛前作懺悔矣。」又以「新愁舊恨生」題曰：「心隨流水遠，恨向佛前銷；去住原無着，一生付寂寥！」

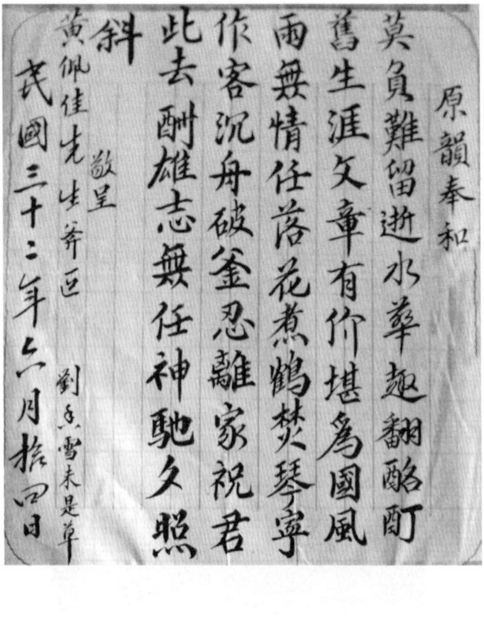

原韻奉和

莫負難留逝水華趣翻酩酊
舊生涯文章有价堪爲國風
雨無情任落花煮鶴焚琴寧
作客沉舟破釜忍離家祝君
此去酬雄志無任神馳夕照
斜

黃佩佳先生斧正 敬呈
劉香雪未是草
民國三十二年六月拾四日

黃公在一九四三年六月十二日給堂弟留下〈絕命詩〉，回國「酬雄志」前，友人劉香雪為「沉舟破釜忍離家」的黃公，奉和這首詩。之後，黃公行跡便無覓。

黃公任職公務員時，與同事黃賢修（右）、布達才（中）合照。他們三人合組「雄風社」，後併合為「庸社行友」。黃賢修與布達才在戰後更進一步推動庸社行友的發展。

一九三三年黃公（右二）在啟德濱民生書院前，與吳灞陵（左一）、趙斑斕（中）、黃嗇名（右三）合攝。

攝於元朗舊墟，中為黃公、吳灞陵（右二）。

攝於大嶼山石壁圍，吳灞陵（蹲下者）、趙斑斕（右二）、黃齋名立於吳灞陵後。此照片見於一九三三年十月三十日〈旅行周刊〉四十九期。

一九三六年元旦攝於大嶼山鹿湖，吳灞陵（左二）、黃齋名（右三）、黃公（右一）。

攝於寶蓮寺，最左為黃公，最右為黃齋名。

一九三三年三月四日，黃公等組織了三十多人乘夜船往深圳。在寶安縣與縣長香榮輝（中坐者）合攝。黃公（右一）、吳灞陵（後右一）、黃嗇名（前右三）、趙斑斕（左三）。黃嗇名在《庸社金禧特刊》回憶這次旅行，「經過仔細商量，臨時擬定我們這旅行的集團叫『庸社』」。此照片也見於一九三三年三月十一日的〈旅行周刊〉。

攝於廣州白雲山能仁寺，布達才（左二）、黃公（右二）。

攝於廣州黃花崗，黃公（左四）、布達才（左五蹲下者）、趙斑斕（中立者）、吳灞陵（右一）、黃嗇名（右三）。

在宋二王臺側，昔二王殿村之宋行宮故址，乾隆廿一年建，道光八年大鵬營參府張清亮信監鄧廷柱等重修之。內懸乾隆廿一年丙子孟夏管理大鵬鹽務候補守備曾紹燦等鑄贈之洪鐘。門聯則云：「塵鎮南疆，界土何分新舊；道崇北極，恩膏遍洽華夷。」詳見《新界風土名勝大觀》（頁八十九）

目錄

〈香港新界百詠〉

序一

也許該從日本侵華戰爭說起。

不是這場戰爭，一九四三年的黃佩佳就不會辭了香港庫務署的職務，毅然赴粵。去做甚麼？其妻說是抗日。然而，黃佩佳參加甚麼組織抗日？如何抗日？至今仍是家族裏的不解之謎。當年一別，黃佩佳人間蒸發。

渺無音訊，屍體不獲，故黃家裡從沒擺放黃佩佳的靈位，遺下的只有他撰寫的文章剪報。而我，也是從字裡行間漸漸認識我的外公——黃佩佳。

說來慚愧，因不大喜歡閱讀遊記，故只偶爾翻閱外公的著作。相反，我對外公的個人經歷倒有強烈興趣。上世紀二十年代，外公於皇仁書院肄業後入職政府，工作穩定，暇時相約友人遊山玩水，足跡遍及新界各地，生活無憂，殊不知最後竟撇下我外婆、我媽媽以及舅、姨等人，隻身赴粵投身抗日戰爭去，這簡直就是一個富有悲劇色彩的傳奇故事！

想過追溯外公的生平。但人總有惰性，直到外婆過世之後，我再也難從任何人口中發掘到他的軼事了，空餘一絲遺憾。表兄弟妹們考慮把外公的文章編集成書以作紀念，卻又遲遲未付諸實行。豈料於二〇一六年書展中，表妹卻赫然發現外公的《新界風土名勝大觀》已經出版了！驚喜之餘，卻又滿腹疑團。編者沈思是誰？為甚麼他願意為戰前一個業餘文人的零碎文章編集成書？

正當我們打算透過商務印書館聯絡沈思先生，以表謝意之時，因緣巧合，我卻在彭玉文先生的「石上河散記」網誌上發現沈思先生的留言及聯絡電話！

我們家人跟沈思先生的緣份就是由此展開的。

從沈思先生，以及業餘歷史研究者馮佩珊小姐口中，我們才驚悉原來一羣所謂親人一直都不太了解黃佩佳。多次檢視、討論各方資料，我們才重新認識黃佩佳這個消失已久的長輩，就像把一片又一片拼圖拼湊起來，方能瞥見黃佩佳的畫像。

外公自幼居於鴨脷洲，因是遺腹子，故非常孝順母親，勤學上進，都只為將來回饋養育之恩。傳統的思想深深植根於外公的腦海中。外公雖重情義，但國難當前，終選擇先保國而棄家。一九三七年至一九四三年有六年之距，我相信外公是深思熟慮後才有離家的決定的。從以往跟外婆的交談中，我覺得她是明白外公的愛國之心，但子女們始終懷有些微怨言。這種為國棄家、情義兩難全的肥皂電視劇情節放到現實中，確實很難獲得兒女的諒解。外公赴粵前也曾拜託最信任的堂弟幫忙照顧家小，但外婆偏偏又是性格倔強之人，即使把最小的女兒送給別人撫養也不願乞求別人。

我們曾想過繼續尋找黃佩佳的足跡，他赴粵哪些地方？聯絡過甚麼人？做過甚麼？無奈年代久遠，人既不在，事已如煙，種種謎團根本難以查證，遺下的只有黃佩佳孤獨而又瑰麗的文字……

最後，我謹代表黃佩佳的後人衷心感謝沈思先生及商務印書館，沒有他們，黃佩佳的遺作也不知何年何月方能問世，只希望能為香港、為我們熱愛的這片土地填補一段失落的歷史。相信這也是外公的心願。

黃佩佳外孫　葉世康

二〇一七年四月十九日

序二

一切都得從《新界風土名勝大觀》編校出版後談起。

話說上世紀八十年代中期，我從蕭國健教授手中，得到吳灞陵藏書中的黃佩佳（以下尊稱黃公）遺著，其中有《新界風土名勝大觀》和缺五十四篇的《本地風光》影印本。雖然複印效果不佳，但已成為我們這些喜跑田野者的「秘笈」了。而大家對黃公的個人所知，都是來自吳灞陵或《庸社特刊》的片斷描述。皆因黃公的文章和庸社行友回憶記述，都從沒有論及黃公的家人。大家都懷疑黃公可能沒有後人，否則應在文章中看到一鱗半爪的。

可是，事實並不如此！

《新界風土名勝大觀》編校本出版後不久，我竟收到黃公後人、他的外孫葉世康先生來電。接到這個震撼性的電話，瞬間我想，藏在心底三十多年的謎團或將解開。

近二十年多來，研究香港史的朋友增加了很多。也有朋友希望或嘗試編校出版黃公的「秘笈」，最後都礙於種種原因而擱置，但是藏有黃公文章的朋友倒也不少。有一位馮佩珊小姐，她熱衷香港近代人物研究，有着過目不忘的本領。她以業餘的時間，蒐集有關幾乎黃公所有的文章，她亦認識黃公的遠房親戚，但也不清楚黃公有沒有直系親屬。我約了她與黃公後人一同見面。在他們珍藏黃公八十多年前的遺珍中，我們看到了黃公的照片，看到他在皇仁書隊的肄業證書，同時也有剪報集。更令我們最驚喜的是，竟有黃公百多張老照片的影集。雖然影集沒有說明文字，但都是黃公年輕時與友人在香港和廣東各地的合照。在眾多相中人當中，我們除了能辨認黃公與吳灞陵之外，其它景點和人物都一概未詳。

為了尋求答案，我們翻閱當年舊剪報和黃公發表的文章，竟發現這些照片，有部分曾在一九三二年庸社編輯的〈旅行周刊〉內文插圖所用，也有些在吳灞陵一九五一年的《香港旅行手冊》出現，故此很多照片的情節，都可按圖索驥尋回。於是，我們試從黃公與庸社的文章尋找，再從黃公後人聽來的點滴片斷，重塑「江山故人」黃佩佳先生的傳奇故事。

在《新界風土名勝大觀》的首篇中，黃公提及「獲交於吳子灞陵、黃子嗇名、趙子奔瀾等，三子皆活潑可喜，且為島中報界先達，私幸得共友，嗣而相約倡為旅行事，連嗣裙屐，咸本刻苦耐勞以赴之，期鍛煉體格，振奮精神，故於新界自然界中，不知結下幾許山水緣矣。」黃嗇名因著有《球國春秋》為我們所熟悉，但我們卻從未見過他的照片。在馮佩珊小姐努力尋找下，在一九五五年由黃嗇名編輯的《香港學校總鑑》，得見他的照片，與當年相距不遠，這樣便解決了黃公論及的三子之二了。

趙奔瀾是誰？在網上找不到資料，後來我們看到了一九三七年《華僑日報》委派他去澳門創辦《華僑報》的消息。我是在澳門長大的，小學老師曾在澳門《華僑報》工作。我便用手提電話將或有趙奔瀾在內的圖片轉發給她，她馬上便能認出來。他去澳門後用了「斑斕」的名字，即〈旅行周刊〉發刊詞和很多文章的署名。他也是珍藏照片中常見的人物。

至今每個星期日仍有百多行友健步、踏進八十五周年的「庸社行友」，是香港歷史最悠久的行山團體。在庸社的創辦人當中，尚有與黃公同是公務員的黃賢修、布達才。這兩位老前輩，由於戰後是庸社的核心骨幹，所以認識他們的人也很多，我把照片給庸社老行友一看便認出來，當然戰前的黃嗇名與趙奔瀾，他們是不知道的。就這樣，黃公後人珍藏的相片在眾多朋友的協助下，相中的主要人物背景便基本弄清了。

統合已收集的剪報，黃公從一九二八年六月七日開始在《華僑日報》〈香海濤聲〉寫作開始，至一九四三年他回國失蹤的十五年間，黃公共寫下約六十多萬字的文章，其中主要專欄著作有：

一、一九三〇年五月至一九三一年二月〈本地風光〉二百餘篇

這專欄是黃公在《華僑日報》首次有系統「把本港的見聞，東鱗西爪，亂七八糟，寫一個暢快淋漓，不理三七廿一，想到就寫，隨隨便便，不拘束、不粉飾」。在寫到最後一篇時，他說：「現在著者有些麻煩，又不想擱至異日續編，故此暫和閱者告別，俟有機緣，或另撰別文來相見。」據黃公後人所述，可能當時黃公因遵母命結婚，故暫停寫稿。

二、一九三一年六月至一九三一年八月《琴寒館漫話》五十篇

黃公婚後，心緒平靜下來，他又在《華僑日報》用「隨筆的體裁，寫點範圍較廣的東西，像〈異地風光〉、〈時人軼事〉、〈電影批評〉、〈社會見聞〉及其它，也在行文之便，分別寫出來。」《琴寒館漫話》這五十篇文章是以香港境內和廣州為主題的。

三、一九三一年十二月至一九三三年九月《額涼集》二百三十八篇

一九三一年，東北的「九一八」事變，令全國人民震怒。在吳灞陵眼中「他原是一個詩人兼學者，也是一個最愛國家、最愛民族的志士」的黃公，「聯想起南宋的歸宿，我的額就不禁涼起來，很悲忿、很激昂……本着『想到就寫』的宗旨，故沒論甚麼東西，也要在這裡發表出來。……來寫個性的觀感，使人生一切的創痕，得着一個深刻的印象」。這專欄集中對香港、新界、廣州的描述。由於圖書館藏的《華僑日報》〈額涼集〉有部分欠缺，而這些部分卻在黃公後人所存剪報與吳灞陵藏品中收錄了，互補之下，尚稱齊全。

四、一九三二年十二月至一九三三年十一月《南強日報》附刊的〈旅行周刊〉

一九三二年十二月四日，庸社在《南強日報》編輯了共五十期的〈旅行周刊〉，其時黃公因有〈額涼集〉專欄，故以「額涼生」和「江山故人」筆名，只撰寫文章十多篇。而〈旅行周刊〉的附照，大部分可見於黃公後人珍藏的照片中。

五、一九三五年三月至一九三六年四月〈新界風土名勝大觀〉三百二十九篇

一九三四年間，黃公因家事暫停寫作，至一九三五年三月，《華僑日報》編輯再邀「久不為文」的黃佩佳再寫專欄，他「抑亦藉此良機，為溫故之舉。因檢舊稿而增刪之，略加整理，條分縷析，並集年來旅行新界之聞見，參以新界書籍，著為較有系統之書，顏之曰〈新界風土名勝大觀〉。」此稿上年前已編校出版。

六、一九三七年六月至一九三八年二月〈綿綿孝憾廬隨筆〉一百零七篇

一九三七年二月，黃公母親病逝，事母至孝的他「百感攖心，中懷鹿鹿，久久不能為文事矣。茲以憂患之餘，稅廬人境，因顏曰『綿綿孝憾廬』，誌吾心之喪也。」

黃公在寫專欄期間，正值「七七事變」，使這位「不獨情鍾地理，興乎繫念河山」的黃公，更覺感懷憂時，令他在這專欄中，連續書寫了三十五篇〈抗戰詩話〉。

七、一九三八年五月至一九三八年七月〈香港新界百詠〉四十七篇

黃公在寫作撰稿十周年時，把訪遊香港新界十年間，仿古人的「百詠」體例，以詩詞歌詠的形式把香港的一百個景點，在《南強日報》以四十七期連載。其中第八十三詠的〈煙墩山〉，一九五七年羅香林教授所編的《一八四二年以前之香港及對外交通：香港前代史》曾加以引用。

在完成〈香港新界百詠〉之後，因時局、工作及家庭問題，黃公較少撰寫專欄。一九三九年間他曾協助蘇子夏編《香港地理》一書（香港商務印書館已重刊），期間也有〈綿綿孝慽廬詩草〉等發表。一九四〇年十一月黃公又撰寫〈棉紅杏雨廔譚薈〉十九篇。一九四一年三月刊行《大嶼山游覽指南》，同年在《大風》半月刊發表〈大嶼山的東涌〉、〈九龍宋王台及其他〉等文章。其中〈九龍宋王台及其他〉在一九六〇年出版的《宋皇台紀念集》為吳灞陵所轉載，並在序言中更正他之前說黃公一九四五年回國說法之錯誤。

一九四一年十二月，香港淪陷，在香港土生土長的黃公，無鄉可歸，只得與妻兒七人留居香港。他的後人曾聽說，當年曾有日軍上門調查，但最後禮貌而回。至於這時黃公的生活與工作狀況，則無從稽考了。

在一九四三年四月日治期間，黃公又在《香島日報》連載〈風簷絮語〉十五篇文章。

他在刊頭中寫着：「滄桑故國，歷落情懷；夕照孤城，疏籬野火。指點龍津古渡，猶存鶴嶺殘碑，江山情重。我思柳州之文，風雨宵深，誰解樊川之醉。」但這些篇文章只是重覆昔日舊文，並沒有描述其在日治期間的生活情況。

令人不解之是，當年四月二十七日的〈風簷絮語〉第十五篇後，再沒見過他的文章。六月十二日，黃公突然賦文予他的堂弟，據其後人藏的〈絕命詩〉所云：

飛絮天涯見弟兄，江城盃酒故人情。
此生有恨都成夢，孤劍無儔始作聲。
別後湖山容我醉，異時身世看誰輕。
中原滿眼烽煙裏，豈獨神州掉臂行。

自題「民國三十二年六月十二日，將歸國，賦此留念，吾弟業滎、業昌。此人海蒼茫，不知再見何時。吾生茫茫，吾念茫茫，書此存念。但願吾中國人永為中國人也。歲在癸未之夏狂醉天南之九龍半島。黃佩佳印。」

就這樣，黃公拋下妻子兒女，據說是獨上廣州，最後音訊全無，他的家人也曾前往尋找，但也無功而回。一九四四年吳灞陵在報章上也說他失蹤了。香港重光後，庸社行友常有憶及黃公的文章，都只說他回國失蹤，但也從不提及有沒有照顧黃公後人之事。

我去年編校完《新界風土名勝大觀》後，本以為工作已告一段落，但與黃公後人聯絡後，得到他們的珍貴資料和提供線索，使更多有關香港戰前本土論述和庸社行友的歷史更為清晰。由於資料多了，我再遍閱黃公文章，看到年前在《新界風土名勝大觀》的序中所寫黃公的故事，確有很多不足之處，不過這些錯誤只能待《新界風土名勝大觀》重印再版時更正了。

這套《香港本地風光．附新界百詠》，是黃公遺著中，最具收藏與研究價值的文章。〈本地風光〉是黃公最早連載的文集，記述很多當年香港的本土掌故傳說。〈香港新界百詠〉可算是他最後論述香港風光的文集。從文章中，可看到黃公文筆的歷練轉化，對香港本土論述的寬敞情感空間。我們也可從這些文章，重構香港戰前的歷史碎片。

因香港商務印書館的大力支持和本書責編的協助，此書得以付梓。期間在蕭國健教授與郭少棠教授的鼓勵下，承蒙好友游子安教授與馬木池博士及眾多友好提供意見。更榮幸的是得到黃公外孫葉世康先生百忙中賜序，翔實的細說黃公不為外人所知的故事；而黃公孫女黃春華女士及她的弟妹們熱心襄助，並慷慨提供珍藏照片，都使本書編校、出版得以順利完成，在此謹致謝忱！

沈　思

丁酉年端午於香港

本地風光

本地風光（一）

一九三〇年五月六日

在下沒有投稿本欄，已有很久了。我最先和本欄結文字緣，大約在民國十七年五、六月間。現在計起來，差不多將有兩個年頭了。

本來，這個投稿工作，是可以繼續下去的。可是，我於前歲秋間，因為感觸太深，竟奮然走去百粵，在白雲山某寺做和尚，青燈古佛，細研《八大人覺經》，意謂從此可以靜心參至道，希望做一個超凡入聖的人了。怎知事與願違，看官們，你要知到白雲山是剪徑強徒嘯聚之所，白晝出入，也有戒心。修髮之願，雖則是很堅決，奈何那些不靜之景象，足使我震慄而有餘。而且一般的冷寂山門，我坐蒲團也坐不安樂，故此還俗去了。現已跑回香海，但頭頂上受戒的幾點火印，出入還很不便，時時要戴着帽子，方可瞞得過人。

怎想前幾天舊雨中原大俠君＊，竟然高興起來作〈香海遊蹤〉一文，投給本欄，向在下開頑笑。嗳喲，這還了得。那天晚上訪他，跌一交的創痛，還未復元，但細閱他的大作一篇，還找不出有甚麼不了得之處，現在且姑恕他一次吧。

＊編校按：中原大俠是黃佩佳友人，真實姓名不詳。

哈哈，真是無巧不成詞，簡直是無巧不成〈本地風光〉，因為靜極思動的我，思有以重操投稿生涯，正執起筆，按着紙，想寫下去的當兒，適值大俠這厮又來過訪。「坐啦坐啦，飲茶食煙」，大俠駕臨，最低限度也要這樣。他見我正在想寫稿，問我作甚麼東西，我說：「寫本地風光。」他說：「寫本地風光麼，好。恰巧我也沒事幹，那就你作我按，開開頑笑，好麼？」我說：「很好，這來得更有趣，得你來幫忙，我當然筆勢大振了。」於是振一振筆，把本港的見聞，東鱗西爪，亂七八糟，寫一個暢快淋漓。不理三七廿一，想到就寫，隨隨便便、不拘束、不粉飾。閱者們啊，失禮失禮。

本地風光（二）

一九三〇年五月七日

中原大俠插嘴

好了故人說罷，我也來騷擾騷擾。在這篇〈本地風光〉，不批不評，祇來按一按吧。故人未入題，我也未得按其一按，插嘴說幾句，有甚麼所謂呀。想故人之志很大，故和尚要超凡入聖，嘗說「此心即佛者，江山吾故人」，其志之大可想見了。他愛好的是遊山玩水，山可遊而水可玩，則何事不可為。大抵做和尚去，不是故人所甘寂寞的，且不要道破他「五蘊皆空，六根俱淨」的過氣出家人吧。哈哈故人，你恕我罪，恕與不恕，還沒打緊，恐怕如來佛祖不能恕你呢！好，且看你寫出甚麼東西來，執筆小待。

先講換季

最近的最近，要說說本港的風氣了。春盡夏來，炎炎長夏的滋味，快要領略了。所以未講風光之先而講風氣，可知滿街滿巷換季的人，就是得本港風氣之最早。故人多暇，清閒不過，逛出十字街頭作無聊之巡閱使。結果，查得穿華絲葛，和新綾紡的，濟濟有眾，而穿秋絨的也是不少，還有些竟穿起夏布來。故人看得入神，魂為之顛倒。見華絲葛而艷羨，見秋絨而生奇特的思想，見冷見熱各有不同，到底不知那一方面是有見地呢。

（中原大俠按）前人說：「過了一日又一日，一日清閒一日仙」，大抵故人都是這類的人物，不做和尚而做巡閱使，官癮太重。「見華絲葛而艷羨」，合指一算，算出故人是沒有換季，就是有，也不過穿着一件新綾紡吧。

一九三〇年五月九日

冒充女學生

女學生是怎麼的高尚，得人欽羡，所以遂有人起而冒充。試瞧瞧他們淡裝淺抹，體態輕盈，脫盡鉛華，天真漫爛，確使人生美感。可笑那些不良份子，亂來冒充，每當月上柳梢頭的時候，居然穿起一襲俗不可奈的華服，挽着籐喼，招搖過市，自以為得計。怎曉露出破綻，也不自知，不知他們羞也不羞。女同志們，快起來，一致打倒冒充女學生的她們。

（中原大俠按）故人說得不差，大俠嘗於渡海輪中，見前座某女郎的空殼籐喼，給風兒吹得搖搖擺擺，當時我真替她躭心不淺。

漆咸道上

尖沙咀海濱的漆咸道，燈稀道遠、景極清幽。有些人愛它晚來清風拂面，多往乘涼，而一般癡情男女，更因這裏幽靜，莫不倩影雙雙，拍拖而至。行倦了，就在道旁的椅並坐，或眠臥綠茵中，慢談情愫，遙望香島燈光，如星羅棋布，尤足怡情；有些人以這裏太過冷寞，枯寂無味，而情侶們卻認為不可多得之緣道，與二馬路殊不多讓焉。

（中原大俠按）大俠也曾厠身其間，但因隻影形孤，不覺其趣。可惜故人也和我一樣，未曾領略這種滋味，故不能把個中人的思想，詳說無遺，未免美中不足了。

本地風光（四）

電影院前

一九三〇年五月十二日

本港的電影戲院，約有十餘所。著名的如皇后、大華、新世界，院前的裝璜，真是璀璨不過、莊嚴不過；並有三群四隊的西裝客：牛津裝、劍橋裝，髮光可鑑，楚楚動人，按部就班似的站在院，以為點綴。每見嬌滴滴之她們，就目光四射，閃爍如電，向她們行注目禮，徘徊不忍去，日夜頭場之前，更是熱鬧。這種風光，你們如果想實地嘗試，請移玉步，便知余言不謬。

（中原大俠按）那一種人，大約以登徒浪子為多，既完全沒有道德觀念，又好頂架子，嬉笑浪漫，傲岸成性，故人之説，有由來啊。

今日的九龍城餛飩寮

九龍城的餛飩寮，遊九龍城的，無不欲一嘗試以為快。前給當道干涉，幾要拆卸，幸而收窄門面，得以保存。「衣香鬢影，棧車雲集」，一般的旖旎風光，現在仍不稍遜從前呢。

（中原大俠按）我也是那裏的熟客，愛食的是蝦麵一碗。現在卻減了我的熱情了。

奇廟遭劫

對海普慶戲院附近，昔有小廟宇一所，修廣不過二、三尺，高亦如之，全為牌扁碎石所成。相傳其下有金塔，動廟者非病即死。今該地以建彌敦酒店之故，這間奇廟已拆去了。傳聞該廟求財頗應驗，迷信者多趨之，所謂「偶然題作木居士，便有無窮求福人」，這可見一斑了。

（中原大俠按）幸而大俠不喜歡買山票、舖票。不然，又少一所去處了。

一九三〇年五月十三日

榕樹頭的說法者

對海舊裁判署前之榕樹頭，雖已建了小屋數十間，惟在華燈初上時，仍有無數江湖客，麕聚四週。贈掌、看相、賣藥、脫牙，不一而足。而其中有賣藥之道人，尤為個中翹楚，身穿道袍，趺坐說法，說到眉飛色舞時，不禁手之、足之、蹈之、舞之。聽者不期而集者數十人，多徘徊不忍去。道人法力之偉大，古之生公，不是過也。我不禁為之嘆觀止焉。

（中原大俠按）或者道人於未成果之先，要在人間說法，以普渡眾生乎。

青山禪院的大鐘

屯門青山禪院大鐘，懸於地藏王廟裏，圓徑大約八、九尺，為古銅所鑄。樑上懸繩，繫以大松幹，幹之一端，又緊以繩；擊時，則拉繩使松幹撞鐘，聲清而澈，聞數里外，聽者心懷為之蕩滌，若得大解決、大覺悟焉。現司該大鐘者，名了塵比丘尼。廟內陳設極簡，竹影扶疎，鳥聲細碎，極得雅澹適宜之旨。了塵約五十許人，仙姿鶴態，道貌岸然，閒坐看經，藉以養靜。遇有檀樾，過山門，則起而擊大鐘，聲凡三、四不等，說是能超度地獄中之幽魂，替檀樾行方便云。

（中原大俠按）大俠曾以此鐘詰了塵淨侶，知購自民國七年間。一度聽之恰與故人所說者沒有出入，西子湖有南屏晚鐘，當夕陽凌影時，「淨慈鐘響震全湖」播為美談，詎香江的青山晚鐘，也不讓南屏獨擅呢。

本地風光（六）

一九三〇年五月十四日

青山詩

香海文人詠青山詩很多，我獨愛曩年報載某女史的七絕一首云：「層疊東臺隱夕陽，一杯能渡即慈航；青山對我如相識，十里松風送晚涼。」寫情寫景，能在平澹處取勝，尤愛其「青山對我如相識」一句，頗與我性情相合。我署名「江人故人」意義，也很像隱在這七個字中；末句更是瀟灑豪放，誦之使人心曠神怡，惜已忘了她的署名。

（中原大俠按）故人意在「青山對我如相識」一句，其懷抱已見一斑。這裏我可慳些筆墨了。

化龍巖

化龍巖是杯渡山名勝之一，在青山寺三清寶殿之後。巖極蒼古，潺潺欲滴的水痕，點綴於青苔石隙之間，越覺其天然之美。巖下供奉大魚遺骨三，計脊骨一、脅骨二。脊骨圓形，大如砧板，高約八、九寸；脅骨長約尺許，分置其左右。骨色灰白，略帶微青，前有香燭之燼。該寺比丘尼輩，恒在這裏焚香誦經，趺坐數念珠，週而復始，孜孜不倦。附近溪澗流泉，也很幽趣。

（中原大俠按）嘗聞該寺主持顯奇上人說，這魚骨來歷，是有一段神話的。據土人說：「從前的青山寺，是近在水的，當時有大魚一尾，誤困巖內不能脫，故死。這三條骨就是它的遺骸了。」我聞如是，錄之以存其寰。

一九三〇年五月十五日

老人石與蟾蜍石

長洲數罟灣之老人石，濱海而立，挺起約二丈餘，其形怪異，嶙峋可畏。該地土人說這裏前有漁夫某，撒網捕魚，失足墮巖而死。至今夜間附近，常聞撒網縛水之聲，詫為奇事。不知其事的漁人，偶在此結網，也墮岩而死。前後凡數人，知者咸裹足不前云。

蟾蜍石約在山頂石橋之下，形類蟾蜍。相傳有神仙將它由山頂踢下來的，因為它一走到維多利之巔，香島就要化潭了。神仙以它走得太快，遂踢它下來，現在每年僅行一粒米位云。哈哈，這未免太過荒謬，惟港人多能道之，姑傳其說，以實本地風光。

（中原大俠按）老人石之形，確是怪異，石質很蒼古，遙望極肖老人。在下嘗與友人在這裏避雨，至今思之，猶有餘慄。蟾蜍石的神話，年前港人紛紛其說，婦人孺子，且驚懼至泣下，更使人發噱了。

小西湖

新界沙田的風景，山光水痕，岸影隄邊，林木葱蘢，山邱起伏。又有王屋山，屹立大埔海之南。極類西子湖之孤山，左右兩隄似斷橋、白隄，山擬葛嶺。他如大圍、白田等村落，也堪駐遊蹤。沙田這所地方，那就大可叫它做小西湖了。大俠君前在「南國之風」曾詳為介紹於閱者，這裏可不贅述。

（中原大俠按）我也很愛沙田的風景，差不多每一星期必到一次。一來想領略山光水色，二來想試試泰馨的排骨味。

本地風光（八）

一九三〇年五月十六日

聯話

本港楹聯佳者極多，擇其尤者錄之如下：

屯門守真園云：「守得名山依梓里，真疑塵世有桃源。」

青山禪院云：「十里杉松藏古寺，百重雲水繞青山。」

九龍城侯王廟鵝字云：「古石書鵝摹逸少，名山駕鶴仰侯土。」（此聯妙在嵌「鵝」、「鶴」二字，俱是寫實，且得其體。）

五龍院云：「武當傳實相，官富敞神官。」

大埔墟觀音山紫竹林正門云：「松下剪雲裁鶴氅，花間滴露寫鵝經。」

殊勝門云：「到此已無塵半點，上來更有碧千層。」

香港仔華人永遠墳場云：「綠水有情，五丈原頭培後果；青山無恙，百年轉瞬悟前因。」這一副聯子，很得警惕覺迷之情，看了便悟草草勞人的一生，終不過如是。

先施公司云：「先備環球貨，施行互市樓。」嵌「先施」二字，寥寥十個字，也稱該公司之身份。

玉波樓云：「玉箸豪華，歎春夢初醒；飽歷風波，到底不知錢是命。樓臺旖旎，管世間甚事；流連盃酒，人生幾見月當頭。」又云：「玉露半甌煎紫筍，波濤一片映青梅。」兩聯俱為港中人所稔知的。今該樓已改為大廣州了。

昔河門田水月宮云：「觀空有在留成幻，音到無聲始見真。」

紅磡觀音廟云：「座上蓮花，饒有西湖三月景；瓶中楊柳，分來南海一枝香。」（本屬正常，但以它是廟聯中之別開生面，故錄之。）

廟左鄰之公所云：「公道自本人心，公事惟期諸公辦；所有何分中外，所行無忝於所言。」

對海妓院門聯云：「就飲蘭陵酒，花眠蘇小家」、「鏡女留髡日，江妃解珮時」，皆是得其可。

利舞臺云：「利擅東南，萬國衣冠臨勝地；舞徵韶樂，滿臺簫管奏鈞天。」

有擬永別亭云：「此何地，送何人，人地兩相分，黃鳥來時空抱恨；未知生，焉知死，死生原是夢，青山無語黯銷魂。」都琅琅可誦。

本地風光（九）

聯話（續）

青山之巔的牛脷石，有擬聯云：「怪石固驚人，千丈橫飛幾墜海；高峰如避客，尋萬直走欲陞天。」

名利棧云：「名譽播五大洲而遙，公等為當代偉人，小住也應增價值；利權攬南北洋之勝，男兒抱前程壯志，他年預卜滿榮歸。」

有擬宋皇臺云：「歷數朝而至今日，將有千載。因何海不枯，石不爛，還留江水悠悠，綠草蔓蔓。但見樹杪斜陽，山明水秀增秋感。自民國以逮來時，終非愁可滅，恨可消。

畢竟雲煙渺渺，翠松蒼蒼，祇遺荒山片石，試問風清月白為誰涼。」讀之如江城玉笛，無限悽愴了。

雅樂樓云：「雅而不俗浮於酒；樂以忘憂在此樓。」嵌「雅樂酒樓」四字，如天衣無縫。

第一樓云：「第一有名皆博士，樓台無地不談天。」

九龍城上帝古廟云：「客至莫嫌茶味淡，山僧不比世情濃。」此聯是前人句，不適於廟宇的，不知怎麼會刻在上帝古廟呢，真不可解。

深水埗蓁園云：「此中有真意，到來生隱心。」

大觀樓云：「酒醉怡人，東坡蘊籍；花香笑我，杜牧風流。」

平香樓云：「半分水月歸談座，風送花香入酒杯。」

昔之小蓬萊云：「小飲偶然邀水月，謫居猶得住蓬萊。」

大東酒店云：「大江門躍鯉，東道地棲鶯。」

黃仙祠云：「四時花木常今古，萬里山河任往還。」

敬惜字紙亭壽字聯云：「欲種福田流世澤，須憑心地積陰功。」

屯門聖廟云：「貫一、抱一、憑一，千經萬典，一脈流通；忠恕、感應、慈悲、俯察仰觀，任運會之瀾翻，壽同淵嶽；入世、忘世、出世，三島十方，世風升降。泗水祇園兜率，上蟠下際；合屯門而掌握，莫定乾坤。」

其他佳聯尚有很多，祇限於篇幅，不能盡錄。

（中原大俠按）楹聯為我國商店、廟宇、山居所喜用的，其結構精巧者，讀之琅琅然。今故人所錄的，都限於本港範圍之內，也極海外雲霞之大觀。

一九三〇年五月十九日

本地風光（十）

旅行的地點

本港雖乏名勝古蹟，然以風景而論，當不落後。在下前在某報介紹「香江十景」（署名驚夢者），曾一度言之甚詳。十景為「青山煙雨」、「霧山俯瞰」、「娘潭飛瀑」、「長洲晚望」、「宋臺奇石」、「鯉門夜月」、「脷洲帆影」、「扶林曲徑」、「旗山星火」、「石橋霧鎖」。

然而說旅行的地點，多取其便，可以一日往還為佳。港中和新界各地點，皆不很遠。團體和學校等，在假期內，多旅行新界等處。就中以沙田、元朗、屯門、粉嶺、大埔墟、荃灣、九龍城居多。他如新娘潭、觀音山、西貢、長洲、東涌、大澳、坑口等處，以其往返不便，故問津者很少。香島方面，間有登維多利亞山之巔，或往鴨脷洲、赤柱、石澳等地方，或環繞香島；惟山水林泉之勝，殊不及新界了。

照在下的意見，如有五、六人旅行的（人數最多不過八、九方妙，再多則嫌錯雜了），最好攜備烹茶之具及食品，從薔色園跨慈雲山而至別麓之泉石處，找所雅靜地點烹茶（該處泉流清而洌），陳列食品，伴侶各適其適。一覽林泉之美，臥石聽鳥語、賞花香，任落葉打身，聽流泉清耳，別饒風韻。餐罷，下山往沙田，緩步瀏覽風景，趁車而返；或赴大埔墟一遊村落。荃灣則遊青衣。鴨脷洲則宜泛棹於青山綠水間。青山則宜遊禪林，觀杯渡遺蹟。元朗則宜於薄暮時遊田隴間，四野黃雲，一天暮色，溪影山居，自得其真趣。

又於旅行所至之地方，最好就地找茶樓品茗，一試其地的土產，或與士人談風俗，也是有趣不過。

（中原大俠按）故人所說之游蹤，很得我心。我也有謝公癖的，然很喜步行，沒論它遠或近，都是贊成步行的。我以為旅行不祇增廣見聞，瀏覽風景，且能練就精神，鍛煉思想，涵養性情，是無上之消遣。

一九三〇年五月二十日

消夏錄

現在已至夏季，且轉吾筆一述港中之消夏生活。濶人的消夏，自然是兜圈子，逛遊樂場、僱船遊河，當不在語下。平民化的，衹去海浴場游泳，調冰雪藕、浮瓜避暑，或走去多林木的所在來納涼。學校於此期內，多僱輪載員生等往大浪灣、清水灣、昂船洲、數罟灣、銀鑛灣、深水灣、屯門灣等處海浴。泳罷歸來，沿途海風拂面，很是愉快。再瞧那三十間道上的婦孺們，食完晚膳，揮着葵扇，坐在附近斜路上，如歷行排列，飽吸晚風，這也是經濟消夏之一法。在下家居對海，於此炎夏中，最喜乘輪渡海，每當月白風清之夜，駛至海心的當兒，餐風賞月，如登廣寒，不復知有人間世上。

（中原大俠按）我祖母住在鴨脷洲，小樓一角，推窗放雲，山色入座，景趣宜人。當炎夏時，很喜睡在騎樓裏，仰觀星月，靜對蒼山，一般幽寂景象，直有不可思議的愉快。觀故人之消夏法，事雖不同，而其義則相髣髴。

大埔墟的奇磬聲

據該地禁山何某說：「每當午夜，萬籟沉寂，微聞擊磬聲，自遠而近，繼而轉大，聲音清越可愛，惟一蕃鄰近，又沒有甚麼山門或供佛者。磬聲至二時許方輟，夜夜如此，至今仍有發現，一時皆引以為奇云。」所說如是，在下也曾在某報一述，現並簡言之，以告濤聲閱者。

（中原大俠按）嘗聞人說，發現擊磬聲之地方，必產高僧。未知大埔墟有沒有這麼人傑地靈呢？然亦不失為香海佳話之一。

在下沒有空兒作「按語」了，此後且聽故人君繼續寫下去吧。（中原大俠附誌）

一九三〇年五月二十三日

本地風光（十二）

茶樓

講到本港的茶樓，在今日而論，倒算風起雲湧。其中資格最老的要推中環之得雲和雲泉二館了。現在得雲樓已大加刷新，座位亦通爽；雲泉也有些改革，惟少了機利文街口之一座樓位（因奉令拆去），不若曩時舒暢吧。後起的有第一、高陞、蓮香（嶺南樓舊址）、添男、鎮海樓（如意樓舊址）；對海有平香、新金山、蓮香（九龍樓舊址）、冠粵、江南等（以上俱指其著焉者而言）。其餘統計都不下二百餘家。

既有這般盛況，則老板們為求營業發達起見，因此又增聘女招待，設歌壇，甚麼季老師、放路溪錢、風流司理、月兒、瓊仙、翠姬、湘文、女侍阿珍、麗容等輩，乘時而興，鬧個不亦樂乎。直至現在，歌壇景象，漸呈衰落，女伶也不復為時人所尚，白雲蒼狗，無怪其然。可是，一說至茶樓之「幽雅潔淨」問題，求之本港，確不易覯。或者以人來人往的茶樓，難免嘈雜，老板又以營業上的關係，對於陳設佈置等，免不了沒有一些抵觸。就中以鎮海樓為雅潔，檯位疎濶，地方寬敞，玻璃也染了色彩，和盆栽各卉相映成趣，與廣州市的著名茶樓沒有多大軒輊。添男也相若，其他如得雲、高陞；對海的平香、蓮香等樓也很適宜。若作早茗，走去蓮香之橫廊覓座，漫嚼紅綾，細研陸羽，遙顧香島於雲霧，一賞曉風殘月，其樂無藝。夜茗呢，偕二、三知己，茗談於平香或鎮海樓的二樓，個中也自有真趣。

一九三〇年五月二十六日

荃灣波蘿

大霧山麓的荃灣，一名淺灣，村居約百餘，多植波蘿。當波蘿暨熟時，一望這四處的山坡，綠植成行，香風撲鼻。採摘其可啖者，分別盛之以籮。每日在正午左右，擔至墟前發售。往為每斤收價約一角，較好些也不過角二，最低廉的則二、四塊銅板不等，果販圖以價廉物美，多遠道來此索購。

銅像

港中銅像共有十餘，其者有域多利亞皇后像，在高等法庭臬署之則，四週圍以鐵欄，欄內餘地植盛栽化卉。又梅港督像，在歐戰紀念碑前，像坐而拳握，對江遠矚，若有所思，狀至閒逸。卜公碼頭前的干諾公爵像，挺立按劍，遙盼九龍，儀極英偉。又九龍城蒲崗曾富別墅五龍院內有真武銅像，高約九尺，重一千二百觔，科頭跣足，背壁而坐，壁間繪雲龍，栩栩如生。真武銅像，乃五百年前古物，曾君由粵獅子禪林以千二金購之，像之兩袖刻有某年某日某監制字樣，陳伯陶書的〈真武銅像記〉，則懸於該院壁間，並譯有英文，以使外人游者的參考。

神話

傳說皇后像的雞，午夜能啼；博物院頂的獅，嘗跳下來嚙傷人，至今鎖以鐵鍊。從前太平山的某巖，曾發見張保仔的大鑊，惟可望而不可即。鵝頸橋下，嘗見一雙寶鴨，出沒其間，這都是港人耳熟能詳的。是否確有其事，作者不得而知，姑錄以資談助。

本地風光（十四）

一九三〇年五月二十七日

廟宇

祀奉偶像的，雖文明如香海，亦有所不能免；故天后、北帝、觀音等廟宇，幾隨處皆見。惟岳王、侯王、孔子、車公僅各得廟宇一所。在中環角的，香火最盛要算文武廟；銅鑼灣推天后廟、金花廟。

九龍則推九龍城的侯王廟、慈雲山觀音宮，這一所觀音宮，是在慈雲山的半腰，一般善男信女，竟不以登山跋涉為苦，而特地走到這裏求簽、拜神、作福等迷信事。聞求財的，以遇蛇為佳兆，又不煩地去撥草尋蛇，可笑得很。最近該廟已不如前了。侯王廟仍不稍衰，嗇色園黃仙祠則門雖設而常關，已不若昔年之盛。上元嶺側之東山廟，則僻界遐荒，又沒有勝蹟，問津者因而絕鮮。

此外尚有混在城市間的廟宇，或設二樓、或設樓下，有若商店式，門前則豎木牌數面寫道「肅靜迴避，污穢勿近」等標語，橫額則書甚麼「白衣觀音」、「齊天大聖」、「周大將軍」、「包公丞相」種種驚人的牌子，直使有識者忍不住一笑。還更奇妙的，雖在這烏煙瘴氣、香燭齊燒的方寸地，既苦有氣沒地抖，而那些所謂廟祝公廟祝婆，於簽香油喊倦了、撞鐘撞倦了、擊鼓擊疲了之後，還糾集三群二隊的同志，開檯蔴雀，竹戰之聲，盈溢乎廟宇。大約菩薩也常要低眉呢，不然，難免不生氣了，怪極奇極。

一九三〇年五月二十八日

本地風光（十五）

海浴場

游泳的地點，最宜遠離城市。海水清潔，沙灘石少，且沒有那些污穢之物，則在這裏一浴，有如走進清涼世界，沁入心脾，愉快得很。然而，本港團體或政府所設之游泳棚，多取其便於往還之故，游泳人數，因是少不免要稠密一點了。所以沒論在那一所游泳棚，到底都不像走去港外海灣這般的好。

荔枝角對面的昂船洲，從前很多人僱船去游泳的，現在，光顧的已減少。清水灣其水清可見底，灣裏又有多少菩提樹、山波蘿等。沙灘很潔白，故得游泳界的歡迎。惟要出鯉魚門外，不慣乘風破浪的，常常作嘔，暈眩至不能游泳。有些中途折回，改道去柴灣或將軍澳。其他如大浪灣、淺水灣、銀鑛灣，也是港人所喜歡到的。究不如去花瓶灣，那種風平浪靜，間於青衣和林麻島之間，極江天帆影、島嶼縈迴之勝，且可以一觀十字石；或轉往屯門灣也是很好的，順道一遊青山屯門等名勝，一舉兩得，是好不過了。或去數罟灣，一遊長洲，也是不錯，可是那裏的航行，浪大得很呢。

安老院

九龍城牛池灣的安老院，為陳賡虞別業「小梅村」所改建的。院裏安養八十餘個無家可歸的老叟老婦，都是年逾耳順的多。約有二十餘個美國姑娘在這裏供炊爨盥洗之役。她們很慈祥可敬，且勤於工作，暇時又帶那些老者去院裏的花園或亭榭遊玩，以資慰藉。年前在下偶遊這裏，見有九十六歲之老婦，尚精神矍鑠，談笑清醒，但終日臥牀第間，不能強步，不知現在還生存不？

本地風光（十六）

一九三〇年五月二十九日

鼎而足三之牙擦店

大道中永安街口附近，有牙刷店三間，字號相同。三店相依為鄰，門前各懸一牌，寫着同一的字號，又各不同的寫道：這一間是正字號，以乜乜為號，提防假冒。除首末二句相同外，中間的一句，卻不相同，商標自是各有別了。哈哈！字號同、所業同，商標卻不同，又是相比鄰，怎會寫出這些說話來呢？有人說，「這是老東的廣告作用吧。」

扱繒

本港近海濱一帶，和對海的石基，在炎夏中，常見很多漁夫在這裏下繒捕魚的，黃昏時猶不輟。乘涼的人們，貪趣的和他買多少，拿來煲粥，作消夜局，味極鮮美且價廉。漁夫網得多少，即有人向他買空了，故漁夫們頗覺這種生涯不惡。

劇團

從前在本港所組織的劇團，多屬白話劇社，間有表演鑼鼓戲，但終以白話劇為本。如「優天影」、「清平樂社」、「琳琅幻境」、「鐘聲劇社」。至今尚存的，僅得「琳琅幻境」，「鐘聲劇社」也是最近復興的。其中演員如林坤山、葉弗弱、廖俠懷等，都已加入省港班了。他們的音樂名手如何柳堂、林粹甫輩，深得佛山嚴老烈之堂奧，頗哄動一時。今何已返東官，林則於去年病歿。現駐港的錢、何、呂、尹等玩家，也常喜替一般劇團助興，倒不寂寞，然而大不如往日之盛了。

一九三〇年五月三十日

本地風光（十七）

日景

煙霧瀰漫，微雨絲絲，則見維多利雅山，若隱若現。由摩星嶺一直至麥嘉霞坳，峰巒出沒，雲繞霧籠，這是一幅香江煙雨景。若果烈日照得雲蒸霞蔚，自皇后像北望，第見一山皆綠，異常青翠；纜車路旁的屋宇，或紅或紫，或白或灰，參差錯落，一時山色、屋色、雲色，現成一幅天然的山水畫。這般景色，在夏天裏所常見的。

夜景

「旂山星火，鯉門夜月」足以代表本港的夜景了。試一望香島海濱大公司、大酒店的燈光，把海水映得如銀蛇萬度。旂山之大麓，完全給燈光籠罩着，山腰也像繁星散佈；石橋以東，一錬燈光橫過，山間至快活谷止，直把這個維多利雅城點綴得燦爛不過。

還記得當髫齡時，家居加咸街，至夜登天臺乘涼，與姊弟輩看山頂火車之往還。祇見紅綠二燈相來往，時出時沒，將至相遇的當兒，爭相傳說，引為談笑。樂也無藝，至今思之，不禁神往。至若月魄玲瓏，雲衢清徹，照海成銀色，浮沉搖蕩，尤覺可觀。這不祇鯉魚門是這樣，即就香江海面，都見白露橫江似的，所以月夜渡海，觸景生寒，就是這個緣故。

午夜歌聲

萬籟沉寂，正尋好夢。沒論寒風蕭瑟也好，炎熱如焚也好，若輩鬻歌者恒三三兩兩，躑躅街頭，弄其絃索，或作牛鳴馬嘶、或作嚦嚦鶯聲，穿插於橫街大路，不理擾人清夢，大抵居港的人們，都已領略透了。

一九三〇年五月三十一日

本地風光（十八）

古蹟

本港古蹟很少，真是寥寥可數。

在九龍城方面，有九龍鎮舊城遺址及廢礮、龍津、宋皇臺等。相傳這所宋皇臺，宋帝昺南走時，曾到這裏駐宿一宵。今所見惟有頑石數頭，作品字形；其大的現有裂痕，俗又稱它做玉帶了；中有一隙，纔通人，四週則圍以石欄，其餘就沒有別樣了。

香島昔有紅香爐、張保仔遺物、寶鴨穿蓮、姻緣石等。現所存的，衹有姻緣石吧。紅香爐雖有，惟不是昔日的古物，不過膺鼎罷了。

東涌大澳則有寶蓮寺等名勝。新界則有錦田戰壕、粉嶺某尚書故宅、沙頭角的長山寺、觀音山的淩雲寺、屯門的青山寺，尤以青山寺為最多古蹟的所在，像杯渡遺蹟，有杯渡禪師像、化龍巖、觀音閣、韓愈墨蹟、黃椰川詩蹟；此外又有鶯哥石、櫻花徑、魚墳等名勝，這裏風景亦幽勝不過，可稱為香江第一名勝了。

遊樂場

從前本港共有三大遊樂場，一是名園，一是愉園，一是太白樓。今愉園及太白樓都已改建了，祇有名園獨存。又在渣甸山多了一所利園，也是規模宏偉的。但名園的地點，落在七姊妹裏，枕山望海，和九龍慈雲山遙遙相對，今年改建了一翻。其中有九曲橋、快活亭、露天影畫室、跳舞場、唱書臺、鞦韆等，書畫廳於林木間，極得林泉山水之勝。胸襟乍涼之際，一看煙花，倒是有趣呢。

本地風光（十九）

一九三〇年六月三日

城市

本港以維多利雅城為商務上的樞紐，這裏俗稱為上、中、下三環。人煙稠密，士商輻輳，是最繁盛的所在。德輔道則公司和酒店林立，荷李活道則報館和書肆林立。學校則盛於堅道。旅店、辦莊則集於干諾道一帶，各江輪船碼頭也在這裏，更見繁盛了。石塘咀則三更燈影，十里鞭絲，綺羅香軟，倚翠偎紅，倍形熱鬧，不下於廣州陳塘。其餘政府各重要機關，則多設在中環。山麓及山巔，則多富豪邸第。

除了維多利雅城外，海中各地都算市鎮或村落，在香島有赤柱、石澳、鶴嘴、石排灣、筲箕灣、富斗窟、亞公巖、大坑村等地方。

在九龍有油蔴地、尖沙嘴、深水埗、紅磡、長沙灣、荔枝角、九龍城和新界長洲、東涌、大澳、平洲等處，小村落則多至不可勝數。

其中著名土產，有紅磡的荳腐潤、九龍城豉油、大埔鮮魚、荃灣波蘿、長洲大蜆、大澳海鮮、屯門腐竹、筲箕灣醬料，都膾炙人口。關於這種問題，在下前在某報作〈香江城市錄〉，署名「蓬山夢侶」，已詳為介紹，這裏也衹略略一說其梗概吧。

沙田山間的猴子

從深水埗大埔路去沙田的，行至城門水塘將盡之處，常見路旁小邱上，有猴子無數。大的高約三尺許，他們或大或小跳跳躍躍於松林間，攀枝過樹，葉落如雨點般下，林木又扶疎蔽天。這類猴子活潑地互相戲逐，使人看了，很覺其天真爛漫。但夕陽林木，炊煙繞樹，他們已走了一空，所餘的衹見那些陰翳的松林而已。

一九三〇年六月四日

國片

國片之在本港，可謂盛極一時了，雖沒有甚麼大的進展，但能㲉摒棄那些神怪影片而以俠化影片代之，結果未必實在，倒可激奮我國民眾的尚武精神。像《火燒紅蓮寺》、《方世玉打擂臺》、《無敵英雄》、《關東大俠》、《江南女俠》等片子，都能脱盡一切柔軟化的表演，實比之情史和有藝術化的片子，還更普遍一點。

最近放影的《新西遊記》（現出至二集）尤能在提倡革命處着手，以革命思想和精神來灌輸一般不良份子，使他們「聞義而歸」，真有「所過者化」之功，很適合今日我國之潮流了。

本港電影院已有十數所，可喜放影國片的竟居多數。雖則「藝術無國界」，也未必沒有影響民眾精神上底興趣的。若筲箕灣的中華、西灣河的長樂、灣仔的香港、西營盤的西園、九如坊的中和、深水埗的明星、旺角的旺角、油蔴地的第一、紅磡的美照、九龍城的新九龍等電影院，都是唯一放影國片的大機關。還有行將開幕的油蔴地戲院，想也是其中之一呢，確使我聞風而喜。文友們啊，請多些批評國片，替它們提倡提倡。

游獵

新界上水粉嶺等處山林，時有野獸出沒，但很少出為人患，且遠隔人煙，見之者絕鮮。但一般好獵的人們，每在假期之暇，整裝攜犬出發，奔走於崇山峻嶺間，找它們作對。有時遇了山豬，雖放毒箭，倒不易捉着它的。或獵得黃麖歸，其味鮮美，老饕輩拿來作補品，啖之津津有味。有些專獵各種山禽，來作研究資料。聞大埔有一種貓蛇，能吞兔子，日前報載該地附近之某鄉，竟發見山君噬牛。又近九龍塘的九廣鐵路，又見虎之足跡，但一般獵者很少見有獵得虎歸來的呢。

本地風光（二一）

一九三〇年六月五日

唱晚

一天星月，半江漁火；小舟唱晚，歌韻悠揚，這般風景，可見於鴨脷洲、筲箕灣、長洲等處。筲箕灣居港之東，擅鯉門夜月之勝。當皓月臨江、桅檣倒影，銀海浮沉，歌聲四起，雖屬俚語，然而差可見民間曲調之一斑。珠江有珠娘，香海也有香娘呢。嬌滴滴的香娘喉底，迎風引吭，高歌一曲，解人易索的歌兒，「兄妹兄妹」等調子，有些令人陶醉啊。

瀑布

以絕少江流的本港，找些偉大瀑布一看，是很不容易。有呢，也僅見於層巒聳翠間。香島薄扶林水塘而上的山麓，溪水雜流，潺潺而下，中有長約八、九尺的瀑布，隱約於樹影叢中，聲清悅耳。

城門谷水塘附近，也有長約丈餘的瀑布，自崖倒瀉而下，散注水塘。這裏沒有林木，惟前有一泓綠水，四面雲山，一聽瀑聲而賞山光水痕，很覺暢快。遊這裏的可自大埔路登山將至山巔，就見有所茶寮，過些則為城門水塘。沿山徑而上，行約百餘武，當抵其地了。

至於新娘潭的瀑布，是港中有名的，它自懸崖倒瀉而下，長約二丈餘，都滴瀝散瀉，水花飛濺，遙望如煙，聲清且越，響徹雲璈。游新娘潭的，沒有不到這裏一觀飛瀑。山光鳥語，潭影瀑聲，靜聽靜觀，萬慮都消，心靈為之陶醉，當推為香江第一瀑了。

桃源洞

大埔墟之西北，村居約數百家，這裏遍植桃樹，當盛放時，兩岸桃紅，一溪水綠，溪又清可見底。映桃成兩株，紅綠相錯雜，嬌艷媚人。有某居士在這裏建「桃源洞」一所，故稱該地為桃源洞。桃花流水，落英繽紛，想香江也不少武陵漁父呢。

本地風光（二二）

一九三〇年六月六日

時節

港人習俗和內地差不多，故年中一切時節都有所表示。像元宵、清明、端午、七夕、中秋、冬至等時節，沒有不會熱烈底慶祝。是以在除夕前的數天，文咸街、永樂街、乍畏街、威靈頓街一帶，擺滿了年宵貨物，行人擁擠，熱鬧非常。

清明呢，柴灣、咖啡園、大口灣、鴨脷洲、馬頭圍、雙魚洞、曬魚石等墳場，掃墓的絡繹於途。

端午則僱舟往七姊妹或香港仔觀競渡。昔者名園在這個端陽節，都請些舟子，在該園對開海面，集七、八艘大龍船，劃定界限競渡；又搭了一所棚子，濱海而立，以備士女觀光。龍船之獲冠軍的，或亞軍的，在該園裏頒獎錦標，並犒舟子，極一時之盛。

七夕呢，首推擺花街的絨線舖，七姐粉啊、七姐盆景啊，盡態極妍，堂皇璀璨，衣香鬢影，廝磨其間，令人艷羨。

到中秋之夕，賞月的多登天臺。有些較為高興的，泛舟中流，一賞水光月色。還有的登宋皇臺，就石而坐，俯瞰一片汪洋，皓月當空，寒生腋底，倒是雅事。

重陽呢，旂山之巔，九龍之濱，踵接肩摩，熱鬧得很。冬至則不及其它節令的興鬧了。

奇峰

九龍城獅嶺以西，有峰形似駱駝背，勢極險峻，頑石嶙峋，故又叫它做駱駝峰。沙田的望夫山，其巔有望夫石，挺出一丈餘，遙望如一婦襁褓其子於背上一般。大埔有峰二，相連之處作新月形，遠望則極肖馬鞍，所以叫它做馬鞍山。青衣對面有花瓶山，其峰有石如十字，成自天然，這又是奇峰之一。

一九三〇年六月七日

漁業

說到本港的漁業，雖沒有多大的發展，然而，倒可供給市上需求而有餘。這類漁船，都以舊式帆船為多，俗稱為「拖」，別為「大拖」、「中拖」、「蝦九」、「大眼雞」等類。最大的長也不過七十餘尺，到了出洋捕魚的時候，定要兩艘拍拖的，乘風破浪時，兩船相離之處則下一大網，各結其端，捕得之數則平分。他們所去的海面，多出鯉魚門外，一直向東駛去，沿廣東南岸而行，抵汕尾等地方，則下碇將所網得之魚求售。每艘大約都有一千數百擔不等，多者獲利常達萬圓。但支銷很鉅，所得也不過二、三千塊錢的溢利吧。

其餘駛去西邊的也有，惟不若東邊這般多。至若所獲的海產，多屬魚蝦等類，有墨魚、鮹魚、琵琶蝦、生藏龜、石班、馬友、芋頭、紅衫等魚，九棍、鰻鱔，河豚諸類。除將新鮮的就地售去外，所餘的都以鹽藏之，運回本港發售。若黃花魚子、蝦乾、蠔豉等，其味則更勝於鹹魚。

當他們甫目海外歸帆，則早有人爭購。像筲箕灣海面，又有一種常用下碇的漁船名

「曬家寮」。他們專向一般拖船購海產，每幫襯必大幫。拖船見其是推銷貨物之機關，也樂於廉價售於他們，業此者則盡地收羅，恒數百擔。擇其稍濕的，在曬家寮船上當日曝之，然後分別其優劣，轉售之本港之鹹魚欄（在德輔道西及西營盤一帶），故市價多昂貴一點。

講到漁船在本港下碇的地點，多在筲箕灣、香港仔、長洲、將軍澳、油蔴地避風塘等處。但一思若輩漁父的生涯，餐風沐雨，走險捱浪。若遇了一場颶風，不及趨避，不幸而全舟覆沒，家散人亡，很是酸辛。我們吃海產的人啊，不要忘了這樣呢。

本地風光（二四）

一九三〇年六月九日

講古

西窻剪燭，簷前説故，道開元天寶故事，這是很有趣味的。一般江湖客，操此口舌生涯，也數見不鮮，尤以我國蘇州為最盛。當乾隆皇下江南時，也曾在這裏聽古，今建有講古亭。説古的人們，各擅所長，有的專講《三國誌》，有的專講《水滸傳》。

至於本港講古之風呢，則瞠乎其後，所見惟有四、五處而已。一在文武廟對望之曠地、一在東華醫院附近之大笪地、一在善慶街或其鄰街（近歌賦街一帶）、一在對海天后廟前。他們所講的都不外《濟顛傳》、《岳飛傳》、《三國誌》、《水滸傳》、《萬年青》、《薛仁貴》、《五虎平西南》、《說唐》、《東西漢演義》、《五龍十八俠》、《西遊記》、《施公案》等說部。統統都是通俗演義，故得一般俗人所歡迎。他們的檔口很簡單，木檯一張、長凳十餘張，或祇站着來講，不設椅凳，大約講了一枝香之久，坐櫈的聽者，收銀一個銅板，或者有些到了收錢時，雞飛狗走。如大笪地的，卻在一所亭裏，四週圍以布帳，說古者說得口沫橫飛，說幾句，敲一下驚堂木，神氣威風，兼而有之。惟一瞧亭外，一般捫虱的乞丐，赤身裹足，向日坐臥，東倒西歪，使人不可嚮邇，未免稍煞風景。

有些講古者，深中阿芙蓉毒，袋了一樽燒酒，邊講邊飲；有些則蹲在竹凳上，聳肩及耳，講得沒神沒氣，這種怪狀，幾有「五百羅漢」之大觀。

街道的渾名

本港街道之有渾名的，多以其地的情形而定。很多著其渾號，其名則沒而弗彰。若呼「雲咸街」為「賣花街」、「士丹利街」為「為食街」、「吉士笠街」為「紅毛嬌街」、「乍畏街」為「蘇杭街」、「文咸西街」為「南北行」、「德輔道」為「電車路」等是了，還有很多，恕不盡錄。

本地風光（二五）

一九三〇年六月十日

連環圖

近一兩年間，連環圖本港書肆中，已佔了重要地位。這種書籍，皆是石印版，圖字並刊，體裁則取一般舊小説，説明和繪工，都是粗劣的多，惟極得一般小學生及婦女輩所歡迎，銷路因之彌暢。有些人設店，搜羅各種連環圖，專租與人看，一個銅版看一本或二本。連環圖租看的所在，全港也有數十所，是屬平民化的。有些擺在街旁，可是有時那些連環圖的發行所，見業此者日盛，遂從中弄狡。每當新出的圖本到港，則抽起來售給其友人或價高者，其他踵門索購的人，則靳而不與，或支吾以對。雖是商人所易染的陋習，然不免損了商人應有的道德。關於這一點呢，我很望他們能彀改善。

工藝

屬於大規模底組織的實業界，雖不多見於本港。然一般容納千數百男女工人的工廠，也數數見。像筲箕灣的馮強製膠廠及醬園、西灣河的太古船澳、鰂魚涌的太古糖房、銅鑼灣的商務印書館的印刷場、中環的鐸也船澳；對海的東方煙廠、金興、利民興國等織造廠、遂豐森記糖廠、南華及新勝隆糖薑廠；紅磡的九龍及黃埔船澳、牛頭角的玻璃廠、九龍城的中華麵廠。茶菓嶺也有一所大製麵廠，青山及羅湖的製磚工場，都是造福港工人不少。

本地風光（二六）

青年與本港社會（一）

一九三〇年六月十一日

本港佔遠東商務重要地位，握我國南方東西貨物運輸樞紐，士商輻輳，人物文明，社會品流也極複雜。又以某種環境及華洋雜處的關係，所以操洋務的獨多，趨向英文的也多。因是，青年之在本港社會立場上，想求一職半缺，恒視習英文為唯一的捷徑，這是影響我們青年的學業很大。因為一社會有一社會的環境，故此，我們倒有不能避免這個支配的地方。況且，越複雜的社會，其生活程度越加困難，因為在這一個範圍裏，免不得捲入鬥爭的漩渦。你這般的來，他也這般的應付，整天裏卻混在爭奇鬥勝之場。心計不得不工，手段也不得不巧。未曾上臺的，倒不一思其所以然的地步。到了捲入漩渦，無形中就會和他們一塊兒去了。那麼，本港的社會，既是這般的複雜，則所播下的困難種子，正是無時無地無之，並有麻木我們青年思想及消磨壯志之可能。即老於香港而閱世較深的人們，還要步步為營，何況初次踏上本港社會的青年，怎麼不覺困難呢？

本港社會既有這種立場，無怪一般青年們輒為之作無聊底呻吟，或有意義的吶喊了。在下也是青年一份子，蒿目時艱，有所不能已於言。故此，寫到這一段，特地振刷我的精神，把所得詳細寫出，作我的吶喊。

本地風光（二七）

青年與本港社會（二）

一九三〇年六月十二日

「怎麼不送乜乜去念英文呢，將來找份洋行書記來做，還勝於送他去念中文了。」哈哈，像這種話兒，真是時時送進我的耳鼓裏，倒覺十分討厭了。但以環境的關係，是未可厚非的。所以，本港的青年，少不免要去念英文，然而，有些青年，到了在中學畢業的時候，因家庭上環境的障礙，就不能接續入大學去，就算在大學卒業，始終都難免走進社會裏來討生活。

可是，很多人對於一切，「青年與社會」的批評，動不動就說：「青年血氣未定，閱世未深，做不到事來的。」還有些竟裝着個老牌子，說青年人未可深信，不理他們才識怎樣、品行怎樣，也到底不能與以信任。

青年既不容分說失了社會人們的信仰，自然會磕着沒理由的輕視。未入社會時，已先有了這般障礙，那叫走進社會裏不困難呢。初次和社會接觸，就是去找職業，試想一個正正離校的青年，茫茫似的走上社會的軌道，雖是品學兼優，奈無所往而不給人先行一個輕視禮。素不認識人的人們，一旦有這種待遇，或是意中事。但是，找得人們的介紹，奉承一下買辦階級的人們，說些漂亮的說話，就算你是一個青年，且和他素不認識的，到佔了相當的便宜呢。咳！難道那些素不慣逢迎營鑽的青年，雖老成持重而具掀天揭地之才，也永遠沒有求職的資格麼？哈，真真正豈有此理！

本地風光（二八）

一九三〇年六月十三日

青年與本港社會（三）

記得我從前在對海彌敦道某校掌教的當兒，下堂午膳，男女職員，會於一室。我還聽得很清楚，其中有一位女職員低聲對一位男職員說：「究竟這位新來的先生，有多大的年紀，是走來當教職嗎？」他答：「大約都有二十歲了，他是當教職的。」她聽了卻把我打量一翻，很像不深信我真正來走教育界一般。哈，這又可見社會輕信青年之一斑了。

還有一次，友人T君走來找我伴他去某校見工。這個缺也是當教職的，遂跑進那校的校務室裏見這位教務主任。原來他是一位飽歷滄桑的中年人，他的面孔，也不由得莊嚴起來，頓呈嚴肅不可侵犯的神氣。哈，竟把T君像審訊般的查問，使我不能忘的，就是其中有這般說：「像先生這般少年英俊，正大有可為，怎麼不繼續入大學，替國家人材着想呢，走教育界是清苦的。」哼，居然說出一大堆客套話來，其實他是早存輕信青年之心吧，出來時我真替T君捏一把冷汗。

又當我創辦滄海英文夜校時，早就有想，替上面種種對於青年的待遇吐不平之氣了。恰巧校址是借某日校的，那日校的校長是個老頭子，不消說他也是有這種毛病。可喜夜間他也在校工作的，我更加要振奮一下精神來教授，思有所收效。果於兩個月間，竟招得三十來個學生，都算一時之盛。那就快去招了兩位青年友人來幫忙幫忙。後來這老頭子還介紹一些學生來。然而，我本來不很想辦這校的，不過是想提高我們青年人辦事的精神和信託吧。

一九三〇年六月十四日

青年與本港社會（四）

還有一般堪以發噱的事情，待我也來說說。

有一次，給友人的介紹去筲箕灣找某君，他是供職於某大船澳的。他打算介紹我去這裏做工，抵他府上的當兒，他適已返工去，遂和他的某公子一塊兒去找他。隨就帶我去見書記長，後以所給薪金太微，遂辭謝了。再乘便走回他的府上，想道些感謝的說話。怎想一踱進門去，就聽見他們搶着來說：「見成工嗎，大可在這裏駐宿了，晚上又有人和你叉蔴雀呢，每月取費僅八塊錢吧。」

哈哈，不做則已，倘去上工呢，不憂沒有消遣的方法。可是，還有一層，聽說這位書記長，沒論那一個進來做工，都要犧牲頭一個月薪金來作送他一個禮物，說是人情物理，是不可小之舉。哈，想這時候，我正住在中環，不遠千里而去返工，薪工又這般微薄，加上了人情一個，難怪很多人都會說：「世界艱難，求生活的人多，你不做有人去做，做人情當不算甚麼一回事了。」

我很明白了，像這樣事情，在香海社會發現的，真是司空見慣，大約磕着那一所職業的機關，都有相當的待遇，若果沒有人介紹去，比之宮牆數仞，不得其門而入，同一樣的意味而已。故此青年想在這個複雜社會是來找工作，確是難乎其難了，就是僥倖得到職業，長安大不易居的本港，也很費籌躇啲。

末了，希望今後本港的青年們，一致團結起來，打倒社會的牽制和不平的待遇，做一位整個新青年，開一個新局面，使輕信青年的人們，無從施其技呢。

本地風光（三十）

一九三〇年六月十六日

番攤狂語

……從九廣車廂中聽來……

一切公開賭場，本港都例禁的，何況這賭博之尤的番攤，當然絕對不能有所發見了。但在華界深圳，竟築了一所四方城，很多嗜賭的人，尤其是婦女們，以這裏比濠鏡近得多，舍遠求近，便當不過。所以有些人盡力營鑽，拿作孤注一擲。在下屢在九廣車廂中聽得，她們的打話，甚麼「東找西找才找得百餘塊錢來，好，昨天輸了的二百五十餘塊錢，不算甚麼。看看今天連中十口八口攤，哈，再讀熟了攤路，把定「縮跳叠順」四大宗旨，當會贏轉來的。一千幾百塊錢，贏了回來，確是易如反掌呢。」車將抵上水，說得越加起勁，大有及鋒而試之勢。可是，番攤是累人不淺的，每戰皆北，懊喪而回，噬臍何及了。謹告港中婦女，不要墮他們圈套。

（中原大俠按）本港輿論界，對於這裏的種種勾當，也曾發表不少針砭的說話，沒奈一般愚婦，仍執迷不悟，因小失大，其幾誠不可及了。

哈哈，大俠說了這一堆語，假正經吧。看官們，你有所不知，倘非健忘的，當會記得大俠附誌於本文十一續之末，裏頭不是有「大俠沒有空兒作按語了」這般說嗎。其實大俠所謂沒有空兒，不過拿了五塊錢走去馬交試擲一孤注吧（失禮兼慚愧）。噯喲，講起來真恨煞我了，那知連中數十口，贏了七百塊錢有多，仍不肯罷手（大俠之志可想）後來，竟屢戰屢敗，祇剩一元八角而歸。計留澳僅十餘日，走攤纜的，殆無虛夕，到頭來終於要來實行臨崖勒馬。呸！「不賭是贏錢」，何苦要賭呢，我悟了！（好在覺悟得快。）

（中原大俠再誌）

一九三〇年六月十七日

神誕

本港年中神誕甚多，甚麼天后誕、北帝誕，真是五光十色。一般投機份子，也乘時而興。簽香油的、演神功戲的、設醮壇，異常熱烈。

漆咸道旁之紅磡海濱，每年觀音誕日，必有人在這裏搭棚演戲，一連數晚通宵，小販也聞風而至。

筲箕灣恭祝北帝誕的，則在金華街附近之曠地。他如鴨脷洲的洪聖誕、長洲的北帝誕、石排灣的天后誕、深水埔的三太子誕，都搭棚演戲，情形也很熱鬧。

（中原大俠按）某年，我也趁高興去赤灣觀光，一時大小船隻，雲集江上，不料所乘的駁輪，竟給別艘不客氣地行個接吻禮，直把船尾劏去一截，當堂把那些婦孺嚇得魂不附體。有的說：「娘媽（天后）無靈了，善男信女也不體諒嗎？」哈，神恩庇佑，神恩浩蕩，神誕來了，你們恭祝去吧。

山勢奇觀

新界西貢對開海面，有小洲，形如鐘，位居中流，常見白浪接洲邊，說是「浪打金鐘」。大埔海有三小嶼如酒杯，名叫「三杯酒」。長洲附近有「筆架山」，山有三峰高聳，形極類筆架，故此叫它做「筆架山」。九龍獅嶺一帶之山脈，勢若牝獅伏地，故名「獅山」。鴨脷洲之山勢，東西並伏，中則隆然，近西處則綿延而下，至火藥島而斷，其形很像鴨脷。此外又有茶菓嶺、虎頭山、蝙蝠山、啞鈴島，都是因其山勢而名的。

（中原大俠按）「浪打金鐘」屬香港名勝之一，聽說從前是很好風水的。現在龍脈已斷，某氏宗墓也遷葬了。

一九三〇年六月十八日

本地風光（三三）

叢林（上）

萬木扶疏，濃陰翳道，當茲炎夏，置身其間，小作逗留，落葉盈徑，清風襲人，或聽林木籟籟之聲，雜以小鳥唱和之音，也是消夏之一法。現在且把幾所叢林告諸閱者，使有空兒，不妨走去領畧一下。

快活林　游九龍城侯王廟的，若舉順道由寰樂園之側向北而去，漸見一條已溺的小溪，曲折而入，當見盤根蒼古的雜樹數十株，園植為圓形，縱横佔地約二、三畝，中餘沙池，偏茵落葉，濃翳生寒，游客至此，不禁叫聲「快活得很」。因叫它做「快活林」。在這裏駐足，雖是快活，但環境沒有甚麼好風景，且近北之一帶又多荒塚，金塔也排列如雁行，地點又低陷，不便遠矚，似是稍煞風景了。

廣寒林　從西貢路過安老院，至晏打臣山徑，折而東，逶迤而入，約行炊許，將至大圍村，隱約見屋角瓦簷的當兒，就有叢林夾道，僅通兩人。林高逾丈，濃陰蔽日，殘葉積徑。經過處，綠葉如雨點般下，樹影扶搖，婆娑有緻，行約一刻鐘方晝，襟懷豁蕩，遍體生寒，如登廣寒，神思為之消逸，當推為本港第一的叢林。

竹林　牛池灣而東的牛頭角，近海濱的地方（即玻璃廠側），有一派很好的竹林，「清涼新拓國，瀟洒舊封侯」，很覺有點幽趣。經過這裏，畧一駐足，遙望香島雲山，江海風帆，都迷離似畫。沙灘的浪聲，潺潺作響，足增逸興。又時見往來牛頭角村落的漁夫樵子、鄉婦頑童，三三兩兩，出沒其間，這般點綴，更有畫意。

一九三〇年六月二十日

叢林（下）

松林由大埔丁角鄉打路去新娘潭，約行一小時，就見松陰夾道，萬木參天，蒼勁可愛。附近泉流涓涓，溪水明漪見底，四面雲山，一林皆素，洵稱奇觀。

又屯門青山的松林，其雅逸尤為清絕。古松修竹，青磬紅魚，山意衝寒，鐘聲破寂，雲封古剎，鳥噪林間，「雲氣涼依水，鶴聲清滿林」，髣髴相若。

其他如薄扶林道的叢林，則巴士往還，絡繹不絕，俗不可耐。若維多利山之大麓、白田村畔、上元嶺、大霧山、沙田村、元朗、大埔道、城門谷、柴灣坳、清水灣、將軍澳上陽村等，都間有可供遊覽的叢林。

（中原大俠按）叢林是消夏唯一的好地方，也是山僧坐禪很好的所在。前人說：「落花深一尺，不用帶蒲團」。說得真不錯。故人曾為沙門，跑去叢林逛逛，可以乘涼，可以打坐，一舉兩得，其妙無窮，哈哈！

客籍婦人多耐勞

本港村落居民多屬客籍，而此輩村夫村婦，若子若女，皆各任工作，終歲勤勞。觀一般樵婦，破曉即登山樵採，日暮則肩重物，越山跨嶺，跋涉長途，在所不辭。如沙田村婦（多客籍），恆十數成群，荷薪跨慈雲山內，至九龍城之尚志園前發賣，日以為常，不覺勞苦。又有來自坑口、鯉魚門或西貢的，都是一樣的精毅耐勞，是誠可嘉了。

（中原大俠按）不知一輩子姨太、小姐們看了，當作如何感想。或者會說：「大鄉里，一味講力，一味捱世界，不懂得跳舞和拍拖。唉，擔得汗流浹背，無謂得很。」她們所說的另有見地嗎，大俠不想說了。

一九三〇年六月二十三日

本地風光（三四）

書肆

經過荷里活道，瞧瞧兩旁的書肆，玻璃櫃放着的、門前掛着的，琳瑯滿目，屬於新文藝或時代性的書籍，種種式式，羅列具陳。老板也極力吹噓，極盡裝璜點綴之能事。

故當月上柳梢頭時，這一所好萊塢，既有江湖術士之叢聚，野貓野貍之出沒，又有這一帶書肆之輝煌，真是生色不少。它們年中最忙箇不了的日子，多在春、秋二季始業的時期。惟港中學校多在年杪升學，故此書肆老板為求應付一般學生哥、學生姊起見，趕着購備一切中西書籍，盡在這個時期謀一大銷路。但在平時，據最近的觀察，則多搜羅滬上一切武俠小說，書擘窠大字以惹行人注意。間有將各種雜誌、論叢、說海、筆記、圖畫、碑帖等等書籍，陳列就次，歡迎參觀，以廣銷路，也是很好的辦法。

其次資本較微的書商，就有書攤了。吉治笠街口、禧利街、甘肅街等處，都常發見此輩書販，所售的以通俗書籍為最多。像木魚書呀、曲本呀、舊小說呀、連環圖呀，間中有些哀情、武俠、偵探等新小說，統統都臚列起來。站着來翻閱的也數數見。一般工人們，好唱曲來消遣無聊的，多是書攤的大主顧。

至於專售西書的書店，不過在德己笠街、必打街、遮打道等三數所而已。其中的電影雜誌、偵探月刊、體育週刊、《泰晤士報》等，很受港人之歡迎。

灣仔大佛口，海傍東及大道東一帶，都見有東洋書肆四、五所，裏頭的和文書籍，不甚齊備，僅足以應一方面讀者之需求吧。

（中原大俠按）近來本港因俠化電影而影響武俠小說之銷路，連環圖也成了婦孺們的良友，大抵本港書肆之近狀，可由這裏見到一斑。

本地風光（三五）

幻遊火車

一九三〇年六月二十四日

大約很多人都不會忘記了本港的「幻遊火車」呢。這就是十數年前香江影戲院（即今之皇后戲院址）的「幻遊火車」了。當時這所戲院，建築的形式，和當日別的：淹派（在今之滅火局）、域多利（在今之大偉行）、東園（即今之香港大戲院）、比照（今已改建）等戲院，格外不同。其建法倣火車形式（指院之內部而言），地下置有機器，上蓋以樓板；座位就分列兩行，像九廣車二等位一般。開影時，機聲軋軋，全座震動。畫片也取火車開行時攝製的，故影出來，若名山巨川、鐵橋大河，都迎面而來，遇了越隧道時，全院皆暗，機器仍不絕地震動；到站了，又鳴汽笛或響鐘，解畫員也從中喊道：「到某地了，那個想下車呀。開行了，坐穩些呀！」穿插那些車廂人語，更覺有趣。它開影的時間，也分頭、尾二場，一如別院，那時券價甚廉，真便宜了觀眾。

（中原大俠按）在下當四、五歲時，也曾領略過「幻遊火車」。那時雖屬幼稚，倒覺它很有趣。故人說起來，不禁使我的回憶有些活動了。我認為昔日香江之「幻遊火車」，是影片中之別開生面的，也是很有價值的電影，值得人提倡。怎麼電影界蓬勃如今日，總不見再有這種片子出現呢，殊不可解？很希望今日我國電影界，能將「幻遊火車」這類影片，擴而大之，致力於攝製遊記底色彩的影片，介紹各種名勝，如餘杭之西子湖、廣西之桂林，及其它盧山、九華、天台、雁蕩等名山，京華勝蹟，以至滿蒙回藏名勝的，使觀者得臥遊山水之盛，足以見我神州之典裔，振我民族之精神，啟我民眾之智識，這是至偉大的啊。謹告於今日我國電影界之前，想謀改造和刷新電影事業的、與替世界影片開一新紀元的、製「旅行影片」，是急不容援，還不起來提倡作甚麼！

本地風光（三六）

一九三〇年六月二十五日

教育

本港教育事業，年來日見蓬勃，學校之多，幾於觸目皆是。漢文高小學校，無論私立的或公立的，及至不可勝數。至於漢文中學，則祇有西營盤官立漢中和中華學校，與對海鑰智中學而已。

中華為報界聞人黃崑崙、黃言情等所辦。官立漢中為視學官李景康所主持，辦理良善。長鑰智校者為陳垣初，校務成績也頗可觀。講到漢文大學，則尚厥如，現祇暫附於港大。

至於英文中學，其著名的有皇仁中學、聖約瑟、聖士提反、華仁、英華、聖保羅、拔萃及庇理羅士女校等。

大學祇得港大一所，設於薄扶林道。內分文、醫、工程三科。各科卒業，祇給學士銜。其中所出的醫學士，多在港懸壺問世。所設的解剖學院、工科實驗廠，都很完備。及每年開考大學試一次，赴考者皆為本港英文中學學生，共分大學入學試、本地高級試、本地初級試三場。初級試即全港第二班生之年試，及格即升第一班。入學、高級兩試，即全港第一班生之年試，及格就給予畢業證書。

此外尚有各慈善機關所辦的漢文高、初兩等義學，如東華、貧民、南洋、南華等約有四十餘間。英文夜校更多得很。日、法文夜校則祇有一、兩所。平民千字課的免費學校，則絕對找不着了。

（中原大俠按）嘗與某君論辦學，竟提出盈虧為前題，像商人論市情而後定貨一般。哈，教育是何等高尚的，怎麼也斷斷於盈虧呢？寄語一般教育界，精神是不怕犧牲的，犧牲完了，自有相當的價值在。

本地風光（三七）

一九三〇年六月二十六日

住

一提起本港住的問題，「長安大不易居」一語，當不能免。和本港社會有密切關係的人們，那個不注意這個問題。

本港為東亞第二商埠，士商雲集，屋宇雲連，人煙稠密，寸金尺土。十年八年後的屋租，澎漲至若何程度，姑置勿論。但以現有體察，已幾有一日千里之勢了。試觀皇后大道中、干諾道中，一層樓的租金，每月動不動要百餘塊錢，最低限度也要七、八十塊。租用樓下之商肆，其值更昂，月租二、三百塊錢，在所常有。

若果一家數口，在這裏租一個房子和一張閒牀，月租也要二、三十塊錢。試想一個工人份子，月薪五、六十塊錢，屋租已佔其大半，這不是長安大不易居嗎？餘如威靈頓街、砵甸乍街、士丹利街、荷里活道等處，以租一房子而論，每月都要十餘塊錢，就是橫街窄巷，也差不多。至若上、下二環，也相去不遠。是以「住」的問題，實影響本港生活不少。

租金較相宜的，像九龍城、深水埗、油蔴地等處，港人多不以其返工跋涉，亦樂於遷就。蓋以其可以避免人煙稠密，租值既廉，住居亦頗安適。故那裏的人口，近來也日就增多了。

（中原大俠按）關於這點，希望一般炒業家，少些投機。不然，大俠祇得遷往沙田租屋居住吧，年租不過七、八塊錢，再加舟車之費，也比本港相宜得多了。

一九三〇年六月二十七日

本地風光（三八）

花園城

對海英皇子道之旁，有地名花園城，又名九龍塘，有新建屋宇約一百餘間。建築款式，和外國田莊相若，樓數僅得二層。每間都闢草地，蒔蘭藝菊，或全間蔭以青藤，祇餘窗檻，景至幽妍。乘九廣車經過，遙望一帶樓居，瓦垣相觸，花木叢植，很像石山所用的屋仔般，但遠離人煙，往返不便而已。該處住客，多為物業所有人，蓋這裏幽雅，大有鄉村風味，故多建屋於此。近已新闢街道，如窩打老道直通英皇子道，巴士亦晝夜往還，又有小街市及龍塘學校，居民一時稱便。

（中原大俠按按）無聊政客，也多在這裏置有別業，聽説最華麗的，當推伶人肖麗章所置的一間云。

行街孖氈

「行街孖氈」這四個字，別處或未聞人説過。但在本港呢，卻算平常而又慣聞了。因為本港為華洋雜處的地方，所以有這種名詞出現，孖氈即 merchant 之譯音，作商人解。然而，這裏卻又不然了，「孖氈」兩個字，似含有搵錢的意味，港人説「孖氈」的，都寓些讚羨之意，故「行街孖氈」四字，是稱呼這類人們吧。操此業的，必黯英語。當有遊埠船過港，遊客登岸遊覽，此輩恆徼逐其間，磕着人，遞卡片自薦為臨時繙譯員（傳話），遊客皆以人地生疎，藉此輩引導一切，也是好的，故一議即成。舉凡逛街啊、食餐啊、買物啊，行街孖氈都與有力哩。

（中原大俠按按）行街孖氈操英語極流利，一旦接觸，有如瀉河海、倒江漢，語云「時勢做英雄」，觀此而益信。

本地風光（三九）

一九三〇年六月二十八日

海峽

海峽之於港口是很重要的，其形勢之險要或交通上之便利，多出自天然，絕非人力所易為力。本港為一小島，北控大陸，南瞻大洋，船隻之出入，端賴海峽之深淺而定其多寡。且本港既為遠東一鉅大商埠，闊可百丈，水深可容數萬噸之皇后輪駛過，形勢天然優美，風景亦佳；西有汲水門海峽，又名琉璜海峽，闊與鯉魚門相等。惟險要處則遠不若鯉魚門，這裏適當珠江河口，故常見鹹、淡水分界，往澳門、廣州及內河各地，皆由這裏出口。

（中原大俠按）兩峽流水都很湍急，小艇不易渡過。遇浪大時，更足驚人。聽説汲水門海底有名貴之珊瑚樹兩株，旁有大魚涵淹卵育於此，至今仍沒有人敢下水攫取，港中掌故如此，姑錄其説。

颶風

本港之地理形勢，啣大陸而瀕大洋，很多人都知道了，姑不贅述。遠東颶風所自之處，多由菲律賓群島而來。故小呂宋之天文台，恒視察颶風之行蹤，以電拍發附近各地，使知所趨避。

本港天文台設於尖沙咀海濱，一接小呂宋來電，即分別懸掛風球示警。港中大小船隻，多下碇海中或趨避於筲箕灣、銅鑼灣、油蔴地等避風塘裏。政府又設「救星」輪，屆時遠巡海面，以救各遇險船隻。而每年颶風出現的時期，多在夏、秋之間，聞港中颶風之災，尤以當年八月初一及七月初七兩日為最慘云。

（中原大俠按）颶風起，港人多喜徘徊海濱一帶，以觀海面船隻之變，雖極猛烈，猶不畏縮。豈當颶風頑的當兒，是覺得有趣的嗎？

安樂村（上）

一九三〇年六月三十日

新界粉嶺，環繞皆山，一望平原，其中的天然美，倒不讓沙田及元朗。水郭山村，亭臺樓榭，也很不少。所說的安樂村就是其中點綴之一。

離粉嶺車站約二百碼之遙，即安樂村的所在。惟所謂「安樂村」，不是瓦屋短垣可比，自外瞧去，都新式洋樓，巍然矗立；且園圃錯落，林木交蔭，縱橫約佔地百餘畝，遇復繞以溪，寬可六七尺，樓臺倒影，落花破痕，景至幽妍，側築石門，題曰「安樂」。

所謂「安樂村」，不過港人慣呼之名吧。該村共有門四：北進，有鏡湖別墅、鰲園、瑞勝書室、三教總學會及軒轅祖祠等，都是面溪而立。鏡湖別墅，結構很雅，樓宇寬敞，陳設純古，門前營豆棚二，蔭以綠葉或紫藤，中置石几石桌，風送花香，影移草色，頗惹隱君子之想。屋裏又多長聯，有扶乩所得之呂洞賓所書的「靜觀自在」四字。從前得謝正芳君的引導，獲遊這裏；蒙鏡湖君遍導遊覽，故悉其概。其鄰的鰲園，則略遜一籌。

瑞勝書室，門之左右，各植大樹一株，樹影走牆，風生葉下，門聯道，「雲山思舊績，粉嶺壯新模」，惜未能曉得是那位所居呢。

再過則有屋三楹，卻仿古式，頗得雅致，正中的一楹，題着「軒轅祖祠」，柳宗元書（乩筆），聯云：「鴻勳開漢族，燕翼擴民胞」。進去見有陳伯陶撰的聯道：「邑涿鹿之阿，迎日推筴；居大同之館，齊心服形。」祠裏所見的陳設，都雅澹不紊，與普通的廟宇差得多了。在右的是三教總學會，在左的是偏間，祠門內之右，設數椅桌，上置佛經寺。好參佛理的人，據案數念珠，潛心禪化，證切菩提。時聞小鳥秋啁之聲，祠裏既這般的寂寥，故格外聽得清楚。

本地風光（四一）

安樂村（中）

一九三〇年七月一日

曾以「怎麼有斯祠之建」詢該祠的張君觀，他答道：「我們『三教總學會』，追念軒轅黃帝為我漢族之鼻祖，踰崑崙、涉流沙、製文字、造衣服、建宮室，厥功甚偉，眼見世人很少祀他的，我們抱表先人之功勳的旨趣，和提撕我民族的精神，則斯祠之設，有不可容緩的啊。」在下也以為然。

張君為修道之士，談吐溫和藹然可親。偶以本港佛化為問，他又說：「本港現有的佛化，大都別為淨士、禪宗兩派。所有禪林呀、居士林呀，近來研究這些道理的，確盛極一時」。又說：「研究佛理的，祇時時要還我本來面目，不要給外物所奪，但個人肉體上的五官都各有所司，祇要順來順受，有如明鏡一般，這些也不過應付人生一時所必遇之事吧。然而，對於自己的心，當要返本求源，沒有慾念之生，就是你本來面目；是很自在，是很超脫。沒論何時何地，表面上的應付，或有所不能免。心之返本，當無時或息，則目中有此事，內心當無此事；有此事的，是過渡的工作，無此事的，是佛色相，那麼，萬事萬物，都可迎刃而解，一切煩惱，定可消滅了」。所說如此，特並誌之。或可見本港淨侶的吉光片羽呢。

村西有安樂祠，題額為馮鏡湖所書。門聯云：「安居闢勝地，樂業創新模」。祠裏附設粉嶺中英文學校，佈置很清雅。鳥聲簷影，院落寥寂，日光透窓櫺而入，掩映四壁；左通花園，有小亭、豆棚、池沼，綠陰之雅。祠之左壁，刻安樂祠小引一，略說該村乃馮君等集資經營該村的，公司名居業、村名安樂等語，發起人共有十數。

安樂村(下)

祠之右壁又刻有「安樂祠堂記」一文，是仿岳陽樓記的，且將全文錄出，使觀風望俗者得所知其梗概，並作介紹安樂村之尾聲。

原文云：「民國甲子年冬，馮鏡湖翁管理居業公司事，增葺廳堂舊制，顏為安樂祠。崇祀同人祿位，屬余作文以誌之。余觀夫斯村勝狀，在雙魚洞心，神山東峙，梧桐北來；鵝嶺鍾靈，鵶頭麗秀，諸山環繞，勢若星朝。後有碧水湧襟，清流帶鬱，形勢天然。北則徑通粵垣，南則有抵香江，鐵軌雲翔，汽車電逝。尤可愛者，泉之甘，土之和，鄉落毘連，風俗淳樸，固無水旱之虞，亦鮮爭奪之習，誠僑居之勝概也。登斯祠也，則有心曠神娛，怡然自得，晦明風隱，氣象萬千者矣；而況局度堂皇，規模遠大，表新界者，其在斯乎，正未可以量也。余知落成以後，邦人諸友，臨其居，登其室，必歌功頌德，欣欣然相慶焉。盍歸乎來，爰得我所哉。夫然，則鏡翁之立是祠，又豈僅花木園林之適，舟楫台榭之觀歟?有以知其志矣，禤泳栢撰書」。

現在該村尚大興土木，想他日亭台日益以新，草木日益以茂，則遊新界的，又多了一所去處。

（中原大俠按）粉嶺向多崇山峻嶺，獵者趨之，又可通孔嶺、軍地、穀埔、沙頭角等處，村落亦雲連，如龍骨頭、黎洞、大浪、蓏竹嶺、石涌凹等地方，都有和這裏來往，巴士常川往還，交通稱便，繼如定華堂、粉嶺賽馬會、某紳某政客之別墅，都蔚為巨觀，正不限安樂村為然啊！但這所安樂村，和車站很近，故問津者漸多罷了。

本地風光（四三）

一九三〇年七月三日

體育

本港的體育，以近數年來的觀察，略見有些進展，尤以足球一項為最出色，歷執各屆遠運之牛耳。就中如中華、南華兩足球隊，人材輩出，這是人所共知的。至於絨球有羅氏兄弟及林珍之名手；壘球昔有南華龍虎二隊之盛，今已漸趨沉寂。游泳也算不弱，每年有游過港海之舉（遠約一英里），即以前屆而論，參加比賽者已達五十餘人，能登彼岸的，都佔十之九，可謂盛極一時了。港游泳比賽一節，多在V.R.C.（域多利遊樂會）裏舉行。如高跳、背泳、蛙式、接力等，很覺可觀。

各學校則組有籃球、排球、乒乓各隊，多在青年會舉行。最近南華會所組之精武國技部，提倡體育要素，不遺餘力，成績超著，至可喜悦。各團體及學校，每年都開運動會一次。快活谷、皇仁球場、嘉路連山球場，都是他們所取之地點。田徑賽有高跳、遠跳；長途賽跑或百邁特競走、跳闌、擲鐵餅等，間有絕好的成績。在女子方面，僅有排球、籃球、游泳、乒乓、絨球各節，為她們所喜習的。

（中原大俠按）本港女體育界，真如鳳毛麟角，稍露身手的，就算難能可貴。這般的落後，還不去提倡作甚？

墟市

新界元朗、大埔、粉嶺三所地方，都有於一定日期搜集各種貨物一起以待售的，俗說是墟。墟期多在五、十、三、六、二、七不等。屆時附近各鄉人，遠道來購，都極形踴躍。

（中原大俠按）大概鄉間最熱鬧的日子，要算墟期了。遠如粉嶺的石湖墟，港人都很喜跑去趁熱鬧，一抽抽挽回來的菜蔬，或者會咬得菜根香吧。

一九三〇年七月四日

長洲之夜

落落疎疎底夜景的長洲，增了歌韻悠悠的唱晚。聲聲欸乃，影影扶搖，銀光也隨碧波震蕩而生，掩映得很美麗，……疑是香江的秦淮呢。邱頂山居，燈光點點，和灣裏的桅燈，卻相映成趣。洲之中部，雖有電燈耀着，但一上了九點鐘以後，倒一榻糊塗的看不真呢。街外雜沓聲，越加響亮得起勁。近山一隅，田舍錯落其間，最打動人們耳鼓的是終夜的井蛙叫聲和日午黃蟬的爭鳴……

那邊不絕地拍岸的濤聲，磕着礁石，卻散為一種很放縱的洶湧聲，細聽它呢，像有些使我胸懷奔弛。可是那江上的漁火，若明若滅；扁舟的唱晚，乍抑乍揚。看不真的天涯，給黑雲遮蓋了，桅星萬樹，在黯澹底天空，掩映得零亂了，這又使我心靈忍不住陶醉，似動我客途之感。那是我在長洲之一夜。

（中原大俠按）作客他鄉，是男兒的常事，「似動我客途之感」，故人未免説得太雅。「天涯淪落人」這句話，希望我們把它打破，不要無病呻吟，以自滅其威風吧。

西子湖有擁翠山莊，焦石鳴琴，小有天園之勝。香海名山雖少，也有像這般別墅，夾石尾有馮園、深水埔有蓁園、蒲岡有曾富別墅、上元嶺有陳氏山莊；沙田有玉山草堂，屯門有守真園、粉嶺有芝華堂，都蒔蘭藝菊，建亭闢沼，很得隱者之風呢。

（中原大俠按）唐人句「松風吹解帶，山月照彈琴」，倒是風雅不過。無怪一般隱君子，不作抗塵走俗之想了。

一九三〇年七月五日

本地風光（四五）

街頭巷尾

這不是街頭巷尾聽來的新聞，也不是街頭巷尾傳聞的故事。所謂街頭巷尾，不過擇其所常發現的有趣之聲。說說吧，清晨的士丹利街（為食街一帶），逼逼扑扑的刀聲，忙箇不了的油炸檜和鹹煎餅。

永勝街（俗稱鴨蛋街）「五呢又十呢、十五又二十呢」的數蛋聲，此輟彼繼，源源不絕。若果在域多利街，或租卑利街呢，黎明或夜後三點的當兒，隆隆的拉桶聲，格磔的貨車聲，的得的得的屐板聲，當會送進耳鼓裏（原來開街市啊）。

行至德輔道中（近先施公司左右）整天裏嘈吵的，有無線電播音機，唱完又唱，響遏行雲。從前該處卻是鼎足而三的鬥唱，僅得其一。

九如坊之鄰的某巷尾，搖簽筒之聲，來得很燦爛，這是土地，今則太公靈之所賜。

百子里尾「也有獨得獨得」的賣餛飩聲、荷里活道深夜的印字機聲（想是《華僑日報》了）。

對海上海街則常常聽着「共和湯、共和湯，解得熱毒，去得痰火，飲過你就知到好。」

又有播音機助興，噫，總之說不盡了。

（中原大俠按）還有西環屠房劏牛的嘁聲，豬欄的豬叫，故人竟然忘掉了。不不，因為故人是君子，知到「聞其聲不忍食其肉」的聖賢遺教，所以缺而不錄，不外替自己留將來食牛肉、豬肉之餘地吧。嗳喲，故人對於「聞其聲不忍食其肉」這話，倒是無懈可擊，但有一次，我和他經過馬路，突然起了一市虎傷人的叫囂，故人快跑去看，歸來說：「可憐他已輾斃了！」可知故人之於「見其生不忍見其死」這語仍欠參詳呢。

一九三〇年七月七日

交通

這一段的範圍，似乎很寬，然統講講，亦無不可。以大體言，本港既有優美的港口，巨大洋舶，也可寄碇，可來往世界各處，對於外埠或中國內地的交通，都感便利。

以本地論，則在香島的有電車以通東西（長約九英里）。上山頂有纜車。來往省、澳及西江各地，有停泊上環海濱一帶的船隻。其餘巴士、人力車等，隨處皆是。通新界的九廣鐵路（共分尖沙咀、油蔴地、沙田、大埔、粉嶺、上水六站，華界深圳止。每日往還凡七、八起。又有偉大的臘青路直通深圳、元朗、沙頭角、屯門等處。以言海上的新界交通，則沙魚涌、西貢、將軍澳、大嶼山、長洲等地點，都很便利於往還啊。

（中原大俠按）凡屬商埠，其交通上定有相當的發展。試觀本港的堅尼地道、沙田隧道，大埔路、青山路等，都是慘澹經營而成。聞將來又建多一大規模的小輪碼頭，使渡江船隻，皆集於此。本年冬間，當可着手興工了。

自殺

自殺之風，當不限於本港而有，怎麼又這般說起來呢？然而，自殺之風之在本港，確和別處不同，除了服毒、跳樓外，最盛的是投水。過去小輪中（尤其是油蔴地小輪），常發見他或她們的犧牲了。某船員竟以勇於拯投水者之故，政府特賞予功牌，碼頭上也滿貼標語，你說奇不奇呢。

（中原大俠按）一個人既然入世，當不是等閒而來的，沒論天下那一樣困難的事，都不值得我們放棄責任的，然則又何苦要自殺。

本地風光（四七）

一九三〇年七月八日

公園

凡文明的市區，公園是缺不得的。本港公園之設立，雖算不得是完美的園地，也可算過得去。它是維多利亞山之麓，對着督憲府，一邊通堅尼地道、花園道和山頂道，不像我們廣州市第一公園這般的平坦，它卻是一層一層的高上去。中有金魚池、噴水管，週植各種花木，並設椅子，姹紫嫣紅，綠陰花影，倒也閒靜。上些又有將軍銅像、華人歐戰紀念碑、禽鳥籠、野獸籠（祇有一鹿，並沒有虎豹等）。園之西北隅，建玻璃屋一所，蔭以紫藤，裏頭備列各熱帶盆栽花卉，標上名號，都有百餘種。當舒蕊呢，香風迎人，嬌紅嫩綠，似含醉意，一般爭妍取憐之態，又似栩栩欲撲人眉睫而生了。

（中原大俠按）大鄉里到香港，脫不掉要去逛逛公園。一般買賣式底婚姻的相睇，三姑六婆們最贊成去公園來進行人不知鬼不覺的勾當。情侶也說公園地方好。衛生家也要吸吸公園裏的新鮮空氣。勤力的學生哥，有時也在公園裏刨書呢，投稿家倒常說着在公園拾得甚麼甚麼的情書。

福全鄉

在深水埗和望角嘴之間，就是福全鄉的所在。這裏新舊樓宇都很錯雜，近海濱一帶又多船廠，但離繁盛的地點較遠，故偶然逛到這裏，很像別有一所市鎮一般。

（中原大俠按）嘗見這裏有一所理髮店，它的點綴品，有十八世紀的、火水燈布製的風扇，和已廢的五色旗，叫這裏做鄉，不錯。

一九三〇年七月九日

鬼話

鬼神之說，在今日智識開通的社會上，似不足信。然而，證諸一般靈魂學家，說鬼就是脫了軀殼的靈魂，或由個人腦海中印象和外物交感而成的，說來倒有些見解。

相傳筲箕灣東福德祠之旁，有清流自山間傾瀉而下，直入於海（今海與流相接之處，已填為新地。）流之左右，一大部分築成石牆，俗叫水坑，白晝倒見很多人在這裏洗衣，但一到晚上呢，那處非常僻靜，幽暗得很，人影也找不到了。該地居民常說水坑裏有鬼，恆出為人患。故由西灣河過筲箕灣東的，多招集三、五成群，然後才敢跑路（因為打陸去的，必經這裏。）

銅鑼灣大坑村有石能挾人入去（見前港報所載）。

近羅便臣道與干德道之間，有猛鬼橋（港人多以此呼之）。水潺潺不絕，夜來很是黯澹，山風怒號，當之悚然。

西營盤皇義書院附近，又有鬼屋，住在這裏的人，常在白晝裏也聽見搬運，或擲物之聲，有時好好的一塊窗子，眼白白給它打得粉碎，所以居不數日，即要他徙了。

對海彌敦道之某大廈（現無人居）嘗有某甲睡在這裏，醒來卻見自己臥在地上，被褥枕頭等，沒有零亂，如臥在牀上一般。

宋皇臺上前有人在此行刺，而且晚間所見的鬼火，閃爍不定，雖不能證出有鬼，但一般神經過敏的，都說宋皇臺上的鬼更是厲害呢。

（中原大俠按）故人君說出這一段鬼話，大抵很多港僑都知到的了，我們只好姑妄言之姑妄聽之。哈，鬼是令人害怕的。可是，和一般小孩子們談鬼，他們明明是十分害怕，但他們倒要人說多些鬼話，難道恐怖是人生的一種慰藉嗎？

一九三〇年七月十日

本地風光（四九）

名人題字

出於名人筆下的題字，也很得人注意。照在下調查所得，都有多起。但其中或有贋鼎的，那就不得而知了。

對海望角某藥局，懸兩橫扁於騎樓外，一是孫文題的「商人學識」；一是康有為題的「博濟萬民」。康的書法，喜化北魏體為遒勁觀，自成一家。德輔道中的孔明行，也是他所題的。

梁啟超的題字，僅見於大道中某醫家所懸的聯云，「一張琴、一壺酒；三折肱、三絕才」。那裏又有很多名人的題字。像饒增祥、樊雲門、鄭孝胥、朱汝珍等，都見於其門前之橫額。

金石家吳昌碩題「寶光」二字，在大道中之寶光攝影樓。

鄒魯題「榮生祥」，在域多街。

胡漢民集曹全碑題「華商行」，在對海上海街。

鐵禪上人題「寶源」，在文咸街。

梁士詒題「適可亭」、「四望亭」，在香港仔永遠墳場。

張壽仁書一筆「鵝」字於侯王廟旁之古石，及大道中之「瑞興隆」。

張玉堂（有翰墨將軍之譽）題九龍城內之「敬惜字紙處」及「壽」字等。

探花陳伯陶題「五龍院」及書「真武銅像記」四篇。餘如居港之區大原、區徽五、賴煥文、岑光樾等太史，也散見其題字。

（中原大俠按）名人題字，素為我國一般雅士所重，甚麼隻字片紙，彌足珍貴，說得耳熟能詳了。若果題者是一代書家而又知名之士，則其墨寶更為世重了。或者看官們都聽聞人說過羊城宋湘所題「山陝會館」的波折了，這不是重視名人題字之一斑嗎？那末，題字雖不濟於用，且以新時代論，又歸於腐化之列，但倒可以保存國粹，藉以表揚我民族之風雅，也未可盡非的。

本地風光（五〇）

一九三〇年七月十一日

詩謎（上）

猜詩謎倒算是文人遣興之事，本港各遊樂場，多有此舉。大都以煙仔等類酬雅興。在下自慚駑鈍，對於此道，不過是門外漢吧了。昨偶登國母酒店天臺，瞧猜詩謎的，真是來得高興，禁不住也一塊兒去趁熱鬧。其中所用的句語，多由稗官野乘或唐詩裏抄出來的。韻分為五，別作甲、乙、丙、丁、戊，限在這五個韻揀了一個來填所出的詩句。照愚見所及，其中所出的，都沒有多大難處，不外拿其中之一個適當而精練的韻來，就算十居其九的中式了，還記起其中有句說「竹深留客□」韻有「賞、坐、處、步、玩」，揭曉用「竹深留客坐」句，似不若原句「竹深留客處」之用「處」韻這般流暢。且竹深的地點就可以留客，則其坐呀、步呀、賞呀，都從其使而已，怎麼硬要用「坐」韻呢。「竹深留客處」這個「處」韻，忒是用得活潑自然，故不宜改用「坐」韻了。

又「白雲深處老僧□」句，出韻是「棲、歸、居、還、返」，揭曉用「白雲深處老僧還」這個「還」韻，倒沒有大不對，但用於老僧而說，就不像「歸」這般好了。用「還」韻大抵因「老僧」這個「老」字而生出的。塵海中人倒可說得，因為老了，無能為了，滄桑歷遍了，有鳥倦飛而知還之意。惟「老僧」呢，想已靜妙諦，悟澈菩提，有何「鳥倦飛而知還」之意呢。「還」韻仍欠帶些塵俗氣，故不若「歸」韻的自然。

「□天如水夜雲輕」句，出韻有「蒼、碧、寒、遠、澄」，揭曉用「寒天如水夜雲輕」。這句的精神全在「輕」韻，雨後常見雲飛，因覺其輕，且如水的天時，最宜形容雨後的景色，這句又沒有點出「月」韻，不說「月華如水」祗說「□天如水」則限於「天」韻的形容可知了。

一九三〇年七月十二日

詩謎（下）

下半截既有「夜雲輕」，上半截有「□天如水」，因字測句，由句測意，大可當作描寫「雨後的夜景」。唐人句「紅山新雨後，天氣晚來秋」。這「如水的□天」，儘可作含有「天氣晚來秋」之意。所以用「寒天如水」，究不若用「澄大如水」了。說道「澄天如水夜雲輕」，首尾相應，終勝「寒」韻一籌。鄙見這樣，大雅君子，不知以為如何。

（中原大俠按）說也慚愧，我是不懂甚麼詩謎的，祇照理論事吧。上頭故人君所說的，很有相當的見解，所論的「歸」韻和「還」韻，確說得有些意義。

廣告術

整天裏不絕地大吹法螺，大擂特擂，宣揚啊，傳播啊，說到天上有，地下無，這是一般大商店大老板的慣技。試看看大馬路、電車路，和其它的十字街頭，映人眼簾的，不是那些迎風招展的大字布帳，就是那些燦爛閃爍的電炬了。戲院的，竟僱了一輛汽車，裝配了所有易於收效的宣傳品，沿途擂鼓，吹喇叭，更易使人注意。

近來大道中又有某公司，專替一般商店安置電光的廣告，盡其藝術之能事，以搶人們的視線。有些電影院，在放影之前，又替商人賣告白，甚至過海的小輪船上煙通邊呀、蓬底呀，凡當眼之處都懸遍了廣告。電車兩頭和旁邊，以至像廂中窗上的餘地這般狹窄，也要懸着廣告。這還不算稀罕，渺小如一張車票的背後，都招登廣告。

哈，本港商務繁盛，當有商戰競爭這回事，廣告術這般發達，是理所當然的啊。

（中原大俠按）廣告見得多了，單獨沒有見過壽板店的廣告，或者棺材這類貨品，不值得鼓吹罷。哈，我知，我明白，大小棺材，統統都是奇貨可居，「唔憂賣」。

本地風光（五二）

錦田（上）

一九三〇年七月十五日

說起連環鐵門的故事，大約很多人都知有錦田這所地方了。錦田是在新界上水和元朗之間，西南接坳頭，東南則遙望觀音山；從西北遠矚，則見直通上水之馬路。兩旁列植雜樹，遠些又隱約見大海。浮雲天末，輕煙籠樹，使人作遐想。自北向東南行，一脈蒼山，綺綰繡錯，或起或伏，狀至崇峻。又有山徑，由該村之東南，直抵觀音山之麓（約有三里之遙）。過圓通、淩雲兩寺，登山轉落林屋村，可達大埔墟（步行需時約四個鐘頭）。打路去元朗的（經坳頭），需時約兩刻鐘，該村交通，卻算便利了。

講到那裏最先落籍，據説是宋崇寧年間，有鄧符協其人，由江西宦游到粵，卜居於此，後以子孫逐漸繁衍了，至明成化年間，則分居於吉慶、泰康兩圍。泰康圍居北，吉慶圍居南，相隔僅一馬路而已。

這「連環鐵門」呢，就是吉慶圍的總門了（圍建若城，垣高約二十餘尺）。鐵門是用連環鐵扣而成的，共分兩扇，很是笨重，是用來鞏衛該圍的，倒是穩固不過。據這裏門右所刻的「吉慶圍碑記」所説，大概道，當一八九九年，新界條約成，英軍至本圍，把鐵門拆去，後查出本圍所居皆良民，旋即安然而去。至一九二五年，族人上稟本港當道，求將鐵門發還，果得邀准，又蒙港督史氏親到行奠基禮，故得照「舊鞏衛本圍」。

這段（連環鐵門）的歷史是這樣。在先，我以為甚麼一度大的鐵門，又常聽着人説錦田的鐵門是有一段光榮的歷史，現在得到寓目，始知是一度很平常的鐵門吧，所異的，不過以連環鐵扣製成的而已。

一九三〇年七月十六日

錦田（中）

吉慶圍之東南，有地名「清水邊」。這裏有所覺照園，裏頭遍植花木，四週則蔭以雜樹，復繞以小溪，頗見雅趣。正門有聯道：「覺得浮生如夢幻，照將心地種菩提」。不遠有株古松，蒼翠道勁，涼陰印地，景至可愛。聽說，住這園裏的人，都是修道的比丘尼云。

離這地約百餘武，有耕心堂，居者也屬鄧性，門懸一橫扁寫道「明經進士」，上下欵皆不能看得清楚，因以此叩鄧某，答道：「這是紀念本圍的鄧泉菴進士的，進士幼居泰康圍裏，現在吉慶圍東的祠堂也是紀念他而設的。」我聽了他的説話，喜悅萬分，因為這可以找多些資料來介紹「錦田」的風土人又情，故向泰康圍裏跑去，穿入那些橫巷間，樓簷相觸，木扉相對，頓覺一種鄉村風味，真是令我愉快了。碰着一位鄉人問他道：「那一間是進士公的舊居呢？」他把手指了一指説道：「一直行過兩三間，轉右跑去就是了。」哈，説也奇怪，我以為進士公所居的地方，定是一座很宏偉的大府了，那知不然，那在一間破舊的小屋門前，見到一個老婆子，我問：「這裏是進士公所居的屋嗎？」她見了我，疑訝起來，手拿着那一碗飯，正想來吃的，也停了不吃，仍拿着不放，停了半響，慢慢地答：

「進士公是……是……」她很和藹地請我進去坐坐，我也不客氣的踱進去，瞧見堂中供奉的先人祿位有寫着「十七世祖欽賜進士出身文林郎浙江衢州府龍游縣知縣加贈儒林郎泉菴鄧公」等字。屋裏所有陳設，都很荒涼，地上還放着幾籮穀，除了這個老婆子外，就找不出第二個人了。

本地風光（五四）

錦田（下）

一九三〇年七月十七日

「進士公的子孫現還住在這裏麼？」我這樣問她，她祇得嘆了幾下口氣，許久也說不出話來。繼聞她斷斷續續說：「現……現在……很窮呀……」我也不好使她太過辛勞，遂興辭而出，一直向鄧公祠去了。那祠建得很偉大，門對草地，橫額破舊，已侵蝕得變了灰白色，行近始能辨出它寫道「龍游尹泉菴鄧公祠」。當門而高懸的有匾寫着「嘉慶十四年恩科會試欽賜翰林院檢討」等字。進則為露天之地，左右則為廊，右廓豎着「燕京教習、龍游縣正堂、乙丑科進士」等牌匾。再進正中高懸橫額寫着「光裕堂」三字。左右各懸「貢魁」、「貢元」、「進士」等橫額。

前有聯二，一云「事就可光前，玉軸絲綸，必致親顯名揚；斯為無忝，業真堪裕後；書田粟菽，常令子播孫穫，乃亦有秋。」一云「瞻檯桷而念先型，體樂詩書勿替，箕裘以承弓冶；復堂基而思祖德，衣冠俎豆虔修，蘋藻以薦馨香。」

復進又有露天之地，左右亦為廕，正中則為鄧進士以下一切先祖的祿位了。左廊置一官轎，貼一紅柬書「麒麟鳳凰仝在此」七字，大抵這是迷信的語頭吧。外則沒有別樣可紀了，當我進祠裏時，沒有見着一個人，蕭條得很。狼籍地上的殼屑和碎紙，點綴得聊落像很久沒有人到過一般，後來我走出去道旁的毓記號喝茶，主人欵待甚殷，又說桑蔴事，更覺有趣。

本地風光(五五)

一九三〇年七月十八日

居士林

研究佛理而宗淨土的世人(不祝髮)叫做居士。本港的居士林，也數數見，僻處新界，名勝地點的，常發見不少居士，尤以大嶼山為最。

九龍城的嗇色園和附設於曾富別墅的哆哆佛學社，都是為一輩居士所組織的，嗇色園設黃仙祠及茅舍多楹，以作他們扶乩、參禪、棲息之所。哆哆佛學社設大雄寶殿，中置一「七級浮屠」，罩以玻璃，旁懸各佛像，地方很幽靜，打點得很光潔，是好一所參禪之所在。聞那裏的居士，多是哆哆佛的弟子，因以「哆哆佛學社」名之，示景仰之意而不忘本云。

（中原大俠按）當塵事掌鞅之餘，稍參禪偈，以解脫一切煩惱，確是衛生之一要素，不必以「居士」而範圍之啊。

游泳

晚燈齊上，一瞧那些從巴士或電車走下來的，時見他挽着籐喼的，這就是從游泳棚歸來了。七姊妹及鰂魚涌一帶之游泳棚，都是港中士女所常到的地方。西環、荔枝角、大灣，雖是游泳場之一，然不及這裏般盛，或當皓月臨江，晚風乍起，租一艘洋舢舨，泛棹於碧波中，也是快事。

（中原大俠按）游泳本是尋常事，但一經所謂藝術家之品題，就覺其中有無限之神秘，倒會令人想入非非呢？

赤柱

赤柱是香島東南之一個村落，地方不大繁盛，居民大約有百餘家，那裏有「三聖宮」，然遠道來求福的，大抵和沙田車公廟相若。陳列於博物院中的大虎，就是年前在那處山間間捕獲的了。

（中原大俠按）往赤柱的捷徑，最好由黃泥涌跨嶺而去，遙約四英里餘而已。

本地風光（五六）

一九三〇年七月二十一日

蜆摸

本港各沙灘多產蜆，惟肥美的殊不多見。九龍城海濱一帶宋皇臺畔，當潮退時，恆見一般婦女們，攜筐涉水，掘泥取蜆。雖在烈日之下，仍不稍減，大約自朝至暮，手快的可得七十餘觔；普通而論，也不下三、四十觔，以是售給市面，每觔取價約一塊銅版，或拿來佐膳，味倒鮮美。

（中原大俠按）耐勞的婦女輩，摸蜆以賺多少錢，未嘗不可算是副業之一。

不期而集的乞丐

嘗見九龍城的餛飩寮前（也許是數數見）每一食客出，必來十餘個乞丐，苦苦追隨左右，有不得不休之勢。想這麼多的乞丐，究從何處來呢，怎麼又不期而集呢，真是造化了。

（中原大俠按）這輩子定是附近的鄉民，絕對不是叫化子，所以這樣做，大概與「明火打刦」相若。識時務嗎？貧而無告嗎？呸，懶精！又來弄巧而已。

鼎石

鼎石，在九龍城北之邱頂，數石相依成鼎形，在上的一頭，其大與宋皇臺的相等，離地不過二、三尺，故有「頑石點頭」之說。士女來遊侯王廟的，多不嫌跋涉之勞，登邱觀鼎石，在這裏又可俯瞰九龍城全景，遠矚獅嶺山脈，而遠而近，或起或伏，都極崇峻之觀。

（中原大俠按）自鼎石東北而望，又見打靶山、晒魚石，一片荒蕪。城外的田園相較，別具一景。望城下山，可找叮噹石，即稍駐足，也有「西山爽氣在我襟袖」之暢快。

一九三〇年七月二十一日

本地風光（五七）

醫院

本港醫院之設立，倒不算少。在銅鑼灣有東華東院、法國醫院。西營盆有國家醫院、東華醫院。山頂有山頂醫院（建築宏偉）。對海有九龍醫院、廣華醫院。元朗有博濟醫院。其中如東華、廣華和東華東院，是香港之最大慈善機關，贈醫施藥，都替貧民着想，辦理良善。國家醫院是政府所設立，意外受傷的人，多運至該院，診治俱免費。但有些的房子，留診的倒要給租，院中皆用西法醫治，名醫多薈萃這裏。

（按）元朗的博濟醫院，是該處善士捐資所建的，院外多植花木，又設亭子，佈置很是雅潔。

衛生

潔淨局，在書信館頂樓，辦理港中一切衛生事宜，如洗太平屋呀、灑街呀。在所常見，似毋庸故人再贅。然而，我要說的，就是那些沒有公益心的衛生障礙者，我們試經過橫街窄巷，堆着的、填着的、充斥滿渠間的，都是一種觸人欲嘔的污穢物，難道他們不知有衛生嗎？不，他們卻知有衛生，又知有公益這回事，無奈習慣利便，順手一擲。說時遲，那時快，一句唔該，大個瓦煲掟下來！呀，通衢大道，常見藥渣、嬰屍這類東西，棄置一旁，真大膽了。最好是上斜路，行行重行行，看得留神，不提防拍的一交跌下來，原來是踏着蕉皮呢。蕉皮、蕉皮，究從那裏來？……唉……衛生……公益……

（中原大俠按）「殷鑒不遠」，潔白一件夏布或華絲葛長衫，突如其來的龍涎，洒作梅花點點，這就是他們的敬禮了。

一九三〇年七月二十三日

書畫社

書畫是我國學藝之一，近世紀以歐美文化之輸入，畫學一類，影響不少。但吾國故有之古畫（俗稱漢畫），若山水、人物、花卉、翎毛，種種繪術之精雅，早為世界人士所公認，稍有心於國藝的人們，多起提倡。即本港近年組織的書畫社，就是箇中「振大漢之天聲」的雅人了。社員若杜其章、黎耦齋、黃般若、胡少遽、張雲飛、鄧爾雅等，多屬文學界中人。

諸子又於島西之「陶園雅集」，有一定日期，或臨時招集，屆時即席揮毫，詩酒聯歡，藉以研究藝術，或出珍藏品物，以備來賓參考，像張雲飛所繪之〈東坡事蹟圖〉，國中名流，題跋幾遍，蔚為巨觀。鄧爾雅之金石，頗聞於時。該社又出《非非畫報》月刊，裏頭瑰集各種字畫，極有根據。作品中時有嶺南畫家高劍父、陳樹人等之投贈，尤覺豐富。惜潘冷殘已歸道山，不然當有不少好的貢獻。

（按）書畫社而外，港中有又女書家二人，一為鄧梅孫（年方九齡），善書顏體，頗工整。一為蕭嫻，行書似康有為。港大女生熊璧雙姊妹，也以漢畫見重。

京士拍

對海加士居道旁之山邱，政府已將其闢為京士拍遊樂場。縱橫甚廣，內有沙地之球場，及不齊整之草地。當斜照時，居民三兩成群，拾級而登，兒童輩則戲球相逐，雅愛閒逸的，臥於綠茵中乘涼，仰視浮雲來去。賣武的江湖客，也來此佔一份子，故免不得嘈雜。

（中原大俠按）遣步於京士拍而送夕陽迎素月，清風拂面，爽氣盈懷，游目於香島，紅磡、尖沙咀間，暮雲天末，海市蜃樓，自有樂趣。

一九三〇年七月二十五日

本地風光（五九）

個人畫展

自大會堂（博物院之鄰）設大規模的中國古今名人書畫展覽會以降，屬於個人畫展的，真是絕無僅有。照在下所知的，祇得鮑少游和日人舟木章兩君吧。鮑君最先開個人畫展於港青年會的童子部，當時所陳列之作品，多為漢畫，間有取折衷法以繪成的，設色古雅，描寫細膩。像「拜月」一大幀，中篇兩個宮女，漢裝紅抹，神思邈逸。還記得題句有「細語人不聞，東風裙帶」，是多麼的雅逸啊；又〈魚樂圖〉寫群魚以泳以游，所見之水，不加水紋，祇用調勻色彩，便見群魚吹水，浪影浮沉之妙，及其它很多西湖景，都是精妙無倫。

月之十五、六、七三天，日人舟木章假惠羅公司四樓，日人俱樂部之飯堂設個人畫展。在下於第二天下午五時許往觀，見來賓寥寥無幾，僅有三數日人，忙於迎送而已。所懸之畫，俱屬西洋派底油畫，鑲在精美鏡架裏，凡四十幀。以丁方一英尺者居多。設色和繪工，都很逼真，遠望皆栩栩如生。中如〈香港風景〉一幀，旂山之麓，畫棟雲連，草木葱翠。〈檳榔樹〉一大幀，枝幹玲瓏，葉色異常青綠，襯景亦佳。〈九龍城風景〉一幀，很得寫真之趣。如他〈早春〉、〈樹關〉、〈澳門風景〉、〈雨後滯船〉等幀，也是佳品。在下以走馬看花之興，愧未能得其詳，祇略為說說吧了。

(中原大俠按) 從前傅菩禪也曾開畫展於德輔道西某號二樓。但其中之陳列，除本人作品外，又參以古今名人傑構，中堂立軸，多是珍藏。傅氏並自即席揮毫，雅興不淺。

一九三〇年七月二十六日

本地風光（六〇）

梅江旅館

香島之濱，旅館林立，任它是「紳商士庶瀛眷居停」的大旅店，即言「士宦行臺」的大酒店，也不及梅江旅館這般的特異。看官們你有所不知了，這間梅江旅館之所以特異，不是壯麗有以過之，它不過一所古式的屋宇，落在荔枝角監房之左，凡來往荔枝角或元朗的汽車，必經其門前。居凡七楹，週圍以牆，成長方形，建築得很簡陋。惟垣外的田畝，和屋瓦的拱接，瞧去倒見得古樸。

門上題着「梅江旅館」，聯道：「安居萍水客，慶給梓鄉人」。大抵最惹人注意的就是「梅江旅館」四字了。因為以這裏環境的關係，突現一間古式的旅館，難免不注意了。它是建於清光緒丁酉年間，館裏各地均分租與人的，現在由第一楹至第四楹，俱有人居住。每楹又間了三數房子，傢俬啊、陳設啊，東零西落，很不雅觀。第五楹祇設一「嘉屬古老先人神座」。後的兩楹，卻蛛網塵封，門楣的木，釘了「將」、「帥」、「卒」等棋子，不知是何取義。牆壁間塗了「異鄉淪落，客邸思春」一類的歪詩，看來知是他們住客的遺蹟了。最後一楹之屋後，植龍眼樹三株，現已結實纍纍了，聽說打理這裏租項的，已由鄭某轉交嘉屬商會云。

（中原大俠按）在我國科舉時代，不是常聞人說：「投店、飼馬，曉行夜宿，上京考試」的話兒麼，大抵那日的「客店」正像這間「梅江旅館」這般上下吧。

本地風光（六一）

一九三〇年七月二十八日

狗扒徑村

從荔枝角游泳場折入，經過醬園，就是「狗扒徑」村。村內樓宇約五十餘間，中有建兩層樓者，光潔古雅。以該村形勢言，三面皆山，左右環抱如臂，青山道在其左山半腰，一面則遙望大洋，如大嶼山、昂船洲，都可在望。所有樓宇多偏左，倚山而立，田畝則錯落於村之南，縱橫甚廣，游目四顧，有「綠樹村邊合，青山郭外斜」之景趣。隱在村右綠陰深處，有所人家，茅舍三四，都潛在綠陰深處，由田徑跑去的，必須俯首以避低垂之綠葉，方可見這處人家，確是清幽可愛。

村左有養正家塾，通以小橋，橋下泉流淙淙，溯流而上，得小池一，半為濃陰所蓋，映水成深綠，平靜的綠痕，又給那些鴨兒衝破，化為大環小環的模樣，忒是幽逸啊。折左，行約數武，則見「曾氏家祠」。門聯説：「三省堂中看鳳舞，九華徑裏聽龍吟」。神座前有餘地，遍生苔綠，給光線的掩映，成冷綠色，又是一種風緻。在下到這條村落時，那裏的農夫農婦，正忙於打穀、割禾、曬稈呢。

（中原大俠按）有空兒跑去那裏逛逛，和村人共話桑蔴；走下山徑，坐於樹陰，看人打穀，靜賞山居真趣。大約穿起游泳衣，在荔枝角海灘叉蔴雀，還要勝過呢。

打更

本港「打更」之習，昔曾有之，現已絕無僅有。惟在橫街窄巷裏，間有這輩「打更」人出現。「噹讀、噹讀」，這是他們的工作了，有些不慣寂寞的，倒唱起木魚或南音來，清夜聞之，頗覺清脆。

（中原大俠按）南北行、永安街、興隆街等都有「打更」的，其風趣比之廣州市西關半夜的賣粥聲、西濠口的搬運聲，有過之而無不及。

本地風光（六二）

一九三〇年七月二十九日

墳場

港僑十、九屬華人，偶遇青山有事之身的，除運柩回鄉者外，多卜葬本港各地。至於外人，在快活谷畔及黃泥涌道旁，則有猶太、印度、波斯、基督教、天主教及回回教等墳場。華人的有柴灣、咖啡園、雞籠灣、福建義山、東華醫院義山、華人永遠墳場、鴨脷洲、河門田、馬頭圍、晒魚石、雙魚洞等處墳場。其中最華麗的，要算華人永遠墳場了，一墓一石都爭妍鬥麗，巧奪天工；並多名人題字，故惹遊蹤。次推薄扶林道旁之基督教墳場，瑩石雕像，也晶潔雅妍，建築的式樣，也立異爭奇。不遠有永別亭（新建），結構仿古，雅而不俗。記其聯云「永訣一朝，白馬素車名士淚；別成千古，青山綠水故人情。」此外有些迷信風水的，禮聘堪輿，遍觀新界各處名山，擇牛眠之穴、龍來之地，講結脈講山氣，然後下葬。到踏青時常勞跋涉，也在所不計，未免太無意識了。

（中原大俠按）前人說，「身後碑銘空自好，眼前傀儡為誰忙」。一坏黃土，埋盡了幾許英雄，悟化了多麼僧侶，任你怎來打整，也是同吊夕陽，同伴荒草而已。

今日之慈雲山觀音宮

一天有沙田之行，道過慈雲山，順訪觀音宮；見廟門冷落，神座塵封，山風撼樹作響，呼嘯聲震山麓，不禁為之低徊嚮往。迴想從前該廟香火鼎盛的時候，香港善男信女，絡繹登山，膜拜乞福，遂有「觀音得運而黃大仙倒運」之說（黃大仙指嗇色園）曾幾何時，山門依舊，人事滄桑，今日之觀音宮，已大非昔比，菩薩無靈，迷信者亦可休了。

（中原大俠按）觀音是中國婦女最肯崇拜之神，竟會倒運，別的可不說了。

本地風光（六三）

一九三〇年七月三十日

牛池灣

牛池灣，俗稱牛屎灣，是在九龍城東的一條村落。毘連沙堡及上元嶺，有路可通鯉魚門、將軍澳、西貢、蠔涌及北港西等地。村之極東南有三王廟。向北行則見頑石嶙峋，復有清水自山間滾滾而下，過此則為安老院（昔之小梅村），西行則為村居，中有金霞精舍及萬佛堂，兩處都打點得很雅靜，為修道者所居之所。行西一帶田野就次而闢，昔有小池，當初漲時，水光照人，頗得雅旨，今已為泥所淤塞。

（中原大俠按）在下每到九龍，多喜向這裏遊覽，尤其是初晴的當兒，山色青翠，欵欵媚人，更是可愛，或在安老院旁之樹陰稍憩，也是很好的。

東山廟

上元嶺和牛池灣之間有山徑，可通東山廟。惟廟僻處深山中，附近又沒有甚麼村落，很覺寂寥。大約自西貢路折入，要需半個鐘頭，往返雖便，遊者絕鮮。聞該廟為前東山寺所改，廟裏陳設平常，祇兩老嫗管理一切，所奉的為觀音大士，故又叫它做觀音廟。

（按）該廟前有交幹而生的大樹，好事的以「雌雄樹」名之，有叫它做「合歡樹」的，尤為怪誕。

妓院

島西之石塘嘴，對海之吳松街（俱以一部分而言），都是鶯鶯燕燕所集之處，灣仔之春園街，有日妓院及大冧把，汕頭里也有下流妓院，對海官涌也見有大冧把，然而，名花多植石塘，倚翠偎紅，醉生夢死，又不知幹出了多少韻事。

（中原大俠按）隨園叟説，「錢塘蘇小是鄉親」，不要太看小了妓女啊。

一九三〇年七月三十一日

本地風光（六四）

西貢（上）

一瞧九龍半島以東的海岸線，它的彎彎曲曲的形勢，由官當一直至沙頭角，來得更密。在這天然的岸線中，近東南一角，你可找着「西貢」這所地方了。大約在這裏村落中，它可算是一個小市鎮，説到形勢呢，倒是一所海灣。在南邊那裏，到潮退時，縱橫數百丈，都現出泥土。警局則設於東南，西邊就是西貢墟。最惹人注目的，算是瀕海而建的樓宇，其次就是那個石碼頭了，來往筲箕灣的「西貢」輪，泊在這裏（每日僅可往還，約上午九時由筲箕灣開，下午三時由西貢返，啟行的時間，俱以付貨之齊備否而定，船腳一律收銀四角）。

海上多漁船，像筲箕灣一般，故墟裏所設之商店，其老主顧多是漁家和農工之流人。例如近碼頭的雜貨店，招牌大書「白鹽發客」等字，橫街窄巷都常見一般鹹魚店，或在空曠之地曝魚曬網。最有趣的，莫如那些懶洋洋地臥在巷裏的豬公、豬乸了。那些閹豬的人，也當着街頭，豎起一張長板櫈，把豬倒吊起來，然後施刀，呱呱的叫。

如果想去談天說地，或飲幾杯的，祇有上「維新」、「得如」那兩間茶樓去。這裏雖是簡陋，叫起酒菜來，卻樣樣都有，而且夜市又開至十二點。商店祇略具規模，祇有「泰盛棧」可過得去，寬敞和局面，說起來倒像廣州市下九甫的綢緞店一樣。近北的小邱上，有所天主教堂，內設漢文小學校。據主教的楊君說，該校經已停辦數年，今春始招得十七個學童，再行開辦。附近教堂，則見有十餘起天主教的墳墓，當夕陽斜照時，一坏黃土，頗起滄桑之感。

一九三〇年八月一日

本地風光（六五）

西貢（下）

北方又有天后古廟，門聯云「聖蹟自莆田，恩流貢土；慈雲開港海，澤被崗州。」鄰有關帝廟，題有「協天大帝」，聯說「正漢一心，貫徹千秋忠義氣；空曹兩目，看開萬古帝王樣。」廟裏的設備，和天后廟相若。

關帝廟之左鄰，設普通學校一所，課堂檯凳，齊整不過，且窗外樹影，更是雅靜。廟前的餘地，給鄉人撒遍了茶葉在這裏曬着。漁夫舟子，也不客氣地東倒西歪的臥在廟門外。這裏適濱海而立，故遠望都是島嶼，江夫帆影，風景頗覺可人。有時侵岸的濤聲，也起了若斷若續的作澎湃聲。

由這裏向北行，約一刻鐘，可至石崗尾，該處村居約數十，有育賢書室，建自一九二八年，樓凡二層，幽雅得很。屋後又有青草地，綠茵媚人，景至可愛，是該村唯一的教育機關。折而西，可達馬鞍山之麓，亦有村落，溪水雜流，田野相接，石崗尾近海一隅，可遙望「絲線吊金鐘」的名勝，再折而東，則為爛泥灣及西灣等處。

（中原大俠按）西貢是馬士灣漁船藪聚之所，有山路可通昂坪、大水坑及沙田。旅行這裏的，除由筲箕灣搭船去的外，由九龍城也可跑路去。但打路去呢，宜趁清早起程，自牛池灣首途，約行二小時，可抵蠔涌，再一小時至北港西，又半小時即可至西貢了。一路都山明水秀，尤以蠔涌為最佳，北港西則僻處山深中，沒有甚麼可取，他如白沙灣、井欄樹、相思灣、檳榔灣，南、北二圍，差可游目騁懷啊。

本地風光（六六）

一九三〇年八月二日

蠔涌

蠔涌也是九龍半島東南岸線中的一所村落，居民約百餘家，都是四方雜處的，中以姓溫和姓張的為最多。村傍大溪，自山間而下，奔流約數英里而入於海，至蠔涌則成大溪，深可四五尺，頑石錯雜，激水成音。中有一部分，溪流轉緩，紆迴曲折，波平如鏡，略起縐紋；溪旁樹木扶疏，倒影成深綠色，柔媚之處，有如綠油，確是本港所僅見之泉石。粉嶺的水門山和沙田的慈雲山麓，當不及其什了。

村裏多屬住戶，無甚可紀，北行，將至永安橋，有車公古廟，廟前列植紫薇樹，紅花冶艷，嬌媚醉人。廟凡三楹，門聯寫道，「蜑肅精禋，蕉香荔紫；黔羸瘴霧，水綠山青。」神壇很整潔，華麗莊嚴，兼而有之。左邊的偏間，牆壁刻山水畫一幀，題道「恒春」，聯說「萬里波濤歸海國，一山花木作香城」。右邊也題「幽雅」二字，聯說「一片林泉成樂趣，四時花菓隱生涯」。窗外也刻了「耕雲兼釣月，載酒且攜琴」一類的雅語。打理該廟的為溫某，據說，該廟已建了五十多年了，至光緒三十年又重修一次。

自這裏北行，又有北圍村，與南圍村遙遙相對，中隔一海，當潮落時，離岸數十丈，都深不及四尺。時見一般鶴夫漁佬，駕一葉扁舟，往來捕魚其間，有所獲則攜籃下水，步行至岸，求售於鄉人，取價頗廉，前人說，「春水纔深四五尺，野航恰受兩三人」，這樣看來，髣髴似之。

（中原大俠按）這裏的白沙灣，水清而潔，海浴倒不錯，附近又有水月宮，鄉民張木，設小茶肆於此，小坐試茶，啖兩三件餅，賞遠山近水，真足怡情喲。

一九三〇年八月四日

本地風光（六七）

壓橋躉的虛驚

年前風聞本港擬建一大規模的跨海鐵橋，約由卜公碼頭至尖沙嘴，長凡一英里左右。建築形式，取法紐約之百綠克蘭橋（Brooklyn Bridge）其工程的浩大，可見一斑。但富有迷信思想的，妄造謠言，說這鐵橋共打橋樁若干，又需壓橋躉童男、童女若干，一時風聲所播，全港騷然。又傳說那些童男童女的父母，如果不肯犧牲他或她們的性命來壓橋躉，就要進行強搶的計劃。派員備蔴包若干，駕汽車馳驟市面，見有童男童女，就不由分說的強搶過來，把蔴包笠着，以貢獻於築橋當事。

那時一般人不審是真是假，一傳十十傳百，有父母之責的，吃驚不少。為安存計，禁若子若女出外，連上學也中止，暫避其鋒。當時著者年少，亦有所疑其說，在返校的時候，磕着形跡可疑的汽車，都恆有戒心，現在回想起來，真忍不住失笑呢。

（中原大俠按）要童男童女壓橋躉，迷信的人，竟信其說。可是，好好地活着的生命，拿來生擒活葬，難道青天白日，在這個文明世界，也有這樣的無人道的事嗎，這大約是那時民智的閉塞罷。

新到女員招待

嘗見對海某茶樓在門外寫着「新到女員招待」六字，老板真惡作劇了，居然寫起那些有侮辱女性的「新到」二字來，是不是「女招待」，也可以當商店貨品一般的辦理呢？還望落筆時不要道次，下次須謹慎些。

（中原大俠按）像這般的老板，真正抵打。

本地風光（六八）

一九三〇年八月五日

九龍城渡中

著者家居香島時，很喜歡在假期內，跑去搭來往九龍城的小輪。以這線經紅磡繞黃埔船塢而入九龍城，需時凡五十分鐘，代價僅一角，搭客又落落疎疎，海景又這般優美，故有空兒呢，看作游河一般，攜備一本小説或報紙，沿途披閱，飽受海風。當經過黃埔船澳時，一轉角去，海風更覺得起勁，遠遠的金鳳山及啟德濱，隱約收入眼底，矗立在海濱的宋皇臺，蕩漾的碧波，婀娜的風帆，靜寂的牛頭角，和茶菓嶺，無形中慰藉我的游思。抵步，即去新連興食蝦麵，抹抹嘴又去閒步青山田野間。興闌了，再搭小輪而返，倒是很愉快的消遣。

（中原大俠按）這樣經濟的游河，在炎夏中，常試也不錯啊。

涼茶店的新猷

近日涼茶店之在本港，確蓬勃而興，大有一日千里之勢。生意雖微，一兩塊銅版的幫襯，倒有得聽、有得睇（看新聞紙），有得飲、有得笑（和女招待説笑），具此四大特色，真使人不去幫襯也要看看。

（中原大俠按）現在有些涼茶店，越做越膽大，竟大書「加設女員招待」等字，那就播音機和女招待，在涼茶店設施中，似有雙管齊下之勢了。

某藥材店的規模

在荔枝角道中，可找着一間新自廣州市分設來港的藥材店。開幕的期內，電炬掩映，有如日月爭光，點綴得未曾有。特惹途人觀望的，尚有「阿差」看門了，有價值三千塊錢羚羊、犀角的陳列，比之其他藥肆，又似宏偉一點。

（中原大俠按）蒸蒸日上的商戰競爭，宣傳、點綴、規模，自有相當的辦法。

一九三〇年八月六日

荔枝角垂釣

荔枝角游泳對開的木橋，附近水清而潔，極目涯際，可快逸興；且海風習習，雖驕陽似火，也不覺得有甚麼熱。那裏橋邊有斜板，自岸直垂下海，是備以為舟人登岸也，在此垂釣，陰涼爽快，波平浪靜，不管得魚與否，衹寄閒情，消遣一日，就無以比之了。

（中原大俠按）釣得魚歸來真是歡喜不過，拿來佐膳或煲粥，樂得忙箇不了。

贈你一個相

若在黃昏後，一直由高陞戲院向荷里活道跑去，包管你聽得「喂，喂，朋友，贈你一個相啦！」那不是「相觀天下士，命判世間人」的生鬼谷之流麼？他們都憑着三寸之舌，說得眉飛色舞；誇的誇、講的講、贈左掌、觀氣色、看流年，來得真熱鬧了，贈相嗎？這不過打動途人的駐足吧。

（中原大俠按）對海榕樹頭也有這類的相士，有些還高誦相經，體效《故事瓊林》，念得神氣兼到，有三家村先生之遺風。

坐轎上羅便臣道

本港斜路獨多，講厲害些，真有七十度角之勢。故此坐轎上羅便臣道，都可以拿來講講，以見其別有一種風趣。試在大道中亞細亞行旁叫轎，向雲咸街上，轉右上亞畢諾道，折落舊卑利街，過意大利嬰堂、經賒利街至摩囉廟，再行抵羅便臣道，其中所過之石級和斜路，岌岌可危，而轎伕則昂然健步。我們想想，坐轎的比抬轎的大約還心驚呢！

（中原大俠按）施施然坐轎上羅便臣道，真有威風呀！但是，比之「貼錢買難受」似是說得不錯的呢，哈哈！

一九三〇年八月八日

本地風光（七〇）

船灣（上）

看官們，要明白這個船灣不是荃灣之誤，很多人都知荃灣是在青衣對面，但船灣呢，卻在大埔海之北，是風馬牛不相及。試在大埔滘北望，當瞧着一派山脈，由太和市一路向東伸出海面，其中又成為半島或海灣，列如屏障的山勢和蒼蒼的山色，尤其是那個八仙嶺，自東而西的數去，共有八個山峰，都凹凸自然，高聳雲表。即就那些景緻，相信很多有謝公癖的，當免不得走去賞玩賞玩。

船灣就是八仙嶺西南的一所村落，位在一個半島之中部而偏於東，西接黃魚村及通廈坑、風園、大埔墟等處。東通汀角鄉，轉往荔枝窩、烏蛟田、和坑及沙頭角（登八仙嶺之巔，可遙望沙頭角）。南則望大埔海。

講到交通一方面，當然要算遠距西便的一條九廣鐵路了。可是，乘車至大埔墟，打路去船灣，都要兩個鐘頭。或由大埔滘僱舟渡海去，也要需時約四十分鐘。雖未得說它是便，倒算不是太過偏僻，像著者的愛游成性的，就是等於閒事了。

這裏居民約數百家，村居分東、西而立，田畝則在其中。鳥瞰全村形勢，很像在一個山谷中，西之黃魚村，名雖不同，實亦船灣村落之一。該村東盡處，有叢林倚坡成勝概，爽翳怡人，蒼古有緻。時見一輩頑童，在這裏嬉戲，以手足攀樹幹，搖擺像打韆鞦般，來得有趣。

一九三〇年八月九日

船灣（中）

村西有關帝、天后兩廟。關帝廟之右鄰有育英中英文學校。著者過此隨步入廟瞧瞧，兩廟都無甚可紀；遂轉入該校，見堂裏適沒有人在，乃先請於門前之老婦，然後進去。見所陳校具，很整齊光潔，共有兩個課堂。壁間懸着中國及廣東全圖兩大幅，又有一手繪之新界全圖，其中所註之地名山名，比之坊間所售的，還更詳細一點，聞是該校主教宋醒亞君所繪。正在看得意濃的時候，忽從門外來了一片嘈雜聲，轉身向外跑，迎面踱進來一位四十許的鄉人，他見了我，卻堆着笑臉問：「先生來這裏遊玩嗎？」我答：「是啊，我特地來這裏耍興的。」他說：「好極了，這裏有茶，請你隨便坐坐，飲杯茶，慢慢的再去別處興耍吧。」說罷拿了一張長板凳，放在門前，叫我坐下；他也坐在我的身旁，隨便談了多少客套話，才知他是李彬基君。

張目四顧，指着東北的一個高山問他：「李先生，那個叫甚麼山呢？」他指着山上的峰數着：「一二三四五六七個，連帶這個大的，共成八個峰，這就叫八仙嶺了，南望的就是馬鞍山。」我搶着道：「我老早聽聞這裏附近有『新娘潭』的名勝，由這裏去要多大時候啊？」他說：「呵，新娘潭麼，從這條村直向東行，至汀角鄉，轉過山背，大約跑兩個鐘頭，即至其地了。」他停一會又說：「或由八仙嶺跨山而過，轉落山背，就見新娘潭了，不遠有村名『橫山腳』再北去，就是那千餘居民的大村『烏蛟田』了（俗稱烏蛟騰村），這裏且有四個秀才呢，真是有名的大村啊！」我聽了很愉快，因為將來有暇，當乘游新娘潭之便，跑去那裏，可又有以介紹於「濤聲欄」者。

本地風光（七二）

一九三〇年八月十一日

船灣（下）

我和李君暢談了一回，他邀我一塊兒去他家裏坐。我以人情難卻，且李君是忠厚長者，遂跟他去，約行兩個字鐘，才至圍下村。經過一條清綠的溪，自田徑折入三數人家，即到李家。李君把門開了，請我進去，我也不客氣地坐下，忽階前來了一群雛雞，喔喔叫着，頗覺有趣。李君說，要去煮幾隻雞蛋給我吃，我卻之凡數次，他也不允，並見他這般的忠厚，不疑有他，祇不客氣地應允他。吃完了，我見時候不早，就要起來告別，他也說要去育英學校找那姓宋的朋友，故又和他同行。

那時宋君已回來了，他就介紹我和他相見，並道來意。宋君是一個和藹謙恭的青年，知我要打探去新娘潭的路徑，很歡喜地告訴我，又去翻檢一疊《中華日報》，找出其中一張，在「趣趣地」欄發表的一篇大作〈游新娘潭記〉給我看。我很感激他的誠意，細讀一遍，如親歷其境，使我無限的愉快。跟着問他：「李先生，你是很喜歡投稿的罷？」他道：「是啊，這裏地方異常幽靜，故工餘之暇，常喜寫稿寄給港中大小各報，藉以消遣閒情。」我問：「是署甚麼名字？」他說：「在濤聲欄常用「逸廬蓮花」數字，或署「宋逸廬」不等。他也叩我以投稿事，我直白對他說，他一聽說，愉快得很，他說：「原來大家都是文友，現在相遇，真湊巧了。」後來，他還要我將住址寫給他，以便通訊。哈哈，此行所遇，真有趣呵。

一九三〇年八月十二日

（江山故人按）故人君行山，不期而遇文友，要算第一次奇遇了。

本地風光（七三）

南北行

在本港而可得覩我國古式商店，惟僅見於南北行（原名文咸西街）這一條街子。東通十王殿，西接德輔道，大約有大商店五十餘間。建築款式，仿古的佔十之九，灰色的牆壁、寬敞的舖面、金字黑漆底招牌，長的短的高懸兩旁，還有門前的對聯，襯起來倒另具一種風趣。故經過這裏，每易聯想到廣州市太平街的景象，然而，它的形式，倒和西關相同，不過西關由寶慶新街至紅荔灣頭比它長得多吧。那裏的商店，都以海陸豐人所經營的為多，營業以藥材及海味為最大宗，也可稱之為本港的大商店。

（中原大俠按）夜間過南北行，常聽見一般潮樂之聲，音至微弱而悠揚，也頗悅耳。又當盂蘭節，街上有人搶魚，此風很趣。

香港仔的摸魚者

一天，著者以事過香港仔，晚膳後，閒步海濱，直向大成紙局那方去。時正落日崦嵫，遲遲其暮，大成紙局旁的瀑布，洶湧地自山間潺潺而下，至為清聽。道旁林木，也輕輕地映着斜陽，作黃金色。這般景色，有使我不忍遽然而去者。隨意瀏覽，飽飫晚風，忽見道旁近山麓那裏，水聚成池，四週都是污泥，有十二、三人，立於污泥中涉水捉魚，有些忙着戽水，有些忙着築堤，想把池弄涸了，摸魚更易；偶有所獲，即拋給站在池邊的人，好好的放在鐳裏，只見他東來一條、西來一條，坐收其成，倒也快意。她們泥首垢面，仍伸着雙手，向淤泥中亂摸，其勤奮有足多者，可惜盡其所獲，也不過半水鐺左右而已。

（中原大俠按）語云，「利藪所在，人必爭趨之」即就些少利益，亦有人不畏艱險以赴，生活困難，可見一斑。

本地風光（七四）

一九三〇年八月十三日

平民化的聽曲場

對海普慶戲院側之草地及附近一帶，當兔魄東起時，遊人獨多。常見有度曲者，趺坐綠茵上，樂奏二胡，曲唱龍舟，途人麕集，熱鬧不過。唱完一闋，任聽者施與多少，然後再唱，且晚風不絕地吹送，比之擠擁的茶樓，似勝一點。

（中原大俠按）逛街的當兒，偶經其地，可飽耳福。

嚴拿偷書捉住剝褲

「嚴拿偷書，捉住剝褲！」哈哈，這是對海租看連環圖的某書肆的標語，它不書「送官究治」，而書「捉住剝褲」，見了真可發笑。或者該書肆老板，慈善為懷，從寬處分，不想太過與他們偷書者為難，以為「捉住剝褲」，好過「送官究治」，省了一翻手續，又可叫他們當堂出醜，善策善策。

（中原大俠按）觀其語氣，似為一般頑童示警，但未免太滑稽了。

百貨公司

標着「環球貨品」的大公司，除真光倒盤外，像先施、永安、大新三間大公司，都薈萃於德輔道一帶。它們建築的宏偉，貨物的完備，久馳譽於香海了。即晚間海濱的燈光，它們也獨佔多數，本港市場，為之生色不少。它如設在皇后大道中一帶的公司，規模就遠不若它了。

（中原大俠按）大公司除供給環球貨品外，也可作大鄉里初到港遊覽的地點。

收買金飾

現在金價大漲，為年來所僅見，於是「收買金飾」這一類廣告，也就數見不鮮，至於那些炒家，更視為機會了，大抵英雄所見略同罷。

（中原大俠按）懂識時務者能之。

一九三〇年八月十五日

本地風光（七五）

新娘潭（上）

談香江名勝的，無人不知有新娘潭這所地方。但前往問津者，都礙於往返不便，故此絕鮮臨遊，至其梗概，可於本港政府審定的《簡明國文讀本》裏見之，惟略而弗詳。著者寫到這裏，特作一個詳細的介紹，使好觀風問俗而愛慕名勝的，得些參考。

那所新娘潭，是在新界東北八仙嶺之陰的山間。它之所以得名，據該處土人說：「當明末清初的時候，有于歸新婦，乘轎經過這裏，恰值天下大雨，狂風陡作，潭上瀉下之水，格外湍急，一時難於趨避。新娘和轎夫，同溺潭裏，後人衷其遇，因叫它做新娘潭。」

試轉吾筆一述該潭的形勢，潭水之來源，是由八仙嶺山麓曲折而下，初甚微弱，像溪澗流泉般，至烏蛟田村之西南角（這裏有石橋），轉南深入林間，暗由地底湧出，水流涓涓，凡十餘處。那就先成為一潭，其形像英文大草之E字。四週叢植樹木，綠影扶疏，山風震撼，半黃半綠的落葉，不由得打在潭上。水勢流動很和緩，故潭面的水，很是平靜。上面既多叢密的林木，則太陽的光線，也不能透林隙而入，所以這一個潭尤覺青綠，可是水濁而不易見底，沒由知它的深淺罷了。由此向南轉下，水流和緩，遂成第二個潭。它的面積比前更小，清可見底，漸多頑石，也向南轉下流去，跟着又成第三個潭。比第二個潭約低五尺，惟水勢和緩，不見成瀑，頑石獨多，深不可測，面積更細，至南盡處，有兩頑石（其一旁植小樹一株）均偏立於水流之右，受水勢所衝激，有欲墮而不墮之勢。

一九三〇年八月十六日

本地風光（七六）

新娘潭（中）

從兩石之水平線望去，近右的一石稍細，幾為水所掩沒。只見水源從相差至四、五丈的石壁奔騰，流至此，撲躍而下；轉彎處，起凹凸紋，狀至可觀。石壁之平原，也起伏不一，水過處成迴旋形，潺潺作響，聲徹雲衢。將至新娘潭，則見水花飛濺，四散而起爆煙，確是奇觀。稱它做「省江第一瀑」沒有甚麼不對了！

其下的新娘潭，縱橫約有數百方尺，頑石錯雜其間，將盡處挺立黑石一頭，狀類婦人的梳粧盒，因叫它做「梳粧石」。其右旁又有石屹立，面平如削，形如下弦之月，故又起它一個名字叫「照鏡臺」了，這都是從前土人相沿的稱謂。

講到該潭之深，說也奇怪，鄉人以十餘丈之繩探之，還未到底，這可見其深不可測了。但以這裏形勢論，潭面大約距離海面有五六尺之譜，則其深陷處，當在海面之下。或者，從前潭底，原屬土質，受巨瀑之衝激，經過長久的時間，逐漸將泥土沖去。日久有功，潭水之深，自是意中事。觀潭面，水色蒼綠，間有青苔浮泛着，枝葉也隨處淤積石隙間；樹幹上也生遍苔綠，為水所湧，搖搖不定。潭之左右，則為山坡，一連百餘丈，都叢植很高的雜樹，間有高約五、六丈者，雄偉驚人，非香島所得而見。

新娘潭（下）

一九三〇年八月十七日

流水由新娘潭向南奔瀉，以地面不甚傾斜之故，水流很和緩，紆迴曲折，所過皆頑石錯落。大約經一英里，即由涌尾村而入大埔海。這裏為一海灣，左有橫嶺頭，右有八仙嶺，遙對馬鞍山麓的村落如咸田、榕樹坳、深涌等，都極山明水秀之勝。岸邊常見小舟繫渡，時來三兩，許是很好的點綴。

自大埔僱舟來遊新娘潭的，也時在這裏擇相當地點登岸，先至涌尾村，找着來往烏蛟田的山徑跑去，約行二十五分鐘，即見娘潭飛瀑，惟給大樹蒙蔽了一半，遂難窺全豹。想由近些的路去呢，除掉折回山腳，是不能的。見有石橋，即從橋下沿溪石而上，有時遇了水阻，轉折以達，但這種行法，殊感不便，且易生危險。可是，沒有別的山徑可行達其地的，近左雖有一小徑，但給荊棘和雜樹所梗阻，即勉強行去，盡處又為水隔着，想是許久沒有人到過所致吧。

惟在上的三個潭，則可由去烏蛟田的山徑旁（約再行百餘武，便至烏蛟田），找路落去，往返不需十分鐘，在這裏小憩，很覺清涼，但不能看見飛瀑，終不若在新娘潭畔這般好。末了，遊新娘潭的，最好由大埔滘僱舟直去涌尾，來往費約三塊錢。若經濟些，可由大埔滘乘渡至船灣，每人收費五塊銅版，然後由船灣打路去汀角，經龍耳、黃村、牛坳等地而至涌尾，需時約兩小時半（渡海時間不在內）。像現在這般炎熱，烈日當頭，跑路是很不相宜。最好在秋冬之間，邀十數遊侶，僱舟前去，跑路又不甚多，當着金風乍送，玉露初零的當兒，一觀娘潭飛瀑，真愉快不過啊！

（中原大俠按）約距新娘潭之西半英里，也有一個大的飛瀑，它和來往「橫山腳」村的小徑相距較近，瀑高也有二、三丈，在去新娘潭的路上，可遙遙望見。

一九三〇年八月二十日

本地風光（七八）

烏蛟田

自新娘潭向北跑去，約行五分鐘，便聞溪水潺潺，由西而東，曲折流下，跨溪有石橋，過去就豁朗然開，現出一處村落，環繞皆山，四野黃雲，雞犬之聲，時起於白雲深處和茅舍田隴間，這差不多是一所洞天福地的世外桃源，原來那就是烏蛟田村了。它和新娘潭既然接近，故遠道來遊新娘潭的，必須往烏蛟田一行，所以這偏僻的小村，遂因新娘潭飛瀑之勝而彰及其鄰了。

該村屋宇散設四週，數約百數，田畝則在其中部，西北通南涌屋村直抵沙頭角，東北遠接荔枝窩，西則遙望横山腳村，南達涌尾（經新娘潭）。為來往香島及南約各地之要道，居民皆屬李姓。當遜清時，共有四庠士，現僅存李白洲君一人（李君任大埔鄉議局文案）。前朝是重科舉的，村故一時稱盛。著者在該村的東南部，共找得宗祠四楹，顏「李氏宗祠」的有三，餘一所則題着「劉氏宗祠」，都門設常關，無從觀覽。

從通道過去，經小溪，向東北行，則見覺群學校，主教者為葉某，生徒約有四十餘人，那麼，該村教育，也算不弱（聞本港政府每年津貼它二百餘塊錢）。該村是族居的，故小商店，僅得「昆益」一所，風景也不算得甚麼幽雅，惟近西一帶，略有些壯麗古雅的屋宇和青翠的修竹以資點綴。

（中原大俠按）嘗聞新界一輩鄉人說「烏蛟田是蜈蚣地」，研究風水的，當知它是甚麼的所在。

一九三〇年八月二十一日

正來路貨

試在大道中一帶商店購物，及其他自號洋化式的店子，沒論你幫趁也好，不幫趁也好，總叫你聽着一輩賣貨員説着流麗説話：「正來路貨」。這句就是他們所認為撐門面的話兒了。哈哈，難道「正中國貨」，有失禮於港人嗎？怪極怪極。

（中原大俠按）大概他們想來嚇人吧。

今日的漆咸道

著者日前曾把漆咸道講過，但現在的漆咸道和從前的又有些不同了，因為本港當道，恐這裏在夜深有危險的事發生，妨礙治安。所以現在特派警察逡巡，晚上過了十點鐘，就不准在椅坐談了。可是，得了特別許可，倒不在範圍之內，這不過防範一輩不良份子吧。

（中原大俠按）夜間在漆咸道坐談的兄弟姊妹你們須謹守秩序，顧着干涉才好。

最先來港的居民

據某種可靠刊物，最先來港的居民，要算赤柱的僑胞陳玉生，當西歷一七七零年（即清乾隆三十五年）就來港島了。

（中原大俠按）可為本港掌故談增一段資料。

一九三〇年八月二十二日

本地風光（八〇）

大霧山之巔

大霧山一作大冒山，在新界荃灣，高約三千三百餘尺，是本最高的大山。絕頂有鐵筆，高有五尺，左右以鐵條支持，成個字形，下為三合土。附近皆頑石嶙峋，雲霧瀰漫，若遇天朗氣清，登此能遠望馬交石，有「一二三星斗胸前落，十萬峰巒腳底青」之概。

（中原大俠按）身子虛的人，登大霧山之巔，很容易流鼻血，大抵是環繞空氣薄弱的緣故。

鴨脷洲的大巖

巖洞在本港崇山峻嶺中不多見，惟有鴨脷洲之南部，發見一大巖，瀕海高聳，巖頂離海面有四十尺，闊有六十尺，其深則可十丈，峻峭詭異，別具奇觀。近西挺立海濱的有小邱，上建茅舍，是漁人結網捕魚之所在。

（中原大俠按）想去參觀這個巖的，可先由鴨脷洲西之水月宮旁登山，循山徑向東跑，約行二十分鐘，即抵其地。

城門谷水塘

由大埔路往沙田，約至半途，就見城門谷水塘了。這裏環繞皆山，風景獨秀，縱橫都有數英方里，水靜如鏡，略起皺紋，一片淼茫；蒼山倒影，玲瓏如繪。挹注這個塘的，凡七、八水源，涓涓不絕。

（中原大俠按）若將這個水塘闢為遊樂場，叫它做乜乜湖，築上了隄子，建些古剎植些樹木，泛着畫舫，鬧着笙歌，既是消夏佳地，又是湖上逸趣，則將來之「大浦路」上，當見士女聯翩，棧車雲集，另有一翻新景象，然而，這是必不能實行的。

一九三〇年八月二十五日

招牌

哈哈，一般大老板、事頭所常說的是：「喂喂，朋友，請認真招牌買貨，說起來又似誇口，歷數百年如一日，都是這個爛招牌、老字號，這是值得你們顧客注意的。」呵，招牌之於商店，真是重要不過，故此有些好打整自己門面的，不得不要講究一下。在本港市面所常見的招牌，從普通方面講去，「金字招牌黑漆底」，那是我國商店最盛的，凹凸字啊、鑲玻璃啊，油上了最鮮妍的色彩，瞧瞧，倒使你歎觀止焉。招牌的原身，既要講究，招牌的字，更要講之又講，究之又究了，所以千辛萬苦都要去找個名家書寫，方能襯得上。晉書、漢隸、顏體、柳體（有些還用篆體），大道中那間某照相樓、對海的乜酒家、永樂街的某樓、德輔道中的某電器行，種種式式，盡態極妍，算是招牌中之錚錚，也未嘗不可。至於其它的，多抱「人有我有」的主義，「金字黑漆底」是好不過，為之書字的，多是陳某、梁某、朱某、曾某等，試行於通衢大道間，幾觸目皆是。

（中原大俠按）招牌要給人認，打整好一點，尤為當務之急。但是，到了毀爛的時候，若果去重修呢，真使人笑到「見牙唔見眼」。哈，話明就陳顯南，爛招牌當然是商店之寶。

某賣欖者

久居於對海的，當知有這一個賣欖者，他年約五十許，字號叫「華記」，盛欖之器，是一木底藤邊之八角兜，以竹桿支之，欖販沿途喊道「好吃白欖」，凡數十年，都是如此，也祇呼着這四個字，聽説一家數口，都能賴以維持呢。

（中原大俠按）微中取利，雖是小生意，生涯倒得逍遙自在了。

一九三〇年八月二十六日

本地風光（八二）

乞巧節

僑港婦女，一至七夕，多有禮備菓品等物，以拜牛郎織女二星的。那些紙紮店，也特製絕大的七姐盆，掛在門前標榜，看看那個大主顧來幫趁，就原貨送到了。一般太太小姐姑娘們，更形活動，砌芝蔴七夕景，或逛擺花街，縱横穿插，辦些胭脂水粉。預測近幾天經過這裏，定香風襲人啊。講到好事而又神心的她們，早早埋會拜七夕，到了那晚，濟濟一堂，群雌粥粥。拜仙呢、請仙呢，禮儀隆重，熱鬧不過。街上也聞着「七姐卦、撞手神」，終夜不輟。其它如遊樂場等地方，若名園、利園，還開乞巧大會，更為熱烈了。

（中原大俠按）俗傳雙星會是紀念他倆夫婦一年一度相會的，不知那些拜七夕的「小姑居處處尚無郎」之她們，畏羞不畏羞。

羊城化的食譜

諺云「生在蘇州，食在廣州，死在柳州。」則廣州的食譜，為人所重可知。本港和廣州接近，風氣所趨，無怪一般食店都以「羊城食譜」標榜了。從前本港也不甚注意到這樣，近日就蓬勃起來了。乜店也說特聘廣州名廚，巧製食品；或說廣州支店之一。甚至艇仔粥，也有倣製者，大書特書「荔枝灣艇仔粥」，售價因是而高，哈哈，想不到紅荔灣頭的風味，也吹到本港來了。

（中原大俠按）阿駝枚薑、佛山盲公餅，茍有一技一長，是不愁不普遍的，即「羊城食譜」之於本港，其普遍中之著焉者了。

油蔴地車站

九廣鐵路中的油蔴地車站，位於小邱上，站前植大樹叢株，涼陰即地，綠影如雲。站旁之茶肆，在這裏設几桌數張，以備候車者駐息。想小飲三兩杯，遙看旺角、深水埗之城市景，屋宇連綿，群山競秀，汽車飛馳，田野錯落，別見幽趣。

（中原大俠按）其次看看趁車的鄉人，也見風趣的。

本地風光（八三）

一九三〇年八月二十七日

長洲憶舊遊（一）

整天混在這個十里洋場中討生活，任那一個都說是討厭的。然而，以環境的關係，壓線年年，東跑西巔，又有誰能免。俗語說得好：「聰人一餐飯，做到頭都爛。」你說辛苦不辛苦？那麼我更默許陶篁村的「欲語性情思骨肉，偶談山水悔風塵」之得我心了。所以那一趟的長洲旅行，事實上雖已過去，但刹那間憶念起來。這趟舊遊，確使我忍不住地低徊嚮往，又從抽象中幻出種種，歷歷如繪，眷眷係念，得着無限底悵觸，也得無限底慰藉。況且同行的曹、徐兩君，現在因為職業問題，也各走一方了。呵，白雲蒼狗，世事茫茫，正多類此。

當我們初次抵埗的時候，這所半起半伏的石碼頭，和苦力般的吶喊，搬的搬、運的運，隆隆的聲音，打動我遊子他鄉之感；還有那些露頭跣足的頑童、鄉夫、蛋婦，三三兩兩，走出碼頭來，張頭探腦向登岸的搭客打量打量，一瞧見我們三個人，很覺疑訝一點，大約見我們是初來的遊客吧。

我們一直向長安市跑去，一片的喧囂，也漸漸送進耳鼓來。我也不絕地向四邊瞧，且是隔了十多年未到過的舊遊地（五、六歲時曾到此），更使我徘徊觀望，但所見的事物，髣髴和從前沒有甚麼差別。認真些，又好像是樣樣翻新，無形中百感交集，吁！「風景依稀似往年」，我一路跑一路這般想着。

一九三〇年八月二十八日

本地風光（八四）

長洲憶舊遊（二）

徐君有一位貴戚，是在這裏經營小生意的。那天，他便引我們去這裏坐談。由長安市向東折去，左之右之，抵目的地。不消說，他也很喜歡我們偶然的過訪，而且又極力挽留我們在這裏盤桓幾天，慢慢地瀏覽景色。我們萬分感激，自然不客氣地應承他。

安放了我們的行裝，打算出外找着一間食店午膳。隨意所之，到了怡香居，走進去揀了一張桌子坐下，恰巧那裏是面山而立的，青葱的草色，從窗子透入來，倒是幽雅。隨就了多少食品，雖是簡陋，頗覺可口，卻能大快朵頤。食完了，沿徑登山，過處蔓草荒郊，遠山煙樹，鳥鳴得意；葉落聞聲，忽在萬木叢中露出茨廬一角，瞧瞧原來是長洲官立學堂呢，這裏的課堂，幽靜得很，有紅塵飛不到之概。校外又有草地，光潔整齊，風景閒逸，想在該校念書，真是快樂不過了。我們再想找路登山之巔，殺那間見雲濃似墨，遂中止，返店時，已大雨滂沱了。

晚膳完了，緩緩踱出洲之西部，那時正值雨歇雲收，煙霞澄鮮。半濕的街道，幾縷的炊煙，一角的斜陽，更使我生快感。不覺來到玉虛宮前，讀其門聯云「脈接嶼山，後枕香江踵地結；面朝石古，前瓊翠岫拱天樞。」廟西約十數武，有長約五丈的龍船三艘，一半藏在沙裏，上面則以竹籬蓋之。聞端陽節日，那裏土人，每每扒至香島競渡呢。

長洲憶舊遊（三）

一九三〇年八月二十九日

趁着天欲晚時，乘興登山，回顧中部，瓦屋短垣，鱗次櫛比；灣內桅檣凌影天際，雲霾出沒；紅的黃的、澹墨似的、蔚藍似的，把那暮色蒼茫中的晚景，赤裸裸地和我們相見。是呵，我的身軀很覺輕飄起來，我的精神也不由得愉快了，並且那些柔媚的晚風，趁我們歸程的那兒，不斷地吹送。但說起來倒覺一點掃興，因為那天晚上，全鎮所有的電燈，以電汽局壞了甚麼電喉之故，統統都熄滅，所過的橫街短巷，兩旁映出來的燈光，都是半明半錯，大有燈殘漏盡之概。瞧瞧遠些的山邱，更是黑黯得難於辨認了，又添上了蟲聲唧唧，很像替我們搖首太息。

在這枯寂無聊的當中，一路顧着「的得的得」的跑路，不覺徑過一所茶樓的門前，徐君說：「走進這裏坐坐好嗎？」我和曹君當然一致贊成，踏上了半舊的樓梯，慳着腳力，慢些恐會倒塌呢。來到二樓，一望全座，都座客寥寥，就揀了前座近梯口的一張桌子，坐下叫茶。淺斟低酌，無意中游目四顧，見由正樑垂下來的大火水燈，倒也光亮，這些少見的東西，不期而然起了悠悠的趣感，那夜給徐君貴戚的欵待，招我們去一間銅鐵店裏度宿。入門早有一位老伯堆着笑臉迎我們，他一壁兒行，一壁兒說着客套話，執看一盞火水燈，引我們走上一所樓仔去。原來那裏早早預備一切牀褥給我們，打整得很光潔，老伯又頻頻叮嚀着很樂意地陪我們打話，慈露可親，感激得很。

本地風光（八六）

長洲憶舊遊（四）

一九三〇年九月一日

一望壁上的時計，不過十點鐘吧，但那裏的人，早已睡得鼾聲大作，故此我們不便大聲說笑，跟着洗澡完了，祇好臥着休息，微微地說着，很覺幽趣。夜深了，屋裏更寂寞起來，雖很微弱的聲音，也聽得清楚。時計的忐忑忐忑，在我們耳旁響着，更有江上的扁舟唱晚，歌韻悠揚，不管它雅和不雅，即就它底天真爛漫的民間歌謠，聽聽也覺愉快呢。對着牀前，就是樓之近海天階，茂蘭藝菊，幽雅不過。我側身臥着望去，遠見繁星閃爍，梳燈掩映，哪是星哪是火，倒難辨認。夜深了，我漸覺疲倦，朦朧地睡去，在朦朧中，還時時聽到泊岸的濤聲。

第二朝早，徐君要去洲之東部掃墓，我們也一塊兒跑去。那裏遠隔人煙，層巒疊障，芳草迷煙，寒林蔽日，間中也見三數田舍，面溪而建。前面闢地成畝，禾雲逐浪，流水淙淙，風生林澗，簌簌作嘯，尤為雅逸。

早膳完了，我們決意環繞長洲全島，振刷活潑的精神，尋水登山，一路由東部出發，上了邱之巔，縱目一覽，遠見有些洋樓，說是傳教人所居的。東部將盡，轉入北部的當兒，最先映入眼簾的，就是這個數罟灣，白沙一片，綿亘數百碼。自南望去，荊棘叢生，雜樹錯雜其間，中有極小的水月宮。過些就是長洲最繁盛的所在，兩所地方，都在洲之中部，一灣則梔檣林立，一灣則寂無人踪，大相懸殊，許是地勢使然吧。

本地風光（八七）

長洲憶舊遊（五）

一九三〇年九月二日

其次就是那些怪石，頑異嶙峋，崢嶸突屹，都各類一物。懸崖的、在水的、負山的，多至不可勝數。行至北部那裏，空山靜寂，渺無人跡，飛鳥翺翔，狂濤澎湃。北部將盡了，路漸斜傾而下，再轉上去紆迴曲折，頑石滿道，偶見屹立海濱的老人石，挺出二、三丈，雄偉之氣，使人生怖。我們好奇心生，經了幾翻艱險，才走得上去。正在想留些紀念，忽然天際黑雲密佈，狂風驟起，天色也漸漸暗起來，很像黃昏一樣，知是生變了，隨就狂風越加吹得起勁，大雨傾盈而下，雷電也霹靂迫勒的交作。我們想冒險下巖，攀上舊路，但以巖石這般峻峭，上來時既這般艱險，下去當不是易易，不得已冒雨而立，開了一把傘勉強支持。怎想那狂風暴雨，仍不客氣地示威，真叫人難耐了。

我忍不住對曹、徐二君說：「沒論如何，我們都要冒險下巖，這裏不是久立的平安地。」說罷，快快冒風雨下巖去，攀上山徑，直向附近山頂屋宇那裏跑，在簷下稍避；可是，我們的衣服，早已濕透了，不提妨驚了屋裏一位西婦走出來，瞧見我們弄成這樣地步，很仁慈的請我們進去燎衣。我們見不便騷擾，祇得婉詞推卻，她轉身又捧茶出來命飲，又贈我們以聖經。

大約半個鐘頭後，天轉晴了，快快跑回店裏，換了衣服。徐君親戚們急急替我們打點一切。時約下午二時許，我們見假期將滿，擬趁三點半鐘船返港，他們又再三再四的挽留，祇得感謝興辭而已。哈哈行也惚惚，去也惚惚，所謂「天地者，萬物之遊戲，光際者，百代之過客。」想世間上一切，也不過如是如是。

（中原大俠按）舊地重臨，別具一種觀感。

本地風光（八八）

一九三〇年九月三日

翠林洞

九龍金鳳、慈雲兩山山麓之間，草木叢茂，澗水錯雜，地亦幽靜，到者絕鮮。本港南北行商黃某，雅愛其地，經之營之。植木建亭，引流闢沼，顏之曰「翠林洞」，為鐵禪上人所書。聯云「翠竹蒼松，四時競秀；林深洞古，萬載留芳。」從正門入，中築石徑，左右為草地，列植花木。約行十武，則拾級而登，花枝交蔭，折右則有六角亭，環繞皆植芭蕉。再過則見石榴樹數株，又前則叢陰載道。門左拾級而上，有屋數椽，北入，則見新建之客廳，內置几桌，壁間遍懸字畫。出外綠影參差，清風滿座，幽興不淺。附近大興土木，匠凡數十，預來點綴這所地方，因地而施，築樓建閣，營架設棚。聞該洞是去年所闢的，料將來落成後，定有一番雅觀了。

（中原大俠按）聽說該洞主人黃某，早存隱意，故闢這所地方，預作謝世求安之所。

燒衣

廢曆七月十四，俗名盂蘭節，一名鬼節，有簡稱之曰「燒衣」者。自該月初一至十四，是燒衣之期。故港中各街道，當此期內，常見一輩婦孺，在渠旁高疊冥鏹，付之一炬；又撒圓眼、菱角、荳腐、水飯等物於街外，說是祭幽。其實均為一般市井少年苦力大哥所攫取罷了。殿此又大撒燒衣錢、銅板、毫子不等，一時攫取者，狼狽道上，強佔強攫，危險亦不之顧。但是，本港街道，汽車雲馳，像皇后大道、德輔道等，燒衣撒錢，就很易發生危險了。

（中原大俠按）潮人燒衣，常在七月杪，所紮備的元寶衣紙等，五光十色，巡行本港各街道，凡歷數小時始盡，都算神心了。

一九三〇年九月四日

本地風光（八九）

水陸超幽

每年中元旦，港中好事的婦女，多喜捐資作水陸超幽之舉。說在那時候，沿行中環海濱一帶，即見有就岸之盆艇，高懸紅、白、綠燈籠凡十數，上書甚麼「中元旦」、「盂蘭勝會」，或「水陸超幽」等字。艇裏陳設香案，濃浮古綠，燭燼深紅，倒頗壯觀。迎風招展的金銀衣紙，噓嘈吧閉的大光燈，正其衣冠敲其丁丁的喃巫佬，三跪九叩儀表萬方的參神者，濟濟一艇，真是盛觀盛舉啊。其鄰的一艇，則大演其傀儡戲，甚麼《羅通掃北》、《秦瓊賣馬》、《薛仁貴魂游地獄》等劇，表演得古靈精怪，惹起一般觀者的爭先恐後。站在岸邊的，坐在艇裏的，伏在篷邊桅上的，奇形怪狀，不一而足。

又到了甚麼時候，僱輪拖艇，環游本港海面。如先由中環出發的，駛至昂船洲，轉往筲箕灣，或至灣仔便折回，沿途放爆竹、燒冥襁、喃巫禮神，說是替地獄幽魂謀大解脫云。

（中原大俠按）超幽麼？我以為這不外別開生面的游河吧。

山兜

山兜是鄉間所用的轎乘。在新界等處見着的，多以爛籐椅為之，兩旁繫竹桿，座前有板從竹桿垂下，拿來踏腳。沒有篷子，當烈日懸空，很是不便。而且坐起來又不甚舒適，索值且甚昂貴。像由屯門岸邊上青山禪院的要一塊錢；由錦田上紫竹林（在觀音山）的要兩塊錢四角。那末，苦登山跋涉的，卻是值得。

（中原大俠按）由羅隱涌下院偃山兜上鼎湖慶雲寺，過九曲十三灣取值僅一塊錢四角（從前則取八角）那就比較本港的，當算為相宜多多了。

本地風光（九〇）

一九三〇年九月五日

馬場浩劫

本港每年春季，例有賽馬之舉，地點則在快活谷中。「馬場浩劫」的發生，就在這裏了。大約距今十數年前，快活谷（俗名跑馬地）中，於春季賽馬時，如常設棚數大座，備觀者入場博彩。那天觀者倍形踴躍，棚裏也幾無立足之地。那知不戒於火，火延燒很烈，且助以風勢，所謂星星之火，可以燎原，可以喻之了。以擁擠之故，觀者一時奔走不及，死亡很多，即能倖免的，也焦頭爛額，衣履不全的走出來。

憶著者那天正在和叔父在先施公司購物，剛踱出門，即聞火燒馬棚事。隨見街人也交頭接耳的傳說，眼見迎面來的電車，就發現一般從馬棚脱險出來的人們，受傷也有，有襪無鞋也有，跟着來的汽車或手車，都見這一輩子。事後，到場認屍的，哭聲震天，有的還燒成灰燼，骨灰相疊，以致無骸舉葬。像其中的蔡太太，她的家人特製像生檀香尸一具入殮，引為奇事。

謠傳自遭這次火燒後，夜間行於跑馬地畔，恆見迎面而來的手車，其坐者苦向行人索茶飲。有些竟允其請，怎知他喝罷了，轉瞬人車都不見，如是者凡一月有期。迷信的，決它是馬棚燒死的鬼，就集資在這裏設萬人緣，作大規模的超度。現在咖啡園有木牌寫道「馬棚遇難諸友」等字的，即若輩營葬之處了。

（中原大俠按）在那年本港又發生大地震，道上又執獲怪毛。有的又說當馬欄未燒時，早見有兩個紅衣童子在人叢中穿插，這就是祝融降災之兆。想神經過敏者，像火燒「華陽」輪般故神其說吧了，在近代文明的世界，這是不足信的。

本地風光（九一）

一九三〇年九月六日

杯渡山（一）

環顧本港諸山，其稍以名勝見稱的，祇有屯門之杯渡山而已。且本港名勝之地絕鮮，像這般比鳳毫比麟角的杯渡山，當值得我們談他一談。然而，關於那裏的名勝，像化龍巖、魚墳及青山寺大鐘等，著者嘗在本文一述，惜欠詳盡。故昨以假期之便和友人麥君，再臨其地，作竟日游。希望搜羅多少資料，以饗閱者。結果，卻很完滿，且得意外之見聞，尤為快事。

攷杯渡山，一名青山。在新界之西，北望后海灣（又名深水灣），南啣大嶼山。西盼大洋，東接屯門灣。凡來往省港、港澳等船隻，必經這裏。山有峰二，俱南北相挺望，各離約二十餘丈。南的一個較高，也是該山最高之峰，約高百二十餘丈又於南北兩峰之間，建有一亭（詳見下）。全山形勢，崇峻詭異，葱蘢蒼翠之氣，撲人眉睫而生快感。

山之大麓，有青山禪院，隱於蒼松翠竹之間，風景獨幽。所謂杯渡山之名勝，尤以這所禪林為最出色。又瞧山麓一帶，西南有南朗村，東北有新墟，北有青山谷及南坑等村落。西北則有北朗。東南有極清潔之沙灘數處（往青山海浴的，多至這裏）。東部則見小屋數十，中有茶寮，營小生意的，也有數起。又有大磚窰二，這裏與屯門僅隔一衣帶水，中有沙洲，孤立海面，其狀似魚，若作洋洋得意狀。當晨光曦微，綠水初漲，青山倒影，輕煙淡浮。而新墟海濱之蘆葦，出水尺許，迎風揖讓，間中忽來三數飛鳥，翱翔上下，蹁躚而舞，很像替那名山欣欣致意。

一九三〇年九月八日

杯渡山（二）

該山之以杯渡名，據説是劉宋元嘉間，有杯渡禪師棲此，因是得名。又閱《青山禪院大觀》一書，知千五百年前，該山是一聖道場所，無怪其名勝獨多了，今轉吾筆一述青山禪院。

自屯門那邊僱舟渡海，約行二十分鐘，即至杯渡山之麓（每人取費一角）。找着山徑登山，約十分鐘，抵青山義學。上些則青松翳道，頑石處處。有古亭在，頂建葫蘆，結構很雅，常有人在亭內販賣汽水菓餅等物。再行五分鐘，則見有牌坊，前港督金文泰題，橫額道「香海名山」。其左題「龍飛」，右題「杯渡」，為鐵禪上人手筆。中聯為梁士詒撰，寫道「樓觀參差，清夜聞鐘通下界；湖山如此，何時返錫到中原。」背之橫額寫道「回頭是岸」，左題「法海」右題「禪天」，出鐵禪之筆。中聯為陳伯陶撰，念道「導海而南，杯渡情依中國土；高山仰止，韓公名重異邦人。」側聯為伍銓萃撰，題道「岸泊屯門，幸我輩附韓子題名，卜異日山河並壽；亭觀海月，歎此地無坡公遊跡，問何年笠履重來。」再行五分鐘，即抵青山寺山門，題曰「青山禪院」，聯云「十里松杉古寺，百重雲水繞青山」。

離山門之右約數十武，則有普同塔，數之得三中的寫道「傳天台宗二十世開山第一代顯祖奇然公大和尚之塔」。塔頂有七級浮屠，左的寫「比丘僧普同塔」，右的寫「比丘尼普同塔」，再下則見墓地一所，不遠則為「魚墳」。

本地風光（九三）

杯渡山（三）

一九三〇年九月九日

山門而進，鳥語花香，漸解人意。路之右，設「地藏殿」，即懸大鐘之所。凡做功德，必在這裏豎旛誦經。左折，拾級而登，見「護法殿」之背面，題着「南天佛國」，有聯云，「才上宋王台，遂尋杯渡石；曾經滄海水，願渡法身船。」轉右見「青雲觀」，為道光乙丑年所改建，字為顏體，頗神活。聯云，「莫道住持非佛印，須知來客即東坡」。其鄰則為比丘尼靜養之所。

翻身向西跑，過大雄寶殿前，折往官客廳，正中懸七律一首，念道「茫茫大地幾滄桑，只有青山萬古蒼；驅鱷昔時人已渺，化龍今日骨猶藏；西來遺跡留杯渡，東土傳宗念葦航；縹緲五雲開寶殿，乾坤長在拜空王。」下欵署「黎賀桃題」。壁間又懸有英國寶庇艦長夏德所題青山寺數首云：「別矣青山寺，和平繫我思，空谷寄憚悅，深山絕塵緇；清泉流汩汩，綠樹影依依，田圍村落繞，皆仰佛扶持。別矣青山寺，靜默隨予驅，心神超萬象，體態絕塵汙；市井傷離亂，深山面浮屠，憂恐渾忘卻，助我唯真如。別矣青山寺，警惕刻我衷，修得心是獄，悟卻色皆空；逢逢憶暮鼓，裊裊念晨鐘，妒恨悉捐盡，凡乘滌愚蒙。別矣青山寺，仁慈浹我躬，佛力彌天廣，群辜匝地洶；皈依三寶訓，超脱萬刦烽，誰得受持者，西天樂無窮。」未審是否為夏德親題，若是，卻可異了。

其鄰則建有竹棚一座，裏頭置椅桌，上蓋白布，雅潔整齊，凡遊客到該寺，可在這裏休息。見客僧則奉茶及糖菓盆進，不取一定價目，祇聽從樂施多少吧，想試試素品呢，也可叫寺僧弄進，中以「水麵」為最可口。

一九三〇年九月十二日

本地風光（九四）

杯渡山（四）

這所棚子顏着「樂趣」兩字，附近綠影扶疎，涼陰翳座，從西便出去的，又是一所小園地，現在打算栽植花木呢。

和護法殿對望的，就是「大雄寶殿」。殿前有橋，題着「南無阿彌陀佛」。寺中出產品物，常在橋旁擺售。殿裏供奉的三清寶像，打點得很莊嚴，而華麗之處，又足炫耀人們啊。地下設蒲團約二十個，想是誦經時所坐的。那裏又有楹聯，其一寫道：「寶殿莊嚴，金色界中師子座；青山縹緲，白雲深處梵王家。」其二則云：「燦群昏而顯照，集萬德以圓融，凡聖咸欽，人天皈敬；總三界以為家，極四生而作子，慈智雙運，福慧兩嚴。」左通「諸天寶殿」，右鄰「五觀堂」俗稱齋，裏頭佛置很簡潔，四懸座銘，不外勸告食齋眾淨侶以佛義。這裏近大雄寶殿側置紅魚一具，長可二尺許，擊處已破裂，微露白痕。簷畔又垂下一青磬，背刻「南無吉祥王菩薩」，面鐫「民十五年三月杭州吳大房造」等字。略以指即叩之，覺聲清而逸，音遠而邈，忒是佳品。

從「諸天寶殿」旁向北跑，可至化龍巖。這個巖子是青山八景之一（經介紹過，不贅），常日間有比丘尼在這裏誦經或靜坐。其東有澗自上而下，所遇皆頑石錯落，即俗稱之「荷花澗」，也是八景之一。據說該澗當水流淙淙時，常見荷花自石浮隙出，給流衝蕩，繽紛滿澗，確是奇觀。惜現澗水乾涸，不復如前這般大觀了。

一九三〇年九月十三日

杯渡山（五）

自化龍巖翻轉來，就是「杯渡遺蹟」了。想杯渡山的名勝，大半是在這裏，好了，這又可以調轉筆來一述。

這所地方，大約落在禪院之北部，近西的叫做「杯渡花園」，地上列植各卉，姹紫嫣紅，含蕊舒香，倒可快人心意。向東去，昔有石山一大座，砌在池裏，今池在而石山不在了。旁有初製之像，全身白色，未審誰氏。距池約數武，有牌坊題着「杯渡遺蹟」，背題「不二法門」。進去有靜室（有時用作華嚴壇），四面皆窗，几淨無纖塵，有極雅潔之篆書楹聯云：「法寶略賅攝，天龍長護持」。右壁懸尊者像（黑底白文）凡十二幀。左壁懸「寒山拾得和尚故事」一幀及周麟瑞所繪之「天台春霽」一大橫軸。去杯渡巖之門，又見有太虛和尚所題的一聯云：「淡綠濃青簷底映，重山複水筆端來」。出去就是杯渡巖了，裏頭供奉的神像，有的説是杯渡禪師，有的説是由海打撈得來的，有些還説是杯渡真身，言人人殊。照現在看來，青山寺則當它是杯渡禪師了。其右有石壁，上刻韓昌黎所書的「高山第一」四字，側之另一石壁又刻有黃椰川跋「退之」，碑後詩云：「高峰絕頂少行蹤，長道盤紆屈曲通，太甲五雲隨放蕩，中階七曜走洪濛；捲來西海平于席，放出南山大作宮，鐵笛吹殘斜照外，屯門截得一隅紅。」下有文念道，「余初卜居屯門新墟，相地結廬，遇一老漁謂余曰，此地名『七星伴月』，叩其故，則不復言，後亦不復遇此翁矣。己未冬，余訪韓碑，登青山絕頂，無意於榛叢中，獲見黃椰川跋碣詩，詠屯門形勢，與草廬宅相符。讀至『中階七曜走洪濛』句，余始恍然以前老漁之言矣，故庚申春平月，重刊韓碑於青山禪院，爰將此碣原塌，並重刊坿焉。青山漁隱記。」

本地風光（九六）

一九三〇年九月十五日

杯渡山（六）

至於「高山第一」四字，也有記寫道：「『高山第一』四字，字大逾尺，在新安縣之屯門山，屯門山一名杯渡山，又名青山。《縣志》所謂青山之巔，鐫高山弟一四字，舊傳為韓愈題者也。其旁有退之二字晝蝕殘，隱約可辨。又碑後有『兩巖雖云牢，木石互飛發。屯門雖云高，亦映波浪沒。』二十字，首尾欵識，剝殘已盡，不知題者為誰。唯兩巖四語，見於《昌黎集》〈贈別元十八協律六首〉律詩中。蓋以狀颶風掀簸之勢者，豈當時謫宦南來，由廣渡潮，舟行遇風，於此小泊，遂乘興登臨，濡染大筆而為之歟。《志》又載，宋蔣之奇杯渡山紀略，亦引屯門二語為證，獨於題字缺而不載，豈以韓書流傳已久，無待致詳歟。余於已未仲冬，探勝至此，剜苔剔蘚，摩挲者久之，既念名蹟之可珍，……乃掄工摹刻，置之青山禪院，以餉遊者，而識其大略於此。其兩巖二十字及退之欵識兩字，模糊太甚，工無可施，徒湮沒於荒煙蔓草之間，以寄思古之慨而已，……曹受培記」。

這塊碑因為有韓文公之題字，故格外得人注意（按原題「高山第一」之「第」字為「弟」字，特並說及，以明其真）

杯渡巖之左有門題「圓通」二字（直上觀音閣的），其背之餘壁，見有新題之「忘卻塵凡」四字，是廣州培正分校教職員旅行團所題的，書法頗活潑，且是現成寫在壁上的，尤為不易。由這裏通去觀音閣，約半途，有觀音塔，聯云「十方薄伽梵，一路涅槃門」。落些，便見泥塑之顯奇上人像，是盤滕而坐蓮花上的，色亦全白，從這裏沿徑而登，剛見新建之居士林，樓皆新式，地亦幽靜。

杯渡山（七）

一九三〇年九月十六日

居士林因為有「遊客止步」的條子貼着，故不得其門而入，遂轉向方丈室去。它是一間兩廊的古屋，據禪院之北部，屋外餘地，分列盆栽花木，地點卻很雅逸。橫額題「方丈」兩字，聯云「弘方便法，見丈夫身」。裏面正中放着一座白玉所製成的「大士立象」，雕琢異常精巧，華貴無倫，外面用玻璃罩着，左邊豎一釋杖，右邊豎一禪杖，都是精雅之品。最近過港之虛雲法師，也有法像擺在案頭。

左邊的偏廳，就是方丈顯奇上人靜養之所，上人俗名陳春亭，福建漳州漳甫縣人，民國七年受戒於浙江觀宗寺，是諦閑老和尚的弟子，歸天台宗。聽說他是由道轉釋的，住持禪院，已有十餘年，現年七十三，精神健步，鶴骨仙姿，性亦慈藹，想是有道的表徵吧。

離方丈室西約十餘武，有「海月亭」在濃陰綠影中，內設石几石桌，四邊的亭柱，滿題聯句，像「海怒浪激石，月來山插天」、「憑欄觀去就，倚石息登臨」、「白雪白鳥飛來去，青史青山自古今」、「海開詎偏環古寺，月明分外照青山」，都是寫實之作。亭之左右，又置石几石桌，涼陰爽颯，風景絕佳。站在這裏俯瞰一下，海濶天空，山環水繞，若當蟾圓之夕，一輪兔魄，萬里冰雲，寒澈大千。那個皎潔的月兒，印在水面，像「明珠水上浮」一般，水光接天，浮沉閃爍，如銀練千條，縷縷開合，更令人叫絕，故此又叫它做「海啣明月」，也算青山八景之一。

一九三〇年九月十七日

本地風光（九八）

杯渡山（八）

海月亭側有山徑，可登杯渡山之絕頂。一路逶迤斜上，頑石載道，頗勞跋涉。將至山巔，怪石通人，鳥聲細碎，林木也蓊鬱不過，白雲也片片而起。抵兩峰之間，始見平地。得一亭，顏着「韓陵片石」，聯云「峭壁參天，有僊則靈，杯渡百年成韵事；奇峰插地，來源活水，觴流三月屬詩人。」裏頭也有石製的几桌，四面清風，萬壑松濤，有時禪院的擊磬聲，隨風送來，很是清逸。

亭裏偏北又豎一塊石碑，上刻一篇「遊青山記」，原文云：「自來元勳宿將，出守雄藩，幨帷所駐，輒於其名山奧區，登臨遺興，泐石留題，以永部民瞻慕摹。如羊叔子之鎮襄陽，築亭峴首山，至今猶存勝蹟。中外古今，當必同茲寄托也。金文泰制軍來鎮香港期間，即已海波恬息，境土艾安，政清民和。治理休暇，乃思娛情山水，聯歡上下。丁卯六月，華隨侍車蓋，遊涉青山，憩於曹氏之晴雪廬。於時日馭舒徐，雲峰奇譎，仁風所被，蒸鬱全消。制軍乃降尊紆貴，略分言權，官商雜遝，言笑暄闐，說餅品茶，浮瓜沉李，意甚樂之。乃訂重遊，期躋絕頂。越明年春三月，乃偕其夫人、公子，復蒞茲山。華亦得隨鞭鐙，攀巖越谷，造極登峰，拂袖重霄，振衣千仞，俯瞰溟渤，仰視雲天，無數帆檣，出沒霞外，萬家煙樹，隱約嵐邊。摩挲昌黎『高山第一』石刻，知山為此邦之名勝，群峰之領袖，一覽眾山，皆出其下也。華兩侍清塵，追陪遊衍，知制軍樂易心胸，得此山之遊而愈拓，此山崇閎體勢，得制軍之游而益彰，閭閻騰頌，山川效靈。爰為文以紀其盛。系以銘曰：制軍之德，與山同厚；制軍之名，與山同壽；地以人傳，人以地傳，期億萬斯年而共垂不朽，時己巳歲仲秋穀旦，台山伍華謹識。」

杯渡山（九）

一九三〇年九月十八日

小坐亭裏，四顧亭外餘地，山石巖巍，峰巒峻峭，靜觀閒雲來去，在這沉寂的環境裏很像置身於雲漢間。那個杯渡山的絕頂，聳立雲表，霧迷雲罩，忽來忽去，忽聚忽散，像想避客而凌霄跑了。可怕的杜鵑，卻聲聲啼着（山上杜鵑獨多），嗚嗚咽咽，向白雲深處泣訴，頗見蕭索。

亭畔有小徑，可通絕頂，不五分鐘，便站在杯渡最高之處。立足處盡皆頑石，中豎一木桿，高約四尺，寫着「喃無阿彌陀佛」六字。俯瞰下界，群山皆小，惟大霧山獨崛起於東，遙遙相望。屯門的村落和田園，如入畫裏。直通元朗的馬路，兩旁樹木，如長蛇般的偃臥。禪院到深隱萬綠叢中，略見數點樓角，轉盼西南方面，汪洋淼淼，一碧茫茫。遠遠的天涯，幾抹浮雲，時見一些看不清楚的桅檣，半截數點，可有可無，疑真疑假。尤其是近些的龍鼓（小嶼名），若斷若續的分作四個小邱，峙立海中。其東的梳州，也分為三，形勢都相若，不禁私歎造化之神奇。

移目向那一邊，后海灣啊、赤灣啊、南頭啊、大鏟灣啊，雖遠離數里外，也瞭如指掌。

細心向西遙望，卻能認得澳門的所在呢。又山嶺向東的巖石中，有石似人形，旁刻二字道：「山神」，聽說，很多婦女都不辭登山之苦來這裏求福。哈，幸福幸福，魔力之大，可想見了。

附近又有紫洞艇，相傳嘗有仙人駐此，現以年代湮遠，游蹤幾絕，蔓草蒙蔽，雲封洞口，即有問津者，也頗費斬荊撥棘捫蘿牽草的勞苦。前人云：「煉丹仙子渺茫間，一夕乘風去不還；火冷爐頭灰已燼，雲封洞口嶺長閒。」令人發生遐想。

本地風光（一〇〇）

杯渡山（十）

一九三〇年九月十九日

統計登山嶺的時間，由海月亭起，約行四十分鐘，便抵「韓陵片石」亭；又五分鐘，即至絕頂。快些計，上山要兩刻鐘，下山一刻鐘就可以了。

我們遊罷了山巔，旋在禪院略事小憩，即下山向屯門去，至錦添花茶樓，時已落日崦嵫，暮雲繞樹，遂相將登樓用膳。那裏很潔淨，且為私家地方，不過遇需用時，也可闢為欵客之所，平日祇開樓下一層而已。方坐下未幾，便見一壯者登樓，向我們招呼，他約有三十來歲，精神矍鑠，談吐風生，且樂和我們打話，我很感激他的好客。

我也隨意遊覽，藉舒這天登山之疲。偶在騎樓的壁間見刻有曹受培所撰的聯，曹為刻韓碑的主動者，別署「青山漁隱」，因此我就疑到這樓會和他有些關係，就等到這個壯者再上來的時候，把這事問問他，或可知其底蘊。停一會兒，他果然再登樓，閒坐於室之一隅，慢慢地吸煙，我乘機和他通姓名，知他就是梁君彬華。我問：「梁先生，曹受培就住在這裏左右麼？」他隨就移坐於我之旁，笑着答：「是啊，外邊的一間曹園，就是他的別業了。他在前清，曾官至道台，現在他已歸道山了。我是替他管理園務的。」隨又指着壁間的一幅戎裝肖像說：「這就是曹先生的遺像了。」我聽了他一翻說話，不禁十分歡喜，因為這或可以得到別些關於杯渡山的說話，我正在遊目騁懷之際，他又問：「先生是來遊青山寺的嗎？」我答：「是啊，今天我們曾登青山之絕頂，惟遍尋韓碑不獲，曹先生是重刻韓碑的發起人，你可知這塊韓碑是近著那裏呢，請你有以告訴我呀。」

一九三〇年九月二十日

杯渡山（十一）

他堆着笑臉說：「你問韓碑麼，講起來倒有一段歷史在。」他轉身招我跑出騎樓，遙指青山絕頂對我說：「這塊韓碑本在這個山巔附近，惟經過了很長久的年代，現已迷沒荒煙蔓草間，糢糊至不能辨認了。即前時曹先生命我跑去摹臨下來，試幾次都沒有頭緒，後來由羊城找得善於摹臨韓字的某君（據說他曾摹過潮陽湘子橋的『雪湧藍關』等字蹟，都獲很好成績），請他來港，訂明每日工金五塊錢，凡七天才能把它『高山第一』四字摹下來，刻在青山禪院的杯渡巖畔，怪不得你找不着了。」

他又入內找着已摹刻的『高山第一』字蹟一幅出來，及黃椰川的詩一幀，披着細細研究。他說：「黃椰川是當日的名堪輿家，相地至此，羨這裏有形勝天然的小邱七個（一邊說一邊指着外邊的小邱來數），斷定它是七星伴月的勝地。曹先生因愛它的名勝，遂結廬在這裏。這個曹園，就是七星伴月之所在。」我聽了這段話，更愉快不過。我又問他道：「聞這所青山寺共有八景，究是那八景呢？」他慢慢地屈指說，「我大約記得是山門、荷花澗、鷹爪石、虎泡泉、海啣明月、高山第一、杯渡巖和化龍巖，這八景吧」。他跟着說，

「這山門一景，是在杯渡山之北部，楊小坑之上，聽説從前這裏有兩頑石，朝開晚合，都是自然的，因叫它做山門。這或未可信，姑一及之，以知該山名勝之所在吧。」又説，「從前該山僅得一廟，司祝為黃姑，由青山山麓上去，要經楊小坑，但遊客很少，不像現在青山禪院這般盛，後來顯奇上人偶過此山，愛它幽靜，那就在這裏陸續建築禪院，這間廟也改為青雲觀。

本地風光（一〇二）

一九三〇年九月二十日

杯渡山（十二）

那時，上人尚依道教，黃姑就拜他為師，法號蓮慈。至上人已受戒於浙江觀宗寺諦閑上人後，遂致力於佛事，旋在廣州沙門中，又被舉為四大叢林之一的主持，有方丈之稱。他又好與港中名士週旋，積極建寺，踵事增華，漸成今日這般幽勝。後經北約理民府批准他主持該寺，兼管理該山的名勝，以存勝概，蓮慈就移居藍地以讓之。

我問：「藍地是在哪裏呢？」他答：「由這裏沿着馬路行去，約十五分鐘，見有『黃家園』的就是了，現在蓮慈已圓寂去了。」我又問：「近這裏左右，還有甚麼名剎呢？」

他答：「都沒有甚麼名刹，僅有一間靈渡寺，風景幽勝，惟遠在下村，由這裏去，約要一點多鐘啊。」我見天色不早，想乘便去看看黃家園，隨就興辭而別。

跑上直通元朗的馬路，約行一刻鐘，果見一所小廟顏着「黃家園」的，門聯云「風雨停驂所，山泉欵客茶」。進去，沒有磕着一個人，翻身轉出來，折入田徑，去不二十武，見有小屋一楹刻着「靜室」二字。聯云「讓步青山者養氣，移蹤藍地笑拈花」。我才明白梁君所説的話是不差了，以時候的關係，我們不及往遊靈渡寺，趁車而返。因黃家園和杯渡山有關係，故一並述之。

（中原大俠按）杯渡山是本港唯一的名勝，今經故人君詳述一遍，可想見其勝概了。又聞山裏多黃麖，夜間常出食雞犬。又山之北部，有八仙洞，地點很雅，前有山徑可通其地，現以遊者日稀，已漸失去其去處了。

一九三〇年九月二十一日

本地風光（一〇三）

河流（上）

説起「河流」兩字，若對本港而言，倒覺有點稀罕。因為，本港雖不乏崇山峻嶺，但甚麼河、甚麼江，確是絕少發見，就是偶然磕着，因為它的流域是這麼細小，也很容易以「溪澗流泉」而忽之呢。

像由九龍嶺而流至蠔涌口的一條流水，或自雞胸山之陰而入潮水灣（即沙田之港灣）的一支山泉，差可叫它做河呢，然而，仍因佔地太少，其名就不能實現了。

現在且把所知的三條河來寫寫，它就是錦田河、城門河、林村河（俱在新界）

錦田河　它是發源於大霧山之西南，奔流約四英里，將至錦田的那兒，便和支河「元江」會合，轉向北流，直入后海灣。附近流域的，有觀音山、蓮花地、十八鄉、坳頭、錦地等著名地點，其中推蓮花地為最優勝。惜流域中四之三與流泉等，祇河口略見廣闊，深亦不過四 五尺，來往上水、元朗之路橫跨河口，遠樹平堤，稍資點綴。

城門河　它長約六英里許，次於錦田河，發源於波蘿坳（即大霧山之東），經城門水塘、針山、走私坳、過白田村，東折而入潮水灣。上流也是像流泉般，惟支河所灌注的石梨貝水塘，很是偉大。由白田村至潮水灣的流域，水勢頗緩，深可四 五尺不等，兩岸樹影，一河浮綠。至李某別墅及「燕處」之側，有右橋跨河。當炎夏裏，鄉人常放犢於橋下，任牠浸在水中。講到風景一層，到破曉時，潮灣水漲，河也漸闊，樓臺倒影，蕩漾生妍，確替沙田生色不少。

一九三〇年九月二十二日

河流（下）

林村河　三河之中，它算最小，發源於觀音山之東，經林村、鍾屋村、碗窰、桃源洞、大埔墟而入大埔海。所過之處，都山明水秀，尤以桃源洞為最。兩岸桃紅，映河生趣。將過大埔墟，火車橋橫過其上，旁有新建之延陵堂，四面皆窗，結構清雅，襟林村河而望大埔海。呵，平㟁江瀨，不讓岳陽樓專美。又當朝暾初上，河口之水，都一碧漣漪，景至嬌妍。潮退，則橫亘數英里，都現泥沙，差不多由大埔滘可涉水至船灣。

（中原大俠按）所説的三條河，上流都是極小的流泉，至河口始略寬闊些。在下常喜往沙田，見城門河的河流，確是風景幽絕。

街道上的新點綴

本港各街道，向少點綴。惟近來對海之彌敦道旁，普慶戲院側，長沙灣道（與英王子道相接處）及荔枝角道都見有草地一所或多至四、五所不等，週圍以鐵練，成方形、橢圓形或半月形、三角形，一望綠草如茵，倒是雅觀。

（中原大俠按）有些人還在這裏乘涼，坐的臥的，樂其所樂，適其所適。平民獲益不少。

閱書樓

稍具規模的閱書樓，祗有華商總會所辦的一所。惟中西各報和書籍，僅能應付一方面而已，尚未臻善。大會堂的一所（博物院鄰）全屬西籍，不能普遍。陳氏家塾附設的一所，頗得其可，陳氏慨然以個人之圖書室來供眾覽，這種熱誠，真是可敬。至於學海書樓珍藏雖備，但祗一、二太史來講經，仍不普遍呵。

（中原大俠按）文明如香港，尚未得一宏偉的閱書樓，深望各熱心家，有以福我僑民。

本地風光（一〇五）

一九三〇年九月二十三日

月餅招牌

顏着茶樓石柱的「馳名中秋月餅」六字，究竟馳名不馳名，大約現在就是它們出頭的時候了。廢曆的八月初一，一般茶樓老板不約而同的掛起月餅招牌，忙個不了。趕製甚麼蓮蓉、豆沙。製餅大師傅手急眼快的齊下總攻擊令：搓麵、打餅、拷餅、配餡、出爐，新鮮滾熱辣。一幫幫的捧出來，充斥乎舖面。瞧瞧，個圓個大，任君選購。哈哈，中秋月餅，近來才大出風頭。

本港茶樓，大大小小拉來計，當有四、五百家。若果由中環街市起，沿着皇后大道向西行，一路至石塘咀止，包管你聽到卜卜的聲音了。敲餅呀，大師傅顯神通呀。

其次要注意下那個掛在門前的月餅招牌了。年前本港各茶樓喜爭奇鬥勝的，特製時事諷刺畫作月餅招牌，甚麼馬呀、鹿呀、剷地皮呀、啜民膏呀，塗得繪影繪聲，若即若離。那個影射乜，這個影射物。使人玩索，若有所得，都幾耐人尋味啊。現在卻又不同了，寫畫呢，講時髦；落筆呢，講新穎，不是替月餅吹牛，定替時俗針砭，還可值得一看。可憐有些尚在五里霧中的老板，本「人有我有」的政策，寫出亂七八的來掛，烏哩單刀的又來掛，是以「夜戰馬超」、「喝斷長板橋」、「火燒琵琶精」種種神怪品相，倒惹得一般袒胸赤足的頑童來批評批評。

（中原大俠按）有些茶樓老板，居然發起月餅會，以一年為期，約由七月廿四起，至明年七月廿四止。每月供銀三毫不等，期滿，每份派回月餅十一、二包，說是可以應節，又可饋贈，「宜未雨而綢繆」。所以一到中秋，斷不難為這個口樂。

本地風光（一〇六）

一九三〇年九月二十四日

土產

歸自省城，不離買些鹹乾白肉新花生、成珠小鳳餅、河南苡米餅。由澳門回呢，帶些大江酥餅、麥芽糖、鹹蝦膏、肥蟹（秋風起，蟹兒肥，現正合時啊！），一抽抽、一籠籠，歸贈細君，或貽戚友。其次有佛山盲公餅、新會甜橙、梧州蛤蚧、肇慶墨硯等，都是土產之一種。

然而，說到本港哩，是不是灣仔洋船街多洋船？中環荷理活道多明星？對海西洋菜街多西洋菜呢？然則油蔴地以油蔴著、荔枝角以荔枝著、銅鑼灣以銅鑼著，諸如此類，算是本港的土產麼。呵呵，這又是未必。

筲箕灣鹹魚、長州大蜆、九龍城白花芥蘭、紅磡荳腐乾、油蔴地香燭、荃灣波蘿、屯門腐竹、元朗菜蔬、大埔鮮魚、粉嶺荔枝，就正是本港的土產啊。

（中原大俠按）嘗試土產是一件快事，西湖啖筍、福州泡茶。本港嘗試那樣，我也無從選擇。

姻緣石

灣仔鳳凰台對上二馬路，有姻緣石，在本港已有很長久的歷史了。説甚麼拜了它就會得着好的伉儷。即難以成就的婚姻，拜了就結良緣。所以一般癡男怨女看它真比一個月下老人一樣，誠惶誠懇的向它求佳偶，由來已久，可笑亦復可憐。

（按）本港既有姻緣石，大概就是一般僑港青年男女的好一所去處吧。

從深水埔道上聽來

一個父親對他正在大哭的小孩子，嚷着一咳：你不要這塊銅板麼？好，現在的世界，你死我也沒打緊了，快些滾。呵，現在的世界⋯⋯香江的世界⋯⋯我不能無疑。

（按）若給我聽了，想跑也跑不去，祇低着頭呆呆地站着吧。

屏山古塔（上）

一九三〇年九月二十六日

我國名勝的地點，常有矗立而挺出雲表的古塔點綴其間，尤其是那些禪林之所在，塔影鐘聲，互相響應，以增風喜之幽妍、惹遊客之觀仰。像西子湖裏的南屏晚鐘、雷峰夕照（今雷峰塔已傾圮），即廣州市也有六榕寺花塔，說甚「塔影掛青溟，鐘聲和白雲」。有些還說它的影兒是遠在白雲山。塔頂的舍利子也曾發光，此外還有很多像這般的塔子，測其用意，除了美觀之外，照一般迷信者的解釋，是拿它來「擋煞的」。大抵建了這個塔，那所地方就平安無事，且或可使兒孫顯達、禾造豐收的。塔之功用，既是這樣，則建塔於其地的，定有些來歷，現在拿來說的「屏山古塔」就是其例之一了。

這個古塔是在新界西北之屏山村（后海灣之南），屏山居民約數百，宗族很大，皆鄧姓，和北望的廈村相同。就其地之形勢而觀，西南望去，自杯渡山奔走而來的，峰凡數十，起伏不一，崇峻鼇人，有「來龍甚活」之概。至大頭山始瀉為平地，直逼廈村，東頭而接屏山，其勢不可謂不佳。東南這方面，遠來大霧山之山脈，魍魎魑魅，或伏或起，或平或遠，盤旋的則不可測，奔馳的則不可即，更是崇峻了。那知至洪水山也稍夷為平原，漸向屏山而瀉，其氣也不可謂不雄了。照這般說來，風水當是不弱。惜遠望北方，一帶平原，直濱后海灣而止，那浩浩蕩蕩的大海，卻像趁着地之平坦而漸想侵入來一樣。那末，那裏的山脈旺氣，不是空白白給它弄糟嗎？所以要在其地建了一座三層古塔來擋煞。據鄉人說，「它是用來塞水口的」，大抵就是因此吧。

本地風光（一〇八）

屏山古塔（下）

塔是位於田間的，距它之東不十武，就是屏山市。西北兩方，都田疇阡陌。而去廈村呢，約有一華里之遙。遙吞遠矚，很具雄偉之觀。豈山靈毓秀之氣，確遠近來集於此麼？塔建凡三層，高二丈許，全用極堅固之磚構成，色灰而光，有肅煞氣，說是數百年前之古物，當信不誣。

形式則為六角第一層與二層相接之處，伸出旁簷尺許，是用白色三合土製成磚塊依次相疊而成的。層數凡五，左右穿插，有條不紊，洵是雅觀。二層和三層相接之處及塔頂的簷角，都是這樣。所差的，不過磚之疊數凡三吧。

塔之第一層，四週圍以短垣，垣離塔約尺許，正門通以石級，橫額則為蔴石，上鐫「光射斗垣」四字。內進則祀門官、土地二神，地上鋪以丁方一尺的紅堦磚。有木梯通第二層，這裏奉文、武二曲星，旁闢長方形之小孔三，其中一個稍大的，外面的橫額刻着「聚星樓」三字。又有木梯可通第三層，那裏則祀「魁星」，旁闢圓形小孔一，外面刻着「凌漢」二字。復有長方形之小孔二，惟行近去遠望，很難瞧得着多大的地方。

塔旁植一大樹，高與塔頂齊，綠陰臥塔，迎風游移，另有佳趣。塔頂及第二層之簷角，橫出小榕數株，鬚長而下垂，赤綠相映，虬髯亂絲，古塔古樹，尤增雋逸。又據鄉民鄧品封君說：「該村及廈村一帶，自建這個塔以來，代出科甲。當遜清時，曾求諸父子、兄弟、叔侄間，竟得文、武舉人凡五，至進士和庠生也數數見，一時稱盛云。」鄧君現居愈喬二公祠內，年已古稀，猶健若五十許人，性亦慈靄，是一個有道之長者呢。

（中原大俠按）這個古塔，是新界所僅見的，也是本港獨一無二的一個，請閱者們注意一點。

一九三○年九月二十九日

廈村（一）

廈村是在屏山之北的一所大村落，形勢和地點，大約可在前段得之，現不贅述了。這裏居民不下二百餘家，屋宇建築的形式，雖是仿古，但很齊整。村旁間中也濬清溪，和錦田的泰康圍相若，圍之正門刻「廈村」兩字，進去則見高懸的紅底金字之牌匾寫道「同治辛未科，欽點翰林院庶吉士，臣鄧蓉鏡恭承」等字。向裏跑去，巷窄垣低，曲折迴環，有「蝸居深巷」之意。那些豬犬，倒懶洋洋地睡在路旁，禾稈也散置四週。約近北的一隅，則闢地為息牛之所，都見六、七耕犢，俯噬草稈，時作粗鳴，或慢步而行，別見趣意。

圍外田野遼廣，黃雲相逐，一直至大頭山麓之靈渡寺也是這樣，蟄伏於出禾秧水間，尤多沙鷺，若行經田徑，常常驚起，驟見它自由間飛上，戛戛而鳴，翺翔而去，或在空際打幾個圈子，翻身拍翼飛向綠林深處，所以一般獵者，以它之肉甘而可口，殊值一烹，多跑去這裏搜羅。當「轟轟」之聲發時，就是它們的危機。呵，驟彈之鳥，忙於奔命，獵者豈不太殘忍嗎？

村之西，又有屋數十，錯雜相依，門臨小溪，遙望至屏山，遠而大霧山、藍地、洪水山、雲頭山，皆歷歷可數。村人由「望清」（村名）往元朗大路的，多經那裏，故常見野叟樵夫，躑躅其間，景致雅逸。又有鄧氏宗祠，為道光丁酉所重修。祠凡三楹，正門之前，圍以鐵欄。全祠佔地甚廣，裏頭多科甲牌扁及楹聯，皆出名手。這般偉大之建築，在全新界村落中，算首屈一指，當在下數段詳述。

本地風光（一一〇）

一九三〇年九月三十日

廈村（二）

從正門進去，抬頭一瞧，當見一橫額題着「亞魁」兩字。再跑，則為露天之曠地了，縱橫約有百餘方尺，地上塵迹斑然。兩邊的牆腳，散點苔綠，雜以野草，和日色相掩映，陽光燦燦，閒庭落落，一種寥寂之景色，卻打動人們的幽懷。前去，一廓豁然，簷角樑柱，匠心獨運，儼有古風，正中高懸的橫扁寫道「友恭堂」三字，其上又懸一橫額，刻前朝「聖諭」一章，有百餘字，句句皆含至理，有益世道人心，其原文念道：

敦孝弟以重人倫，篤宗族以昭雍睦。

和鄉黨以息爭議，重農桑以足衣食。

尚節儉以惜財用，隆學校以端士習。
黜異端以崇正學，講法律以儆愚頑。
明禮讓以厚風俗，務本業以定民志。
訓子弟以禁非為，息誣告以全善良。
誡匿逃以免株連，完錢糧以省催科。
聯保甲以弭盜賊，解讎忿以重身命。

這雖是封建之遺蹟，但所舉的十六樣，都適合於現代的。鄉黨既是這樣訓諭，即個人也可拿它作座右銘，觸目驚心，有所警惕，是再好不過，故特分列如上。

本地風光（一一一）

一九三〇年十月二日

廈村（三）

前些又高懸五個牌匾，念道：一、「花翎侍衛」。二、「禮部主政」。三、「翰林院庶吉士」。四、「欽賜銳勇巴圖魯」。五、「旨賞換花翎」。這可見該村科甲之盛了。

那所友恭堂，打點倒光潔，正中放着一張大圓檯，兩旁設座椅茶几等，雖是陳舊，卻一塵不染，大概整天給一輩頑童在這裏徵逐，而至磨擦得淨盡呢。

中柱的楹聯為族人鄧惠麟摹王陽明體書的，念道「立心不可負慚於祖父，行事須留好樣與兒孫。」又一云「合兩房而暢敘一堂，不徒羨寢宇重新，當念宜弟宜兄，庶本友恭綿葛藟；安先靈而蔭垂後嗣，恰乘此上元正運，亟思修文修武，早登科第衍箕裘。」

這裏左壁刻一擘窠寬大「孝」字，高約五尺，黑底白字，是晦翁所書的。聯云「謝樹方榮，畫省聯行鵬翼展；莊椿不老，瑤尊雙晉鶴籌添。」又李文田書的云「遷居東西頭，想當年克勤克儉，兩祖詒謀開廈里；分房上下屋，喜此日美輪美奐，千秋俎豆衍派紹。」近豎着十數牌匾，寫道「江南南滙營都閫府、候選儒學、江西贛縣正堂、宋封安國公、宋封四國舍、壬子科舉人、庚子科副魁、辛酉科亞魁、宋封稅院郡馬、揀選縣知縣、禮部會試。」

右壁又刻「弟」字，大與「孝」字等。聯云：「別有會心，古煙今月；時還縱目，美畫名書。」（集坐位帖）又云：「聖族重南陽，當年帝室連姻，玉葉金枝綿祚緒；宏規開廈里，此日天家渥寵，文經武緯佐昇平。」是丁庸進士所撰的。近亦遍豎牌匾，和左遍的相若，看來真是琳瑯滿目。想當日大可以驕鄰里，惜現在已成陳迹，且在廢除之列，也是理所當然的。謹告我革命民眾，對於祠堂之設施，認清楚時代方好。

本地風光（一一二）

廈村（四）

一九三〇年十月三日

由友恭堂而入，又為露天之地，左右偏間，題「喜閒軒」。聯道「池塘春草千年茂，寶樹芝蘭萬古香」。右的偏間額題「春暉館」三字，下欵署「蘇軾」，不知是否為坡公親筆，抑或扶乩所得的，但字體例之蘇書，則極酷肖。聯詞寫道「蒔藥閒庭延國老，開尊靜室遇賢人」。再進去，則為最後的一廓，供祀鄧氏宗人的，橫額寫「税院流芳」四字，聯云：「孝弟忠信，循新道以篤五倫，乃可對宗祖；士農工商，安本分而執一藝，便是賢子孫。」其右壁懸有民十一年大總統題贈的匾額云「見義勇為」。諒該村民眾，鼎革以還，對於國民革命事業，定有一翻贊助呢。

又考該村民族，先世居江西吉水縣白沙村的。宋代末葉，便分向南來，擇相當地點而居，子孫日漸繁衍，遂成巨族。以新界而論，同這一派的，有錦田、大埔墟、屏山等村。可是，新界村落，多至不可勝數，然科名之多，人口之盛，整理之妥善，想沒有出其右者。

是以述該村時，尤側重於其宗祠，以見其先世之家聲，使觀風問俗的遊新界者，得所適從呢。

（中原大俠按）故人君每述一所村落之宗祠，以本文從前各段例之，若有所發見，必盡載無遺。即一般前朝之「科第牌匾」更落重章，測其用意，未必有意替封建遺跡鼓吹。不過本「有見必錄」之意，以盡其實。至於楹聯、匾額、碑字等，他也很喜歡紀載，這又不是特意來磚篇幅的。試想聯、額、碑三種，都是因地而有的，寫情寫景，皆本事實，可補見聞之不逮，閱者其鑒諸。

本地風光（一一三）

靈渡寺（一）

一九三〇年十月四日

向廈村西北跑去，約行兩華里許，便聞泉流涓涓，林木欹欹，峰巒擁翠，田野颷黃。很知趣的鳥兒，時來三、五，飛鳴上下，煞那間向山半浮雲深處隱沒。一條蜿蜒底的古徑，有時給道旁樹木梗阻，或流泉打斷了，倒疑沒有去處，那知循着地上的遺痕，卻可認辨出來。往前再跑，又引我向山谷深處去，到了漸漸和大頭山接近的那兒，山光鳥語，更是來得清奇，一般寥寂的景象，也漸漸撩起我的思潮。山麓近了，綠陰密佈，雲氣輕侵，即見前面隱約間露出古屋數楹，踏着石徑，曲折而上，始抵其正門，一望，赫然題「靈渡寺」三字，是張玉堂太史所書的。聯云「靈通覺路，渡出迷津。」在下是初次到這裏的，故未敢擅進，略徘徊於山門之前，瞧瞧風景，看看有沒有人走出來，以便請問。

那時由山裏流下來的清泉，淙淙的響着，對面那幾株大樹，也迎風呼嘯。仰視大頭山之巔，像娥眉般的彎曲，高約七十來丈，林木葱鬱，蒼翠欲滴，將至山麓，越葱蘢一點，盤根的古樹，交蔭的橫枝，飛來的白雲，琴鳴的流水，直撲靈渡寺而來，像想把它深藏着。那時的我，在這自然境界中，沉思杳杳，觸景生幻，不由得心神漂渺，……世間哪裏有我？……世間那裏有萬物？……無我無人，色空相空，衹從幻滅裏來探討種種吧。……我忍不住作這般想。

可是，像這樣的洞天福地，我等候得不耐煩了，瞧瞧裏頭，又沒見有人行動，惟送出來的一片聲音，卻打動我耳鼓，豈淨侶在大殿念經嗎？正在狐疑之際，忽見一物，使我狂喜。

一九三〇年十月六日

靈渡寺（二）

哈哈，這不是黃白物啊，閱者不要誤會我「有錢執」，就狂喜起來。想想，就算是真的，不義之財，斷不會輕取的。呵，你估是甚麼東西呢，原來是睡在裏便門邊的一個渴睡漢啊，希望一擾他的清夢，就可討着一個人情了。那就信步踱進去，見橫額題「道從此入」，是梁耀樞殿撰所書的。有聯寫道「真實不虛，大慈悲度一切苦厄；意識無界，空色相現玉蘊光明。」又「萬象森羅，非色非空，遍照梵宮日月；四天偪寒，是花是雨，證成彼岸菩提。」觀望間又聽得先前那種聲音，側耳而辨，原來不是念經，卻是咿唔嗶嗶，念的是《故事瓊林》，書聲琅琅，深院寂寂，煞是可愛。

我見他還未醒來，故意大步踏着，果然驚醒他，起來坐着，半晌也說不出話來，祇微張朦朧的眼瞧着我。我就上前問他道：「先生，可否准我到這裏遊覽呢？」他打個呵欠說：「隨便」，跟着伸一伸腰，再打個呵欠，便懶洋洋地復尋好夢去。

隨步跑進內院，左的廊下，供奉「靈渡菩薩」，神器很單簡，聯云「新法宇於西山，貝葉成文，曇花絢瑞；證菩提於中土，沙江風靜，屯海波澄。」對面則為天階，兩邊坐着兩個菩薩，一題「玉泉成造」，一題「岳陽分蹟」，俱是廈村鄧惠麟所書，字法顏體，秀勁似何子貞，中的一邊，便是大雄寶殿，門已躺着，那時仍未磕着別個人，遂轉身向客堂去。

彳亍之聲，早驚動內廂的那位念書者，聲就歇了，走出一個青年來，堆着笑臉訝道：「先生你那裏游覽麽？」我答：「是啊。」他就翻身取出一壺茶來，捧着杯子，引我去客堂坐坐。

本地風光（一一五）

一九三〇年十月八日

靈渡寺（三）

我見口渴一點，老實不客氣地斟了幾杯茶，長鯨吸水般飲了。他站在我身旁，很是謙敬。我說：「同是青年人，請你不要客氣，坐下來談談吧。」請問他的姓名，知是「鍾國才先生。」我倆就抵掌而談了一些客套話，又來了一個年約十一、二的青年，他也坐在鍾君之旁，靜悄悄地來觀聽我們的打話。

我問：「鍾君，這寺是那位大師住持的呢？」他答：「這裏名雖是寺，其實是廟而已，故沒有住持，惟管理人是鍾可權先生，他是在這裏教我念書的。」我問：「現鍾先生在這裏嗎？」他答：「他今早已出去訪問朋友了。」我又問：「你可否將這間寺的來歷告給我呢？」他答「啊，恰巧我來這裏僅二十餘天，恕不能如命了。但是，靈渡菩薩旁的壁間，刻有碑記，是載其事的。平日我又不甚注意，所以偶然提及，就不能記憶了。」

我就走近那裏一看，見刻着惠麟等所泐的〈先父寵榮公軼事碑記〉一文，長凡千餘言，不便將原文錄下，且撮其要，略云：「我鄧姓居廈村，村西山谷間，別饒洞天，古所建靈渡寺者，以佛之靈，普渡眾生而名之也⋯⋯一夕，父臥病於牀，叔侍牀側，朦朧間見三道士，青袍塵尾，立房外，其一近牀前，以袖拂帳，移時，出手摩案頭桑檯等藥曰：靈渡寺菩薩到此⋯⋯」其後惠麟之父果愈，大抵這間寺就因此而顯的。似一考該寺，從前是有比丘在此修煉的，歷時很古，至咸豐辛酉孟冬重修，民國丁卯孟夏又重修，故至現在則煥然一新，所有遺物，無復舊觀，所以沒由考據。

一九三〇年十月九日

靈渡寺（四）

跟着這篇記之後，又有李辰煇進士跋語，也不外勸善懲惡，曉示世人。但是，裏頭的事實，迹近迷信，故略而不紀。

鍾君又引我到大雄寶殿去，順手把門推開，覺塵封佛面，蛛網蒲團，爐冷燈殘，經毀壁裂，即略一瞧瞧，便感着無限底蕭索。

翻身過客室，見有橫額題着「明心養性之室」，旁柱聯云「雲動山移，泉飛石立；池平樹古，水曲花迴。」都能各盡其神，算是活潑的描寫呵。

「還有甚麼地方可供遊覽呢？」我問鍾君。他答：「可供遊覽的地點，這裏很覺缺乏，但屋後的花園，規模雖小，惟近山麓，林泉幽邃，且往看看也好。」我就跟着他跑出去，逶迤而行，漸聞泉聲，自山間瀉下，鍾君指着對我説：「這一條清泉，味甘而冽，我們特地將它引到屋裏，烹茶洗濯，都賴它來供給。」又指着那邊的草木説：「這是檸檬樹、那是芭蕉、那是梧桐。」我隨他所指瀏覽，覺萬綠撲人，腔懷爽快。

我又問：「鍾君，你們幾個人都在這裏住麼？」他答：「是呵」，我説：「晚來豈不是更加冷寂麼，這般遠隔人煙而深隱山谷的地方，你覺它蒼涼不？」他微笑道：「我素慣寂寞，故此不覺甚麼蒼涼，且有鍾先生在這裏課讀，閒來挾冊朗誦，對這林泉幽勝之所在，還是暢快呢。」前人句云「好鳥枝頭亦朋友，落花水面皆文章。」鍾君所處之境地，大抵和此相若。

（中原大俠按）去遊靈渡寺的，必經田徑，若不識途，很易誤入重山曲水中，往往費了幾個鐘頭，還未找得去處，所以要向鄉人問個明白，認定大頭山進發方可。

本地風光（一一七）

一九三〇年十月十三日

清涼法苑

自屯門循馬路北行，約十分鐘，左望是麒麟圍，右望是藍地（昔名營盤村），若稍注意右邊的，當見有豎起的木牌，橫題着「清涼法苑從此路入」等字。那所法苑呢，從前叫做「樨香園」，是一般女兒們養靜之所，在假期內，也有很多人到這裏遊覽，且把它約略地寫下。

從木牌起，一路有小徑曲折而入。轉右，繞小邱之麓而跑，不五分鐘，便見「清涼法苑」之山門了。上去，濃陰翳道，風景頗幽。那裏建有洋樓數楹，高的不過兩層，中間就是「清涼法苑」。門聯云「三車往來登覺道，十界依正還真源。」進去苑就是三清寶殿，橫題「法苑香風」。神座之前，護以極華貴袦子，復題「萬法圓融」四字。香案陳設得光潔不過，又放着鮮花一瓶。略在旁邊徘徊着，覺芬香撲鼻，襲人生快感。一望全殿，地上、壁間、蒲團都異常清雅，柱子又懸有楹聯念道「知見新聞，塵塵入妙；法華深處，在在皆香。」又「菩薩現身，度盡眾生，除其熱惱；釋尊應世，化諸火宅，得入清涼。」

查這間法苑，實非沙門修練之所，不過有些好靜的女子，雅愛這裏幽靜，遂集合多少人，捐資來建這所地方。帶髮修行的也有、削髮尼裝的也有，管理人叫建修，是一個五十許的婦人。又據她說，該法苑是由她的兄弟姊妹們交她代理的，歷時已二十多年了。

（中原大俠按）本港女子修行的地方，像青山的長春園、山咀的長山寺、錦田的覺照園、觀音山的紫竹林（現已荒廢），和現在所說的清涼法苑，都是知名的，但風景則當推紫竹林了。

觀音山（一）

一九三〇年十月十四日

由來名山，既具林泉之勝，那就須有古刹為之點綴、雅士為之經營。即前述之杯渡山，也是一例，得一青山禪院，而其名乃相得益章。但新界崇山雖多，求其知名的，寥寥可數。像大帽山以崇峻勝、獅子嶺以形勢勝、八仙山因新娘潭而著、杯渡山因禪林而著，實在難得，現所說的觀音山，是以形勢和禪林而並稱。

環顧錦田八鄉一帶，東南北三面，都豹隱層巒，螺堆列嶂，拖藍擁翠，各盡大觀。自狐狸尾（近坳頭）起，為蠔殼山、打鼓山、楊嶺、旗徑坳、白水山、轆轤山、大帽山、觀音山、林村坳、剃刀屻山、大羅天山、鷄公山相列如屏障，瞭如指掌。除大帽山挺出其群外，最搶人眼簾的，卻是近東北那一個與帽山為隣的觀音山了。它高六八八英尺，獨立於羣山之間，也是最小的一個。惟形勢很奇，近峯處獨蒼翠，這一點像頭顱，左右兩山腰，傾斜之勢相等，山之大麓又漸多林木，轉向中部叢密，隱約間極像交手接拳。至山麓之兩坡，屈折像盤膝而坐，麓處中點，獨見葱蘢，又像兩腳相接之勢，全山看來，倒像一個觀音坐禪般，而其鄰山的斜坡，皺摺很像蓮花，山麓又有村名「蓮花地」，看來卻又像觀音坐蓮了，統統都是它的山勢所型成，其詭異，其蒼翠，可謂罕有。

山裏流泉錯雜，雲依白練，樹入琉璃，別有幽意。說到禪林呢，紫竹林庵在其左腰，圓通庵在其左膝，凌雲寺在其兩脛相接處，禪影山光，各擅幽勝。

本地風光（一一九）

觀音山（二）

一九三〇年十月十五日

山腰的紫竹林，異常幽靜，幾絕人迹。這所庵就建在竹林深處，禪房幽遂，不易給人看見的，可說最僻靜了。它的山門題着「殊勝」，聯云「到此已無塵半點，上來更有碧千層。」倒說不差了。再進，則有屋數楹，序次而立，前一楹題「紫竹林」三字，聯云「松下剪雲裁鶴氅，花間滴露寫鵝經。」前對蓮池，鳥語花妍，頗惹幽思。

前住持該庵的是程四姑，她極愛幽靜，雅不願給俗人騷擾，故由山麓遷至山腰。同靜修的共有比丘尼十餘，朝夕在這裏念經，青燈古佛，很是枯寂。然而，她們都是弱質女流，所處又這般的僻靜，遂為一般強盜所覬覦。

一夕，寒蟬窺戶，落葉敲窗，山風怒號，林木從中簌簌的呼嘯，泉水也冷冷響着，肅煞山門底蕭騷之色，也為之一變。恰巧那時各比丘尼，皆夢向黑甜鄉裏。

在這沉寂當中，忽來了五、六個夜行強盜，鬼鬼祟祟的向紫竹林那裏跑，其中一個還挾着一把竹梯，到了紫竹林山門，就先竄進三個，斂氣摒息地張頭探腦，蛇行鼠窺，欲進又止。當此月印中庭，霜鋪大地，比丘尼輩又熟睡，遠絕人煙的紫竹林，簡直給這輩賊子一個絕好機會。

他們見正門嚴扃着（紫竹林嘗遇劫，故有戒心），翻身見二層樓上的窗兒開了，快把梯子靜靜地移過來，一賊正想踏足上去。

本地風光（一二〇）

一九三〇年十月十六日

觀音山（三）

大約看官們讀到這裏，也會替紫竹林的比丘尼着急了，那知事有出乎所料的，容我翻轉筆來。

那天晚上，兔魄這般玲瓏，故此庵外的一切行動，很容易看得清楚，況且地方又這般的寂寞，就是嗡嗡的蟲聲，也覺它是喧嚣，歷歷可聽。

聽說住在二層樓上的比丘尼，為數不下六、七，事有湊巧，那晚其中有兩個比丘尼還靜坐看經，無意中向外一瞧，遙見綠野叢中，似有黑影幢幢，就有些疑惑了，中的一個，頗為鎮靜，先把睡去的喚醒來，告知一概，快快找着些堅硬東西，預備來作不得已時的防禦。

她們又鑒於從前圓通庵的小劫，不由得從恐怖底裏生出種種疑竇，現在為防範計，祇可信其有而不可信其無，那就她們都一致起來，分伏暗陬，把燈熄了，拚着膽來抵抗。從皎潔底月色下，黑影便越看越真了，難道這般深夜，也有人來這裏遊玩嗎，顯然是強盜了！

話說先前賊子偷進紫竹林的種種，都給她們看見了。這個踏上梯子的賊，將至窗口的那兒，不提防裏面有人窺伺，正想蹲身進去，那料如晴天霹靂般，「撲的」一聲，竟把梯子倒下來。他也不由自主的從上面拋下來，腦漿迸裂，掙扎幾下，就溘然長逝。那時樓上的比丘尼，見鬧出人命案，更加震得混身打顫了。

哈哈，那知還有不幸中之幸，跟着來的賊匪，膽小如鼠，目擊同黨跌斃了，以為樓裏有甚麼的戒備，不敢再試，急急的逃下山去。

觀音山（四）

一九三〇年十月十七日

自這事發生後，紫竹林的比丘尼，就異常的戒備，深恐那晚給她們擊斃的賊匪，其餘黨當不肯罷休，難免發生第二次的圖劫，藉端尋仇，這就更危險了。所以要退一步着想，俗語說得好「三十六着，走為上着」，各尼遂趕快相繼摒擋細軟等物，逃往別處，暫避其鋒。由是今日的紫竹林，祇賸荒煙殘照和山門寂寂而已。再由紫竹林向山麓跑去，漸見錦田河的源流，潺湲不絕，將聚而為溪的當兒，林木格外翁鬱。從軟綠綺紅叢中瞧去，便見樓臺數座，深院閒庭，清鐘古佛，這就是圖通庵的所在。

圖通庵，一名蘇雀庵，是庚申冬建的。前三年的住持叫妙參法師，來自羅浮延祥寺，今已圓寂了。現在則為寬修比丘尼打理，裏頭有大雄寶殿。聯道「苦海波中泛九品，磐陀石上七三摩」。整理平常，沒甚可紀。轉往後座，折右，便抵善堂，內供妙參法師禪像，橫題「禪餘遺影」。聯云「引眾能為善方便，開山原是稅靈苗」。再過，則見兩頭大石所成的「般若門」，又名「石門」，遙望大帽山及夾龍村，形勢天然，涼風習習。又從這裏可登觀音樓，裏邊陳設極簡，檯上放着三數帙佛經，旁置木椽，以備淨侶到來看經和養靜。

該庵四週都植菓木，綠影扶搖，很覺雅趣，且門臨溪水，一碧漣漪，兩岸沉影，山石錯落其間，尤為清逸。

本地風光（一二二）

觀音山（五）

一九三〇年十月二十一日

自妙參老和尚圓寂後，這所淨地，就沒有踵事增華的人了，一任那潭影疎鐘，付之曉風殘月，正像高山流水，不見琴樵，未免太過辜負吧。

庵側有橋，過此直向北跑，山徑蜿蜒，草木疎落。約行十分鐘，綠陰漸密，山鳥爭鳴，風捲殘葉，沙沙作響。回首一望觀音山之巔，青翠之氣，撲面而來，使在清幽環境中，易作玄玄之想……這就是淩雲寺之所在啊。

山徑之旁有鐵閘，雖設而常關。由此進去，一路清流震耳，古樹怡情。右折，過小溪，啟柴扉，便是地藏樓，地下為客堂，二層則奉地藏王，很是寬敞。它的左邊，再登樓，就是觀音閣。這裏懸一大鐘，和青山寺相等。但一擊之，聲較沉遠，清越覺世。觀音神座之前側，置小木牀，帳褥俱備，牀上臥一睡佛，像光孝寺所見的一般。哈哈，究竟他會不會作夢呢。

再由地藏樓出，左跑，拾級而登，便見甘露門。再上，則為凌雲寺正門。聯道「湧出西方三葉寶，分來南海一枝香」。內進有「大雄寶殿」，佈置肅穆，宏敞光潔，很快人意。懸在柱的楹聯念道「紫金聚體堂堂露，開眼也是，合眼也是；白玉毫光處處垂，有心亦然，無心亦然。」又「福地羨凌雲，此山中有禪院多間，當推古剎；洞天施法雨，這門內無塵緣半點，獨現曇花。」殿之後壁，懸「天竺雷音寺」照片一幅，是由原地攝得來的，極為精緻。

本地風光（一一三）

一九三〇年十月二十二日

觀音山（六）

殿右通「神堂」，縱橫甚廣，四邊設蒲團很多，又有「鐘版」，本港禪林中所僅見。中則供奉「阿彌陀」。有聯云「凌漢惠蓮臺，妙諦參來，這方寸即是天竺；雲山開梵宇，觀聽修到，掌聲咳遙接普陀。」內嵌妙參及觀修兩法師號。

轉出拾級而降，即抵「蓮池」，修廣都五百餘方尺，一池浮綠。「天女引引步，仙姝瑟瑟羅」，很覺雅逸。池旁有丈室，門聯道「煙藏古寺無人到，坐對深堂有月來」。裏頭正中懸一鏡「題着明鏡作臺」，聯云「一佛一世界，三藐三菩提」，其餘陳設，都有雅意。

該寺共建屋五間，四週林木叢茂，綠葉低垂，柔枝交蔭，直把山門深藏着。由山瀉下的泉流，至這裏也聚而成溪澗，為瀑為涌，形至複雜。混在綠野叢中，潺潺激響，花葉亂飛，繽紛而集於水石間，真是逸趣哟。而禪夢梵音，鐘聲鳥語，大可作此中點綴呢。

考這所寺門，從前是妙參所住持的，現已歸觀修了。最近又來了兩個雲游淨侶，也在該寺掛單。一個是慈航法師，他曾在本港堅道六十二號講經，是福建寧縣蛾眉峰沙門，宗淨土，歸盧山派，年約四十許，精神煥發，道氣盎然，談吐間有出塵意，想是苦煉頭陀了。

別一個是德玉法師，來自江蘇揚州興國寺，也歸盧山派，性極和靄。著者到時，他正獨坐觀覽〈太虛法師寰浮記〉的，蒙他接見，意極隆渥，又介紹我見慈航法師，很是感激。

觀音山(七)

一九三〇年十月二十三日

至於這寺的歷史，可見於壁間的碑文裏，其一題為〈道光元年重建觀音山淩雲古寺碑〉。文云：「嘗聞珠藏川媚，玉蘊山輝，夫川之媚不自媚，必有珠以藏之，山之輝不自輝，必有玉以蘊之，然後發其光華，增其琦瑰，以炫耀於人間。由此而推，地之稱勝不徒勝，必有神靈主宰，福蔭群生，而後使人永世克念，思報德而不忘。新安錦田鄉相去數里，有觀音山，山建淩雲寺，帽山坐鎮於後，八景羅列於前，堂開佛殿，廣大精微。門首建高閣，祀文武二帝，義氣沖霄，文光射斗。閣上懸燈高照，村場遠矚，如覩奎垣。且神靈丕顯，凡鄉人有求必應，所以庇護一宇，新創樓臺，以資壯麗，多培蘭玉，以助清芬，不日落成，囑予為文以誌其盛，予思鄉人簽題之高誼，值事督理之賢勞，神之格思，錫以繁祉，從此壽考維祺，小子有造，賈登三倍，農慶千箱，加於前日之靈爽，想有必然者矣。信乎地之勝有神靈以主之，雖日久而彌彰，猶之珠雖藏而川自媚，玉雖蘊而山必輝，而安能終祕其寶光也哉，於是乎序。」末署「欽授儒林郎太常寺博士、乾隆乙亥恩科亞元陳鴻章薰沐叩首拜撰」，另一行署「己酉恩科鄉進士揀選銜千總里人鄧英元薰沐敬書」。

一九三〇年十月二十四日

觀音山（八）

其二則題為〈重建觀音山淩雲寺碑〉。文云：「夫觀音山淩雲寺者，得天地之經靈，慶雲四野，含山川之秀麗，氣象萬千。挾北漢於羅浮，奇峰四百，帶南溟於香海，遙挹三山。洵世外之桃源，人寰之福地也。溯其原始，創於前明，歷清三百餘載矣。時之興替，代繼名流，及乎清末。民國初基，鼎易代移，人心不古，淩遲世道，日下江流，淪落禪門，鐘沉鼓寂，甚乃迷離芳草，壁破牆傾，簷網蛛絲，金容剝落，況鴨爐火冷，誰聞木樨之香，貝葉塵封，難登法王之殿，衲因遊港地，覩此荒涼，惻念悲懷，進退維谷，再三思念，勉力周旋，遂同徒等刈草披荊，十稔於斯，略型眉目，所冀十方善信，聯盟給孤之心，四海偉人，勿哂山僧饒舌，果如斯願，遂使工成指日，金容爍煥於三千，梵宇玲瓏，璀璨增光於泉石，將見他年福果，庇蔭人天，德邁三乘，功歸佛界矣。茲將捐者姓氏，共勒瑣珉，以曉後來，永垂不朽，是為序」。（下捐者姓氏從略）末署「中華民國十三年歲次甲子季冬住持妙參同徒智修喜修募化立」。

遊觀音山的，可由旺角趁車至元朗，需時約一小時又一刻鐘，再由元朗乘車至錦田鄉（多是貨車），需時約十分鐘。然後由錦田步行至八鄉，過息肩亭、金錢村、同益學校、蓮花地，方抵觀音山麓，約需時一小時又半。或由大埔墟經快樂亭、鍾屋村、林村、臥雲亭，再過林村坳（剃刀硼山側），一路都是山徑，約要三小時方達。

（中原大俠按）觀音山也是本港名勝之一，形勢則比廣州市的一個較勝，但古蹟則不及。又聞那裏的紫竹林，多有石塘鶯燕遁跡，豈藩溷之花，欲證人天之果嗎。

一九三〇年十月二十五日

本地風光（一二六）

八鄉（上）

才說完了觀音山，又打算來講講八鄉。因為八鄉是近着觀音山之麓而北而南的一帶村落。大約由白水山起至雞公山止，共有鄉八處，就是「上村」、「上奲」、「橫台山」、「元崗」、「滿崗」、「蓮花山」、「長埗」和「水牛田」。

這八條鄉都倚山之隈而立，西南接錦田，北望「狐狸過水」（地名），四顧田連阡陌，村居錯落，一矚平原，若無涯際，很易惹人神思曠逸。這裏除了觀音山外，便沒有甚它著名地點，即那八條鄉，也不過大同小異，本無甚可紀。但這裏的同益學堂，可有足述的。

約自錦田向東南行，過清水邊（村名）和覺照園，再行十五分鐘，便抵息肩亭，這所亭子是建在路旁的，裏頭販賣菓餅什物，一邊已築起了屋簷，又一邊搭起竹棚來。一瞧去呢，有些不像亭子了，亭外的柱，刻一聯道「息足使安然，何勞乃爾；肩挑無日了，少住為佳。」附近植大樹數株，濃陰蔽日，綠影生涼，息肩倒也不錯，那裏已入八鄉地界了。

再跑數十武，至金錢村，該村是新闢的，本在城門谷，因政府要收回地段，以建城門水塘，着令他們擇地而遷。看地者到這裏，嘆道：「好一所落地金錢」，就起它一個名字，叫「金錢村」；屋宇不及二十間，但新建整齊，很是壯麗，居民皆鄭姓，有翰鵬鄭家祠，內題「通德堂」。聯說「通達審經權，上世遷歧興玉牒；德功襲宗祖，後人揮地得金錢。」佔地不甚廣，陳設極簡，故不見其大觀。

一九三〇年十月二十七日

八鄉（下）

離金錢村，一路都聽着流泉涓涓，那邊禾雲湧湧，那邊山色沉沉。大抵沿着田徑裏跑約二十五分鐘，從右便瞧去，即見三楹新式屋宇，聳立田隴間，左繞右折，抵其門前。正中的一間，橫題着「八鄉同益學堂」，是民國十年九月所建的。過去，便是客廳，四壁滿懸學生文藝及理科圖案，異常整備。有聯云「同營三樂事，益及八鄉人」又「同文是世紀要事，廣夏宏開，含咀英華儲實學；益智讓八鄉先着，雄材蔚起，敬恭桑梓藉餘榮。」

左邊是校長室，右邊是休息所，對出右便一間，就是高初課堂，檯椅整潔，可容學生四十餘人，現得二十餘生（為六年、四年兩級）。壁間掛着標語，以勵學子。念道「大家團結的真精神，不可像散沙的」；又「同學很像兄弟們一般，毋分彼此，必要砥礪才是」。

左便這一間，就是初級課堂，現在學生四十餘，全校計來，共有六十餘人。壁間也有標語，像「好同學如兄弟，必要親愛」，和先前的大都相類。學校有此，當是好不過。至若校服，我也在校長室裏見過。全套用土貨，灰色，短褲，衫則為中山裝，帽子釘了一枚青天白日徽章，穿起來，倒有革命思想。

像這般的學校，卻不失辦學精神，大約在全新界中，倒不容易找得着呢。聽說主教的是黃劍白等，港政府每年也有多少津貼。

（中原大俠按）八鄉也是新界有名的的地方，佔地幾及四英方里，居民將有二千。嘗見煙販交貨抬着兩個箱子，上面寫道「八鄉生切」等字，這就是那裏的出品了。

本地風光（一二八）

香海秋季旅行團（上）

一九三〇年十月二十九日

作者對於旅行，是極端擁護的，且是我生平最愛好的一種消遣，有時興之所至，雖風雨之日也不能間斷的，即找不到遊侶的當兒，獨遊也不覺枯寂。所以關於旅行的事業、刊物、打話，卻很喜歡注意。像讀了十月廿二日南中報的「南國之風」裏邊所載的文章，都是「旅行」的貢獻，使我感着無限所愉快。再看刊前有「香海秋季旅行團編」字樣，不禁又想到這個旅行團究是那個是組織，但在白刃君的〈李登同訪問記〉裏測之，大約就是「白刃、延陵、明明、擎天、安琪K」君所組織罷。

那時的我，又不絕地想着……這個旅行風氣沉寂底香江，除了各學校和各團體的「偶一為之」的旅行外，最近又多了這個「香海秋季旅行團」，且他們都是能文之士，相信將來必會喚起多數閱者的贊同，或來而參加這種問題，未知該團歡迎不？……

直至十月廿四日，偶在本欄發見白刃君的〈香海秋季旅行團的發起〉一文，真是「以一先讀」為快了，才知這個旅行團是極表歡迎外界參加的，且暫以易化石、衛國綸、莫吳灞陵四君主其事，還有好幾位文友也是其中的團員，想本欄也不少文友起來參加的，則將來許久的精神之交，倒有相見的大好機會，希望文友和閱者們踴躍地加入，造就這一回盛事。好了，我僅在下一段，把鄙見寫來，並作答覆這個旅行團的徵求。

本地風光（一二九）

香海秋季旅行團（下）

一九三〇年十一月一日

我很喜歡參加這個旅行團……這是我一點誠意；可是，還有一點，要告訴諸君子的，因為在前一月，我已和幾位朋友組織了一個旅行團，辦法是每兩個星期旅行一次，而且現在又有足球之約，還要在假期內練習，故此講起來卻是分身不暇。但是我對於「秋季旅行團」也極端擁護。末了，若在可能範圍裏，大可舍彼就此，能依時赴會的。還望諸君子有以諒之。

（中原大俠按）現在華南報業諸子，發起這個「香海秋季旅行團」，確使我十分仰羡。但我已報名加入故人君的那一團，答覆一層，他可以代表一切了。那末，我很願本欄各文友和閱者快起参加。

長山寺

去新界粉嶺的黎洞不遠，有地名「廟徑」。那裏邱陵起伏，萬木扶疎，中有面心而立的古屋狀實類廟宇。正門顏着「長山古寺」四字，是民國十年重修的。有聯念道「長亭惜別，古道瞻歧，雨笠塵襟入日日；山鳥吟春，寺公送曉，煙鐘風磬我年年。」入去，正中祀觀音、佛祖、地藏王三位菩薩。一切神器，污穢得很。左右的兩偏間，被蓆零亂，也是不堪寓目。所謂寺呢，究其實，祇有一老婦在這裏司祝。她認是比邱尼，照她頭上光禿禿的看來，倒是像樣。惟一詢她所閱那種經？歸那樣派？卻模糊以對。人說：「長山寺是一所甚麼好修行之所在」，未親歷其境之前，倒有些相信。

（中原大俠按）有些人說，從前長山寺確是名副其實的淨地，看門聯的語氣這般澹逸，似是可信。

本地風光（一三〇）

一九三〇年十一月二日

黃昏底香江（上）

當在落日晻嗌的那兒渡海，隨意瀏覽一下自然界的美，汲水門以西一帶，暮雲天末，山水晦暝，嬌嬈嫵媚的晚霞，似錦的絢燦，一抹一抹的遲滯着，給柔風吹送來的輕煙，裊裊底微蕩，隨就散在艷麗雲衢間。一截截的渲染，遇白雲的成澹壘，遇藍雲的成焦墨，混在紅裏成紫色，雜在黃裏成淡灰；青的變藍，紅的化赭，東拖西斷，變幻莫測。那些海市蜃樓般的造化，你越看得奇的，越教你神思錯亂；越看得遠的，越使你心兒飄蕩。然而，看到靜處，心靈更是緊張，思潮更是洶湧，那時又好叫你憶起屈子的話……「惟草木之零落兮，恐美人之遲暮」……遲暮遲暮，箇中的情況，真叫白了少年頭難抵受喲！有些說「夕陽限好，祇是近黃昏」，那又好叫起一般無聊底的悲哀，但有會鬧着「天意憐幽草，人間愛晚晴」，這又似乎可作無聊底慰藉。

回首一望香島的維多利雅山，霞鎖石橋（在山頂之下），雲飛鳥道，山隈夕陽，巖阿耀金。最柔媚的橙黃色，由青洲而上。摩星嶺、戴維斯山以至旂山，都受她的恩澤。轉看城市裏，夕陽臨角，晚煙生樹，又起了一種天然美……無山色暝暝，樓臺隱約……或……霞凝秋晚，鳥唱園庭……

若漫步於般咸道上，轉至堅道與醫院道相接之處，俯瞰全城，一片暮色，萬家燈火；再瞧對面的九龍，螺青鴨綠，都迷沒於荒煙殘照中，剎那間暮色四合，還叫到臨的人，有偶然而生的惆悵。

本地風光（一三一）

黃昏底香江（下）

一九三〇年十一月三日

在那時趁車去香港仔，一路經過薄扶林曲徑，由基督教墳場起，都傍山麓而行。沿途樹深日斜，西望則一片江山，宛若圖畫。林麻島、大嶼山、長洲、青衣、花瓶山都隱現於錦叢裏，朵朵暮雲，游移不定。西南天角，像胭脂殷紅，映着浩浩蕩蕩的汪洋，更覺斑斕不過。抵香港仔，鴨脷洲之暮景，還更旖旎。海上桅檣林立，帆影波光，兩岸欲沉，扁舟往還，漁夫歸渡，遙望火藥島，也輕輕地襯上了霞紅。可喜那些歸巢鳥，翱翔上下，點綴起來，愈增其妍。

哈哈，且把我的筆尖，一飛飛到元朗去……元朗池塘獨多，濱后海灣而立。塘畔又多綠陰，樹影逐流，暮色依堤，作黃金色，疏疏的樓閣，稀稀的人家，很自然地混在荒草斜陽裏。

大埔墟的林村河口，野草萋萋，秋潮漸漲，遙看馬鞍山、白雲山、船灣、大埔滘等處，都惹人秋思不淺。

沙田山水，素有「小西湖」之譽，不消説也有極美麗的暮景。小孤山似的「元洲」，屹立海中，山影斜垂，秋色微拖。山下圍面前的堤岸，俺臥着斜照。短小的樹，倒影偏長，至若踱步遣懷於鐵路旁之馬路，或坐在車站的椅上，遠望沙田村落，餘暉扶映，確是樂而忘返。

其次像蠔涌、九龍城、筲箕灣、赤柱、荃灣、大欖涌、長洲等地方，都可以代表「黃昏底香江」的自然美。

（中原大俠按）秋天的景物，易惹愁思，況屬黃昏底香江，現又在重陽前後，更動一般客裏思親之感。

一九三〇年十一月四日

小屠場

到了夜深時候,經過油蔴地街市側,常見三數屠夫,忙於輸運。有些負着去毛的豬,撲的聲響放在騎樓底下。很兇狠似的執着鋒芒四射的利刃,順手牽起一隻,把頭割下來,擲於一旁,一連十數隻,都是這樣。跟着劏肚的劏肚、斬骨的斬骨,瞧起來倒有些不忍。可是,睡在那裏的可憐同胞,擁被鼾然,橫的直的,腳加腹的,手推頭的,為狀至怪。但那裏知有拋來身邊的豬頭,同臥一地的豬身……人啊……豬啊……有些恐怕這個手急眼亂的屠夫,執起鄰近的睡者一割,實在不堪設想。

(中原大俠按)但有些人,明知這是殘酷的手段,偏要駐足而觀,似是處心太忍。然而,在不言不語中,又見一種惻隱之心呈露出來。

棋話

本港棋風不盛,皆由社會人士注意較少。當十數年前,鐘聲慈善社已有象棋比賽之舉,旋又中止,後起無人。至今年,南華體育會起而提倡,繼有南北象棋比賽會,連夕在青年會大堂舉行，參觀的要購入場券二角。其中如北的周德裕，着法高超且敏，南的馮敬如（棋王澤），也頗蜚聲於南粵棋界，惜結果南北積分相等，未能見個高下吧。最近的鐘聲慈善社，也有公開象棋比賽會，其成績迭載於各港報。又聞名溢山東省的那健庭，擬組織「五虎隊」，南來決賽，叫做「五虎平南」。究竟這能否成為事實，還要質之南方各健兒。

（中原大俠按）下棋雖能消永日，但精神虛耗太過無謂了。

本地風光（一三三）

不能磨滅的印象

一九三〇年十一月十五日

那天，我還記得是上午八時五十分鐘，正在趁着油蔴地小輪來香島，陽光正燄，海風舒和，剎那間我們所坐的輪船，也停止航行了。汽笛也跟着發響，聲長而遠，像哀鳴般，大約又有甚麼人投水了，我這般想起。但船尾的機輪，軋軋響着，攪動了海水旋轉，作隆隆鳴，無形中又有打斷我的思潮。

船也逐漸的退後，搭客卻不期而然的走過一邊來，大家的視線也向海面打量打量，大抵離船五十尺之遙，在青天白日之下，果發見一個投水的同胞，給一個船員緊緊的牽住。可是，他拚力把頭下竄，有不死不休之概。眼見船員把自己緊執，決意和他掙扎起來，希望脫了手就去死。但船員勇氣極盛，為避免危險計，一壁執着救生圈，把身穿過去，再用力緊緊執着他，經過了幾回的糾纏，才把他救回船上。

查這個自殺者是善泗的，這躺跳下海去，自己倒會浮起來呢……那時船上的搭客，議論紛紜，船也快快動輪繼續前去。

抵埗了，搭客紛紛登岸。我經了這種刺激，不可言狀的感觸，卻來迴旋於腦海間，一時就使我個人不知放在世界那裏去，登岸的嘈雜擾攘，始告訴……船已抵埗了……

從船上踏進碼頭去，聽見人們的打話……「咳，你估現在的世界很容易撈嗎……他是有意自殺了……是啊……為生活而奮鬥是險惡的……」出了碼頭後，我兩邊額角已涼得可怖，要自哪裏跑，也不能自主。

（按）萬惡的社會，究殘殺了幾許人呢？無他，我們應該負責來互助別的呻吟底人，一表我們共同奮鬥的熱情。

一九三〇年十一月十七日

走險

我拿着船票入閘，見已老早站着許多人在候船，翻身正想找個座位，恐怖就從此而生。很不明白……怎麼他們的視線，竟不期而集於我的身上，這種「十目所視」的情況，我實在不是畏羞，難道我是一個無廉恥的人嗎？……不……不……流波所及，似雜一種輕蔑驚訝的態度，率直底心弦，偶然一觸，慣用情感的我，實在忍不住震蕩，踵接肩摩的進前。落船了，沒論磕着那一個，都受着這樣的待遇，這種摸不着頭腦的怪狀，剎那間使我有些不寧。

找着船旁的座位了，隨隨便便的並下，不是船房板的震蕩和出避風塘口的汽笛聲，幾不知我所坐的船已開行了，

遠遠瀏覽着西邊一帶的山脈，隨波逐流的小舟，趁風擔帆的破萬里浪去。昂船洲啊、青洲啊、香島啊，一壁瞧得是山是水，但一壁兒倒見得是秋絨……秋絨的長衫……無數的秋絨長衫……這是突如其來的印象。哈哈，是了，若果不是想象中引起我來，我卻忘掉了自己所穿的是一件華絲葛長衫，大約頃間所遇的，就是因為這樣罷。

我更加鼓着大無畏的勇氣，特地走去船頭的座位，兜着風，還覺有些熱意。……見冷……見熱……已一時也不能解答。就是穿了秋絨的人，也未必真是知冷知熱的，世上隨聲附和的很多，逐潮流的也很多，都未必真能出於自然的。

（中原大俠按）我知故人一到那天晚上，就要去鴨脷洲找着他的慈母，取出秋絨長衫快快穿上，哈哈。

一九三〇年十一月十八日

本地風光（一三五）

海心廟（上）

本港海心廟共有二，一在筲箕灣、一在土瓜環。

在筲箕灣那一間原名「水月宮」，它和筲箕灣差館相對，離岸約三、四丈，但一角卻和石橋相近，大抵距離有七、八尺吧。可是，那裏的水倒深，除掉了僱舟渡過去，就沒有其它的法子了。

它建在這個海心的小邱上，高約四尺，修廣地也約四、五尺，像這般渺小的廟宇，其中所有陳設，就可想而知。四週都是光濯濯的頑石，全邱面積，計起來，差不多祇得數十來方尺吧。然而，傍邱而立的，倒見零零碎碎的礁石，影浮綠漪，旁繫小舟，有時炊煙起處，即這間水月宮，也漸漸的迷沒。

但一瞧廟之附近的石上，常見有網罟曝着，雜以一排排竹籬放着的鹹魚，點綴其間，有時還找得一些已斷去的繩纜，一種黯澹無光的色彩，和它留下石下的淺淺遺痕，很像表現出它「已成陳迹」的一種掙扎。

廟的地點，是據有筲箕灣之東北，故登臨其間，可遙望茶菓嶺、鯉魚門、黃埔船澳及西灣河等處。最動人清興的，莫如灣裏的桅檣，岸邊的小艇，疎影臥流，掩映生趣。

在土瓜環海面的一間，原名「海壇廟」。它的形式也很細小，祇較水月宮大一些，建在海心的頑石上，約離岸有十餘丈之遙，往返艇資約需一角。惟這個小邱，縱橫倒有百餘方尺，四週巖石錯雜，間有荒草野樹，略為點綴。

一九三〇年十一月十九日

本地風光（一三六）

海心廟（下）

廟之左右，共有茅舍兩所，居者都是漁人。附近有極詭異的巖石。其下水清可泳。

講到風景一層，回首則見紅磡一帶的屋宇及濯濯的土山。東望則見鯉魚門汪洋浩淼，一豁胸懷，它如香島雲岫，太古船澳、牛頭角的山脈，都可辨認。時見三數小艇，遙蕩而來，把這個小小的山影也衝破了，浪裏白條，如金蛇蜿蜒的四放，看起來，頗覺有緻。

去遊這間廟的，渡海至油蔴地，搭四號巴士經紅磡至土瓜環，約在焯利船廠附近下車，一直轉向海濱去，當見它的所在。但這裏沒有甚麼值得一游的，祇要知到那裏有這一間廟，也是無妨的啊。

（中原大俠按）上頭的兩間廟，大主顧中，以蛋婦為多。間有好求神問卜的迷信婦女，千辛萬苦也找着來一跪，然而，遠不及侯王廟香火之盛了。

啟德濱飛機場

今日去遊九龍城的，多知有啟德濱飛機場這所地方了。它是本港政府所設立的，搭有茅舍十數所，中藏飛機約數十架。其餘所佔之曠廣地很廣，大約有半英方里。每日都見多有飛機由這裏出發，至四、五架不等淩空試放，航空約十分鐘左右，即徐徐而下，停一會兒，又再飛起。在下極喜在星期六下午，過九龍城去食蝦麵，常見四座，多為機聲軋軋所引誘，尤其是一輩拖老攜幼的遊者，大驚小怪，……哈，可覘我國婦孺智識之不普遍。

（中原大俠按）從前這裏到過一架機是載遊客的，飛上去僅十分鐘，就取費二十塊錢了。

本地風光（一三七）

重遊大帽山（一）

一九三〇年十一月二十一日

偶在渡海小輪中，一瞧九龍半島以南一帶山脈，自東而西，峰巒錯落，列如屏障。近如九龍山、雞胸山、獅子山，燕檀山、大帽山，歷歷可數。遠的像青山、大嶼山，也可從雲霧裏辨認。尤其是那個大帽山，崇峻雄偉，矗立雲表，更使人作遐想。

我在渡海輪中，每一瞧見大帽山，心裏都不禁為之一動。因為從前我曾一度旅行這裏，而且它又這般詭異，獨出群山，已無形中印在我腦海裏，使我念念不忘。

昨閱報知青年會的旅行團發起在休戰紀念那一天，旅行大帽山。路程是登帽山之絕頂，轉落城門谷水塘而出大埔路。本來敝旅行團也想在那天提早時間旅行這裏的，可是，對上那一個星期日，已登青山絕頂，步行經元朗、坳頭，而至上水，因趕車之故，已跑得異常疲乏，所以到時又打消這個提議。

直至前幾天，在這個星期日（不是敝團的旅行期），我極力提議繼續旅行大帽山之約，結果，除了其他幾位團員未暇同行之外，祇得楊、鄧、布三君及在下四人。

那天晨早八時，我們就在對海旺角碼頭齊集，趁車向荃灣去，至八時二十五分，始抵荃灣，下車領略鄉野之景，和呼吸新鮮空氣，直如得了大解放，樂得我們跳躍起來。

本地風光（一三八）

重遊大帽山（二）

一九三〇年十一月二十四日

暫擱下到了荃灣以後的事，且轉吾筆一述大帽山。大帽山，一作「大霧山」，在新界之西南而偏於中，高有三千一百三十英尺，約高於維多利亞山一千三百餘英尺，為本港最高之大山。其山脈之綿延，縱橫之馳驟，約佔地百餘英方里。西行經白石橋、青龍頭、大欖涌、屯門、籃地、至洪水山止（遙望廈村之大頭山）。北行有觀音山、剃刀砌山、大羅天山、吉水山、轆轤山等。東南行則有針山、走私背山、鷹巢山、燕壇山、獅子山，一路至九龍山、水牛山及馬鞍山等也是它的支脈。

說到形勢呢，其主山很像鄉人所戴的大帽，故叫它做「大帽山」。惟山上很少林木，長草居多，遠望全山一色，雄渾之氣四溢，盤旋起伏，為狀至詭異驚人。至若它的形勢呢，前臨綠水，遠對青衣，遙盼香島、長洲、大嶼山及馬灣嶼等處，山後有城門谷，那裏有城門水塘和針山，都很惹遊蹤。又有城門河之水源，支流凡數，有自懸崖峭壁而下的，有自兩山之間奔瀉而下的，為狀至可觀。在那一邊又有錦田和八鄉及觀音山等著名地點，在那裏又見這條錦田河的來源，紆迴曲折，和城門河差不多，但瀑布及水景，則遠不若城門河了。

話說我們抵荃灣後，就在車站附近找着一條登山之路，行來都是石徑，卻很平坦。過處池沼田舍，繽紛錯雜。忽見路旁流泉涓涓，有鄉人洗菜；再上，又有鄉婦洗衣褲；又上，還有洗蓆的，都同在這一條流水。布君堆着笑臉說，「這真是漫無秩序了」，我也報之以一笑。

一九三〇年十一月二十五日

重遊大帽山（三）

約跑十分鐘，便過天后古廟（在路旁）。略在門外瞧瞧，就復前進。漸覺有些葱翠的林木，傍屋而生，濃密的幹葉，橫伸於石徑上，搖搖擺擺的婆娑影象，滿地的掩映着，習習生涼，心靈為之舒暢。其中有一間四式洋樓，隱於柔枝軟綠間，庭院寂寂，結構雅麗。在這些田野中，可算是新點綴之一。過些就見魯圍村，小屋數十，短垣相觸，近闢田畝，一野黃雲，現已收穫幾盡，祇剩下一堆堆的禾稈，散亂的放在隴上。

那裏居民多屬客籍，「阿嫂呀，這裏是甚麼地方呢？」我們連問幾躺，她也側耳而聽，半晌也摸不着頭腦。後來由旁邊的那一位鄉人代她答道：「魯圍村呀。」魯圍村是最近大帽山之麓的一所村落，我們就要找着適當的路來登山巔。同行的那位楊君，還記得前躺來的舊路，認定自魯圍村左折往的一條山徑就是了。那時所經之路，漸漸覺得有點傾斜了。行約十分鐘，便見路口分歧，從形勢和方向的觀察，遂轉左去，續漸聞着泉聲涓涓，巖石也錯落的偃臥着，間有三數荒蕪的田畝。其環境之枯寂，有些使人沒趣。

跑了一個鐘頭左右，都沒有甚麼發見。所過異常荒瘠，未見多大的林木，即四邊瞧瞧，也是這樣。九時四十五分，我們已在半山了。一望前途，像奇峰突出的拔地起了一株大樹，在這個週遭而論，可算獨一無二了。過些，又見分歧之路口，我們祇認舊路，就向右邊跑。這裏的山勢，很是崎嶇，荒草蔓延，頑石盈徑，跑路倒很吃力，且又曲折異常，認路也覺困難，越上荒草越密，以人少踐踏之故，石徑也漸漸迷沒於荒草叢中，我們幾認不出去處。

本地風光（一四〇）

一九三〇年十一月二十六日

重遊大帽山（四）

那兒，我們就徘徊觀望。忽見左便的山坡，有一條小徑，逶迤而上，直達山巔。但這個山巔，不是大帽山之絕頂。可是，推測一下，它定可直達大帽山之最高處，我們正想折回，跑上這條路去，又見太過費力。我說：「既來到這裏，時候又這般早，倒不如奮勇跨過這個山頭，再認着左邊那個峰跑去，不可以嗎？」他們都一致和議，那就努力踏草叢而上，再過十餘分鐘，又發見一條山路，更引起我們努力，至十時十五分鐘，即抵舞羊山之巔，高有二千二百餘尺。地很平坦，草多石少，就卸下我們的外衣，休息一會。

大家都不客氣地隨意食點生菓。楊君又攜備一張新界地圖，我們一塊兒打開來察閱，遙遙相對的，就是青山之巔。它峻峭之勢，已老早給我們認識了。我又拿起一個望遠鏡，慢慢的觀覽。鄧君說：「這就是大嶼山了，高聳雲表的幾個山峰，也高有三千餘尺啊。」布君從旁又說：「這個就是馬灣島了，你瞧瞧，和它距離不遠的，又有幾個小島。」我說：「是啊，其中近南的一個，就是長洲了，那個是大沽洲，這一個是平洲，大嶼山和馬灣島相距離之海面，就是汲水門了。」布君又說：「呵呵，你瞧在汲水門的那艘帆船，一片江帆，遠影碧空，煙雲縹緲，萬頃茫茫，很是有趣啊。」楊君又搶着說道：「這一個就是青衣了，旁的一個就叫平洲，過些的一個灣就是醉翁灣了。」。把地圖上之青衣一瞧，又見有兩山，一高一千零八十五尺，一高一千零七尺，但俯瞰下去，果見有兩個山峰，其形狀似不能過千尺以上，或者我們居高臨下，就不覺其高吧。

本地風光（一四一）

一九三〇年十一月二十七日

重遊大帽山（五）

「哈哈，你瞧，這個馬鞍山真是崇峻了，最奇的，它的斜坡上，一層一層的田畝，遠望很像刀痕一般。」我一邊瞧着望遠鏡説：「香島倒也看得很清楚。呵呵，海面的船隻和島中屋宇，朦朧裏卻很好看。哈，還見曹君在跑馬地裏踢球呢。」他們聽着，忍不住笑起來。我又移鏡看大帽山之嶺，見有鐵筆一枝，高約二十尺，所謂帽山絕頂，料是這裏了。但，那裏和我們距離還遠，跑去大約要一個鐘頭有多。

到了十時四十五分，我們又繼續努力，所過的山路，更是崎嶇，傾斜凹凸，左曲右折，差不多處處都是。但我們的勇氣，倒能戰勝一切，越跑越覺精神。一到了十一時十分，便抵其中的一個高峰之上。楊君指着那邊的巖石對我説：「這就是前次我們拍照的所在了。」我説：「是呢，前一躺，雲霧很大，呼吸有些不便。但今次呢，天朗氣清，俯瞰遠矚，都沒有遮攔，最好不過了。」説時遲，那時快，我們已越過巖石到別一所在，眼見絕頂不遠，就略在這裏小憩，用些食品，來壯壯行色。我們都喜講笑的，且又不羈，手快口快，如風捲殘雲般的吃去一半，約停了兩個字鐘，又打算起程了。那時的我們，真是像生龍活虎般，所過草木皆披靡，哈哈，風兒也給我們撞得四散！將至絕頂，荒草叢密得很，又生得很高，全身幾被迷沒，有「見頭不見身」之概。其它較短的，也高可沒脛，故此在這裏跑路，確不知自己的腳放在那裏。

一九三〇年十一月二十八日

重遊大帽山（六）

剛在正午十二時，我們就抵大帽山絕頂了。這裏綠草離離，青葱之色，映入眼簾。四周也平坦，中有「三合土」泥填起，高約三尺，至頂則成圓形，中有孔，豎一木桿，高可四尺，其端已受侵蝕而至腐裂了。大抵這是要來指出大帽山之最高處，又離它約卅餘尺之遙，豎一工字鐵，高有二十尺。近腳處有三條鐵支之，成鼎足形，這不知用來作甚麼標記的。

我們以大帽山之絕頂，不易登臨，乃打算作長時間的逗留，各人就放下籐籃，分任義務，佈置一切。「在帽山之絕頂開餐」是不常有的，

從前黃龍大師登峨嵋山之絕頂，說道：「到了這裏，沒有甚麼言說，惟有放聲慟哭，足以當之吧。」我現在既登帽山之絕頂，難道也效黃龍大師之故事麼？你叫我放聲慟哭，平白地放出眼淚來，是難乎其難的。但是，我很想大聲疾呼，姑勿論有人聽到沒有，我又想挺身遠矚，環視四週，以一拓我的胸懷。於是，我便起立，從雲霧間，向浩浩神洲，茫茫大陸瞧去，並且振臂一呼，放聲吶喊：「我親摯的神洲健兒啊，快起來同奮鬥、共同

甘苦，要下一個沉痛的思想，造就一個偉大的人生！」這雖沒有多人聽到，倒可一舒我的幽懷，一盡我的情意。

本地風光（一四三）

重遊大帽山（七）

一九三〇年十一月二十九日

那時，鄧君從袋裏取出一個銀笛來，吹得嗚嗚地響，音高而悲，直透雲表。對面的空山回響聲聲，一似互相答和，肅然慘澹，有如江城玉笛，無限蒼涼。可是，那種笛聲，若在城市間有之，定招警察的干涉，無事吹之，即犯港例。惟現在鄧君在高出雲表的帽山之巔行之，當可任意吹之，至再至三，也沒有人來干涉，所謂逍遙法外，大率相類。

楊、鄧二君，走上三合土泥躉，並肩站着，這時他們還比大帽山高出三尺，惜不能再進一步的走上木桿之端，若然，則再高不過了。我和布君則俯瞰錦田一帶，布君說：「那條像長蛇般的路，大約就是由元朗直通上水的了，你瞧，一路林木，遠接江天，真是幽趣啊。」我不待他說完，就拿起望遠鏡瞧去，說道：「是啊，那邊僅能看見近巔一截的是青山，過些見有峰似娥眉般的是大頭山，附近一帶的田野，就是廈村和屏山了。啊啊，一池一池的水光，雜以古隄煙樹，屋宇雲連，田野錯落的，那就是元朗了。過些，就見一個小邱在轉角處挺出，叫做蠔殼山了。這裏就是坳頭，去上水那條路，就由這裏轉出。折入來的一條，則直通錦田和八鄉等處。哈，近粉嶺這間紅瓦白牆屋，看得很清楚，而且它的色澤也很鮮妍可愛。殷紅的屋瓦，間在萬綠叢中，真是別饒一種風緻。」當我放下望遠鏡時，楊、鄧二君已老早走近我的身旁，布君隨就轉接我的鏡去瞧，堆着笑臉說：「是啊，是啊，你說的倒不差，元朗真是看得玲瓏，那邊上水和粉嶺，也認得很清楚，哈，直達深圳的鐵路，彎彎曲曲的好像直上雲間去似的」。

本地風光（一四四）

重遊大帽山（八）

一九三〇年十二月一日

「這個是八仙山嗎？」鄧君這般的問，我答：「是啊，山後就是新娘潭了」。鄧君又說：「然則由新娘潭折出粉嶺的和坑，是可以做到嗎？」我答，做得到的，由新娘潭經烏蛟田村而至和坑，約行一小許就到了。楊君說：「將來我們由大埔墟去新娘潭，然後轉出和坑，再折往粉嶺搭車而返（和坑離粉嶺約四英里）也是很好的。」我說，這條路程很好，我倒十分贊成。當着我們打話那兒，布君驀地向我肩膊一拍，喊道：「那伸出大埔海的半島，就叫船灣麼？」我答：「不是，半島以北的地方才叫船灣，東去就是汀角，遠些瞧去，由八仙山之麓而伸出海的一個山，就叫牛坳。」

我們瀏覽一回，翻身打點地下放着的東西，提起籐籃，漸向北降，僅窺見觀音山之巔時，又移我們的視線到北邊去。

那輕輕的白雲浮着天際，直把深圳以北的地方，半點也看不出來。隱約間瞧見的深圳河，像一條曲折的長線走上白雲去。潛在東北角的梧桐山，朦朧裏認出一些。

在下午一點二十五分，我們就打算向城門谷進發，共同奮起落山的精神，預備和一般野草、叢石、斜坡相對抗。俯瞰下去，遠遠望見數間白屋，又見針山，認定那裏是城門谷，撥草找路，但到底都找不出落山的泥徑。左曲右轉，始模糊底認出一條草路，草皆向下偃臥，像先前有人由這裏溜下，取捷徑而降一般。不銷説我們也溜得一個暢快，人們溜冰，我們溜草，雖是有點危險，卻得一個別開生面的頑耍。

一九三〇年十二月二日

重遊大帽山（九）

那知越降下去，越覺崎嶇，山坡也異常傾斜，站起來跑，是萬不能的。為安全計，不得不慢慢地溜下，一手捏着長草作力，一步一步的降去。過了一個鐘頭左右，仍未找得泥路，我們見離城門谷不遠，本着「有進無退」的精神，放出落山的本領，努力掙扎，和前途的險阻爭鬥，到二時四十分，瞧瞧兩旁，已見數條流水，自山間奔瀉而下，頑石錯落，水勢和緩，涓涓作響，這就是城門河的水源了。

沒一會兒，就抵平地。但是，仍然找不着去路，衹好認定方向跑，忽見有些圍牆，蓁莽荒穢，頹垣半倒，這樣看來，想是離人家不遠了。再跑，又見一株剛斫去半截的大樹，附近又放着很多松木，那麼，想城門谷的居民也正到過這裏沒多大時候了。

一路行來，穿林捫草，忽見前途沒有去路，相與詫異起來，正在徘徊之際，見右邊陷下去的荒田，很像有路可通，我就自告奮勇，先跑下去，探究竟。那知一跳，已有四尺多深，草長及腹，四面瞧瞧，就略向左折，以手招布君等來，他們就先後尾隨。我行了約十數武，覺四週的枯草，梗阻去路，略事排撥，驟聞草裏沙沙作響，我有點驚奇，留神一看，約離三尺之遙，見有黑質白章的長蛇一條，盤作一個英文小草 e 字般，定睛看時，它又稍稍轉動，我見不是好相與的東西，喊道：「蛇呀蛇呀，你們快快跑回去！」他們不聽猶可，聽了便發足狂奔，我也急急的跳上原路，一溜煙的折回，左衝右撞，哈哈，果然因禍得福，踏上一條很平整的泥路去。

一九三〇年十二月三日

本地風光（一四六）

重遊大帽山（十）

說起來也覺好笑，我們經了這場恐怖，相顧愕愕。我說：「雖是危險，但多了這一番閱歷，確是值得，究竟你們的腿軟不軟呢！」他們都堆着笑臉說：「吁，危險呀，危險呀，給它噬了一啖，還堪設想麼」。哈……哈……哈……這是那時我們受驚後的表示。

漸漸來到城門谷，經過一所已遷去的村落，屋宇井然，惟渺無人跡。瞧瞧其中一間，斷瓦頹垣，炊爨器具，狼藉地上；仰視屋樑，蛛網塵封，就是屋前的餘地，也堆滿零碎的敗瓦，殘葉枯枝，錯雜其間。昔為共話桑蔴之地，今成瓦礫之場，憶曼殊上人譯〈去國行〉有「吾家已荒涼，爐竈無餘煙，牆壁生蒿藜，犬吠空門邊」句，一種淒涼遺跡，一像為此而寫，令人起滄桑之感。

再跑，才見三數人家，但環境蕭索，有點沒趣。且對山又放火燒草，「迫迫逼逼」之聲，不絕於耳，更增其淒涼了。至四點十分，抵城門水塘，水色異常清潔，四週又有明渠自山間引水而下，凡一澗一泉，都設法引流而至水塘或山腰之明渠，所以所積水量極廣，是供給九龍半島居民食水之唯一機關。水塘而下，懸崖峭壁，詭異驚人，是本港山間所僅見的。

我們過了波蘿坳，見時候不早，不敢折往石梨，背水塘而轉出大埔路，調轉路線向葵涌去，因為要貫徹我們旅行旨趣，仍跑路而回，抵油蔴地時，已七點多鐘了。

（中原大俠按）大帽山雖是本港最大之山，但林木極疎落，所以絕少野獸山禽之類，遊者稱便，又「帽山俯瞰」是本港十景之一，在天朗氣清時，登其絕頂，倒有「萬里山河收眼底」之快。

一九三〇年十二月四日

橫洲（一）

那天，我過元朗，信步經合益街市面折往舊墟，路經長堤，見細碎的紅泥和幼嫩的青草，雜在堤上，頓成一種嬌妍的素色。而兩邊的池影，平滑如綠油，知趣的風兒，輕輕地吹來，便微微的綯起波紋，蕩漾得有緻，倒像堆着笑臉迎人般，那有情的微波，怎叫我不感激。

一壁瀏覽得暢逸，江中雲影，遠樹扶疎，已靜悄悄的把我的神思攝去，那迎面而來的村夫村婦，祇覺幢幢的掠我身邊而過。

到長盛街前，見道途湫隘，遂轉向左邊去，繞池畔而行，漸漸覺得靜些，就站在樹陰之下，臨江遠眺，遙遙對望的是一個小邱，傍邱而立的有數十間小屋。近后海灣的一角，又見着一座新式樓宇，獨出群屋之間，巍然矗立，我想那裏定會有點風景足以暢我遊思。正好舉步之際，忽來了一個鄉人，就乘勢問他：「老哥，那遠遠望去的一帶屋宇，是甚麼所在呢？」

「哦，就叫做橫洲了。」他答，我又問：「打那條路去的？」他答：「由這裏轉回新墟，跟着屋邊那條堤左折，跑上泥路，過這度板橋，就抵其地了。你瞧，這一堆人沿堤而行的，就是往橫洲了。」

我就依着他的說話跑去，約十分鐘，便抵那度板橋。時潮退泥淤，水流若泉，有五、六艘小艇，傍岸而泊，至潮漲時，板橋也沒於水裏，小艇就渡人來往，每人取費一、二塊銅圓而已。

本地風光（一四八）

一九三〇年十二月五日

橫洲（二）

行盡了橋板，就抵橫洲，迎面有座社稷壇。左去，樹林陰翳，涼影播地，附近放了幾艘長約二丈的龍舟，村童嬉逐其間，別見風趣。

一路向前跑，村居將盡，野田茫茫，便繞道折右，向村裏跑，所過的小巷，卻整齊不過，屋宇相接，井然可觀。沒一會兒，就見一間古廟，面曠地而立，其門題着「二聖宮」，裏邊門懸的橫額寫道「山高水長」。再進，中是露天的曠地，跟着的一廊，橫額題「闔鄉藉福」，裏頭正中便是神座。前面放了一張檯子，左邊站着一個高約四尺的木偶，一手執筆，一手執紙；右邊也站了一個，它是握木槌挺胸凸肚，面目猙獰，像要想攫人而噬的夜叉。

廟之兩旁，則堆滿了水車、犂耙等農具。我見沒有甚麼可供遊覽，翻身跑出來，一直望着后海灣那邊跑。瞧見先前的一座大廈，它的門首題道「娛苑」，聯云「娛覽遠山青入畫，苑環嘉樹綠成陰」。略在門外一瞧，見裏邊搭起竹架，三數工人，正在忙着修整。

我見正門闔着，不敢亂進，但很想一瞧這裏的佈置，看看有甚麼亭臺樓閣，以飽我的眼福。正在焦急的當兒，回首見一五十許人，瞧着我，站在小屋前之曠地，漸向着我而來，至圍牆而止，欲言而囁嚅般的堆着笑臉對我，我快跑上前和他打話，就問：「先生，這間『娛苑』是那位的別業呢？」他答：「是蔡寶田的。」我問：「先生，高姓大名呢？」。他答：「『蔡寶田』。我忍不住笑起來道：「呵，說也好笑，見面也不識，還要別的問訊，那知近在咫尺的，原來就是蔡先生，真是巧遇了。」蔡君也笑起來。

一九三〇年十二月六日

橫洲（三）

蔡君很喜歡地引我入內，踱進一所小廳，就請我坐下。我見他這般慇懃，遂不客氣地卸去外衣，大家圍桌而坐，說了些客套話後，他又叫僮役備汽水餅乾以進。

談話中，我知蔡君是極端好客的，且是一位慈祥的忠厚長者。我瞧瞧這裏的佈置，雅潔整齊，中西兼用，窗明几淨，鳥語花妍，令我忍不住叫一句「好」！

蔡君是本港殷商，先世居洛陽，後遷寶安縣的南頭城。至他的近祖，始下居橫洲，遂落籍這裏。當清光緒末葉時，他作賈於小呂宋，值李鳳歧組織同盟會，該地華僑踴躍加入，蔡君也感於時代之遞嬗，政局之改革，是不可緩，所以也加入同盟會，替民眾謀幸福。至民國鼎革以還，才少週旋於時局了，然而，他很努力造福社會，又極關懷桑梓，對於若祖若母、乃兄乃弟，尤心竭愛盡恭，聽說這間「娛苑」，是特建以養侍慈母的。那知建了未久，她就作古去了，致室邇人遐，言下有些太息。

苑裏的二層樓上，正中大廳，除陳設一些客椅堂桌外，又設一所神位，顏着「餘慶堂」，以供奉他的先祖。蔡君說：「這點東西，不外作為紀念，使永誌不忙，慎終追遠，一盡為人子之責而已。然擴而言之，則我國民族精神的團結，也自家族的團結始，家族的觀念，當要懇切。對於乃祖乃宗，當要不忘，至於一切閭里的應有認識，像濟弱扶弱呀、興廢繼絕呀，更要盡責，使我民族發達，共進光明之路。

本地風光（一五〇）

一九三〇年十二月八日

橫洲（四）

後來，蔡君又堅留我用午膳，弄了幾味海鮮來。魚是自養的，蟹也肥美。我本不是酒客，但這樣餸菜，都是宜於下酒的，勉為其難，也飲了一些。席間又說了許多時事，淺斟低酌，興趣盎然。量淺如我，真快要微醉，但醉了之後，更覺暢快，打話更來得高興，幸而蔡君也不以我年輕見棄，從不裝着長者尊嚴的面孔，反活潑地說東話西，絲毫沒有拘束。哈哈，大約閱者看到這裏，也會說我太不客氣了。

我隨步走出騎樓一望，遠見大帽山，正隱約的潛在雲霧間，元朗舊墟的田園村落，盡收眼底。轉看后海灣，一碧茫然。所謂「江山之外，歸帆沙鳥，暮雲煙樹」，髣髴似之。

蔡君又帶我去看看屋後的石井，他說：「這個石井，是費了許多工夫才找得來的。在先，很多鄉人都不信這裏有水，因為地既近海，且少山脈，我就不以為然，堅說這裏一定有水。後來，掘了三十尺深，果見水源涓涓而出，我們就狂喜不過。現在我又從美國運來這個泵水風車，使井水直透上屋頂之水池（他一壁說一壁指着這個高聳雲間的大風車），以便運到屋裏浴室去。而這個井，都是任由全村的人到來取水的。」

石井之左，建一小屋，內裝配製電器具，以供全屋電炬之需求，所費不資。但是，在鄉野之間有此，真是利便不過。

本地風光（一五一）

一九三〇年十二月九日

橫洲（五）

從石井之側越圍牆而出，右望，茅舍數楹，柴扉半掩，籬迴樹陰，野遠庭閒，落落有幽意。左折，一路殘葉鋪地，日色透綠叢而入，光線掩映草徑間，我們跑着的步履，微觸落葉，簌簌的響，破了綠林深處的沉寂。

那時，蔡君先導，我隨其後。跟着我的，又有一個童子。蜿蜒而行，來到一曲流水，響若鳴琴，但四週林木葱蘢，交柯低垂，衹得傴僂而過。快樂的鳥兒，歌着細碎的曲調，頻頻的送進耳鼓裏，好叫我豔羡他們大自然的舒暢。

綠陰盡處，就見一所菓園，縱橫數百株，排列如雁行。蔡君指着那邊對我說：「那是柳樹甜橙，這是金山擰檬，它的種子都由原地購來的。」行近一瞧，檸檬纍纍下墜，都是青圓形，如市上所售。惟未成熟，色青帶微黃，撫之，異常堅實。又轉過去看看甜橙，大的如拳，間有可食的，大約一個月後，當能一快朵頤。我們左穿右插，又來到種潮州柑的地點，株株菓實纍纍，與甜橙等。最高的不過四尺，但為數獨多，幾位菓園的四份一。蔡君又指着一株樹說：「這是南華李了，菓種確在韶關取得來的，大抵來年五月間，便可一試。」

我們不斷地跑上跑落，穿插於菓林裏，真覺有趣。剎那間又走到菓園近西的一邊，回首便見一個長形的小邱，我問蔡君：「這個叫甚麼山」，他答：「它叫象山」。又來到一株楊桃樹前，蔡君說：「這株楊桃樹，曾經斫去一截，現續上去一截，你瞧，這裏的駁痕，仍看得出，聽說這樣種法，所出的楊桃，更是甜蜜。」

橫洲（六）

一九三〇年十二月十日

蔡君又說：「這所菓園所用的肥料，概用生麵。我雖初學為圃，但很想所出的菓品，得着好的成效，特地聘人加意栽培，看看能否和市上所發賣的相媲美。像檸檬一種，試看其所出的，可與舶來品相抗衡不？沒論怎麼樣，我們都要設法改良種植，務使日臻完備，藉以發展我國農品，這是我的素願。」我說：「像先生這樣說，真使我欽佩極了，然則先生有參加新界農品展覽會嗎？」蔡君說：「有的，我也是該會委員之一。」我說：「呵，原來這樣，無怪其然了。」我又問：「這裏還有荔枝樹不？」他答：「有啊，糯米糍和桂味也有。」我說：「糯米糍都有麼，呵，這更好了。錦田一帶，也有很多荔枝出產，但最好的，都不過是桂味一種吧。」

後來，他又隨便擷了幾個檸檬橙和柑送給我，我欣然受了，以作紀念。

聽說橫洲這所地方，居民多數業漁，捕得魚蝦，均運出元朗墟發售。又有種蠔的，其法，先將蠔殼，放在后海灣沿岸的沙灘上，使潮水湧沒。五年後，方有大蠔。但鄉人輩多陸續播種，故在一年中，可收穫幾次，每次必有數千擔，出產很肥美，取值遂昂，故此獲利很豐。可是，以種蠔為業的，不止橫洲一所地方，而廈村、念灣、屏山一帶，都是這樣，出產更為豐富。年中運來香島發售的，不可勝數，這是新界有名的出產云。

（中原大俠按）闢地成廬，以息塵事掌鞅的暇晷，設菓園，以發展農品；濬石井，以利鄉人。像蔡君這般的造福桑梓而又扶掖社會，確是可敬。

本地風光（一五三）

一九三〇年十二月十一日

馬油塘（上）

自九龍牛池灣向東行，過安老院前，循山經逶迤而上，抵九龍山之大麓，路漸向北轉，右望，古松參空，濃陰翳道，回首一瞧九龍半島，宛然在望，那條太子路，正橫跨半島之腰，遙看去，很像由昂船洲透來般。

三十五分鐘後，便至分歧路口，左的，直通蠔涌而至西貢；右的，則可達馬油塘、鯉魚門村、將軍澳、孟公屋、井欄樹及坑口。

右便那一條，是叫晏打臣路（一九一三年築），去馬油塘就要打這條路去。所過頑石載道，很是崎嶇，且日久失修，還覺不齊整，間有虎草，夾路而生。枯樹寒林，相映荒涼，又五十分鐘後，始抵馬油塘村。

全村屋宇不及二十間，皆面南而建，中分曾、李、朱三姓，各設宗祠，陳設平常，無甚可述。中有維新學校，主教的是曾凌歐君。

當作者到遊這裏時，緩步面行，正想轉往將軍澳，不期迎面來了一位穿長袍的老叟，紅顏白髮，精神矍鑠，舉止安詳，一見我，就作微笑。那時，我忽想起經過維新學校門前所見的紅條，就信口問：「老伯，可是曾凌歐先生嗎？」他連聲笑着應：「是，是，是」。哈哈，這是我白撞得來的。

他堅請我到他家裏坐，我認為有趣，就隨之而行。祇跑了數十武便到了，坐下，覺屋宇敞，廳堂舒適，兩旁擺列的几椅，和壁間懸着的畫聯，古雅雋逸，絕不類村落間所有。

本地風光（一五四）

一九三〇年十二月十二日

馬油塘（下）

我說：這裏真是雅逸」。曾君說：「不見得，村落地方，還是蓬門陋室吧。」我問：

「閣下主教的維新學校，想桃李滿門了。」他答：「現在僅得十來個學生，他們都是本村的人，最高的只四年級，不外盡初小訓蒙的職責吧。」我說：「像這村而論，居民既不甚多，有了這般成績，卻是很好。然則這裏的居民，是在那個時候到此落籍的呢？」他說：「最初是由廣東五華縣來的，至今已有百餘年了，即現在我住的這間屋，傳到我已七代了。」我見時候不早，要趕往將軍澳，就興辭而別。

（中原大俠按）那條村之側，就是「廣寒林」。樹木之鬱，是本港所罕見的。又從此東行，可達鯉魚門村。

將軍澳

由馬油塘東北行，見有山徑二，跑上左路去，落山盡處便是將軍澳。需時約半句鐘（若向右路跑，則經蕪湖村，轉一大彎曲，再行很久，方抵將軍澳，需時則要一個鐘頭。）那裏屋宇不過二十餘間，以陳姓居多。全村枕山面海，有些像八仙嶺下的涌尾（村名）。東部有大溪，自山間緩流而下。近屋處，萬綠交蔭，鳥語嬌圓，景至幽媚。又有水喉一條，建於溪上，遠自山裏伸出，直達於海，長凡百餘丈，水自喉孔而出，源源不絕，抱注海裏，大約是備以為一般漁船取用的。

西部近海灣處，沙石獨多。有漁父在這裏結廬下網，每一次起網，可得「沙顯」魚二、三十斤不等，有時整天衹得三數斤。每斤售價二角餘，聞多運往九龍發賣，也足自給，漁父生涯，都算不薄。

（中原大俠按）將軍澳東行，不遠便抵井欄樹村。東南去，也可通尤魚灣村，折往坑口也是很近。

一九三〇年十二月十三日

本地風光（一五五）

坑口（上）

出鯉魚門外，北望，就是佛頭灣。灣之左右，層巒疊障，起伏綿延，形勢雄壯。左邊有黑山之來脈及惡魔山之懸崖，右邊有高佛頭山和田廈山，山勢之詭異，一像佛頭，一像筆鋒，拔地而起，高奔雲漢，高逾千尺，為鯉魚門外的一種奇觀。

灣之盡處，又分作兩小灣，如丫字形，左是將軍澳，中是尤魚村，右便就叫坑口了。

坑口是新界東南岸的小村落，前臨佛頭灣，後枕剃刀山。東部有清流自山而注於海，流旁築牆成坑，因叫這裏做坑口，全村居戶約三十餘家。望衡對宇，中間小路，砌以泥石，參差不齊，且不甚整潔，蒼蠅相逐，驅之去而復來，令人難耐。又有小商店，營雜貨居多，以油草為大宗，因為東駛的漁船，及返，常寄碇這裏。他們要油草來燒船底，烘之使乾，有如入澳修葺一樣。

茶樓酒肆，昔有新月、冠珍、漢香樓三間。新月和冠珍，都有茶麵酒菜，現已歇業，祇得漢香樓一所，地方簡陋，且沒有麵食。但近海一角，推窗遠矚，一碧漣漪，萬山環翠，景致可人，近而看看海濱繫渡，桅檣倒影，有時遠處歸帆，微衝細浪，也覺令人有些陶醉。

村內一切公事，俱由街坊值理擔任。嘗設貧民人壽共濟會，旋因會費繳納解續不清，間有稽延，致礙進行。今會址猶存，惟沒有繼續辦理，無形中已自行了結。其鄰有明淵學校，從前又有軍揚學校，現已拆卸了。

本地風光（一五六）

一九三〇年十二月十五日

坑口（下）

村東有天后古廟。榜人多迷信，這所廟不啻為他們求福之好去處。廟前設石獅二，門聯云：「惟德動天，自昔原居坎位；撫我則后，至今其仰坤儀。」（平凡無可取，錄之存實而已。）廟內正中，則為神座。其前又有兩木偶挺立左右，皆裸體，一握潤斧，一握掩月刀，目圓睜，烱烱有光，說是護駕的大將。廟之左右，各放着一艘長約四尺的漁船，桅帆俱備。好奇的我，徘徊細察，覺它沒有一點不像真的一般。適有童子站在門邊，我問他道：「這兩艘船要來作甚麼用？」他答：「是阿媽用的。」（按阿媽即天后之俗稱），使我忍不住發噱。

在壁間又發見紅柬一張，寫着「凡各船艇灣泊本灣烘船，訂明拖船收銀二毫、中罟船收銀一毫、艇仔收銀五仙，歸入天后宮費用，本街值理啟」等字樣。

講到交通方面，每日有大電船一艘，由筲箕灣來，往返凡三次。計由筲箕灣開早七點、十一點及下午三點。自坑口返早八點半、十二點半及下午四點半。船行約四十分鐘，每人取費一角半。又在該村山後的某灣，有船帆去西貢，每人舟資二角，遇順風時，一個鐘頭左右便抵步，搭客以附近鄉人居多，不能抵受風浪的，就不宜搭這種船了。

（中原大俠按）坑口在十幾年前，都是這般，至今沒有甚麼變動。祇把這個石碼頭，改建得齊整些。東部有山徑可通上陽、下陽等村，大廟的所在，也可找着。自水坑向東跑，環繞高佛頭山面回，需時約三點半鐘。

一九三〇年十二月十六日

佛頭洲

約離坑口之南三英里，和田廋山隔一衣帶水的，有小嶼名佛頭洲，面積縱橫約有六百餘方尺。洲裏有小邱，高廿餘尺，綠草蔓生，蒼翠綺麗，倒影佛頭灣海中，淺藍浮青，活碧劃璃，恍若美人臨鏡理鬟一樣。

聽說當前清時代，政府曾在這設有税關，現已遷往三門。所見的，衹有四間小屋。居民皆葉姓，就近闢地成畝，自食其力，很像避世桃源。

想去遊佛洲頭的，可自坑口僱舟前往，所費約五、六角，歷一小時許方達。

（中原大俠按）那裏風景很好，遙望柴灣、鯉魚門、惡魔山、柴灣山等處。雲動山移，天空海濶，是好一幅天然畫圖啊。

涼茶店又多一種招徠法

近年來，本港市面陸續新設很多涼茶店。他們為招攬生意計，不惜重資，點綴璀璨堂皇，播音機、留聲機、新聞紙、女招待，應有盡有的力謀發展，或站在舖前大聲疾呼，以引動過客的觀聽。像這種種，凡屬涼茶店都不約而同了。近查對海旺角上海街有某涼茶店，特設粉牌一面，專在星期六夕，報告足球成績。尤其兩華隊，甲組也好、乙組也好，有聞即錄，務應一般有足球迷的顧客之需求，這種招徠法，可算是別開生面。

（中原大俠按）僅費一塊銅版，便有報紙看、有曲聽，還有體育消息看，這種平民化的商店，也可作別的娛場所矣。

本地風光（一五八）

一九三〇年十二月十七日

荔枝角

荔枝角在九龍區域之西，其地極少屋宇，觸目多是工廠、火油井、建築場及煤廠等。中有荔枝角監房，建於山之大麓，近闢田畝，督犯人治理。過些，便是梅江旅館。極西，就是荔枝角海浴場。當炎夏時，士女翩然戾止，倩影臨流，緣渡生趣，都極一時之盛。

（中原大俠按）荔枝角監房之側，夜來異常僻靜，前聞發見老虎之足跡，嘗載於港聞欄，想其地鄰於大山，澗多草長，事或可信。

長沙灣

荔枝角東行，便是長沙灣。那裏屋宇，較荔枝角多些，近海一帶，最多船廠及排廠。若在海濱小立，遙望昂船洲，那三枝高聳的無線電桿，迷離的香島，隱約的風帆，都有些使人意遠。北部則近鷹巢山之麓，多田園村舍，有鄭屋村、夾石尾村、隔坑村等。

（中原大俠按）近年長沙灣填地很多，現給軍士駐紮。

深水埔

深水埔較長沙灣荔枝角兩地，繁盛得多。其地屋宇林立，街道整齊，近且新建很多樓宇，新闢很多街道。如黃竹街、楓樹街、大南街等，雅潔幽靜，極適居停。惟大酒市及大商店，則寥寥無幾，故晚間電炬之輝煌絕少。影戲院僅得一所。其北近山，有白田村、蓁園、馮園等，又有大塘，現正忙於填塞，東去是大角咀，東南行是福全鄉。

（中原大俠按）深水埔的新樓，像在荔枝角道一帶，每層月租不過二、三十塊錢左右，地方寬敞，街道廣潔，很多人都不嫌跋涉而遷居這裏。

一九三〇年十二月十八日

油蔴地

在九龍區域中，油蔴地要算最富庶和最繁盛的所在了。查該地向分為三部，西是旺角，中是油蔴地，東是官涌。近七、八年，市政之設施，樓宇之建築，蓬蓬勃勃。就今日的彌敦道而言，從前不過是一條山徑吧，現已闢為廣濶的朧青路。由尖沙咀直達深水埔，長凡數里。且兩旁建了很多新式洋樓，樹木也夾道而生。一般街坊汽車，常川往還，頓呈繁盛之象。至於上海街，商店林立，到了晚上，萬火爭輝，人頭洶湧，踵接肩摩，絡繹不絕。其熱鬧之處，有如香島皇后大道般。

又吳淞街、廟南街一帶，楚館秦樓，群鶯亂飛。三更燈影，十里鞭絲，又不知顛倒了多少走馬王孫，墮鞭公子。但在晚燈初上時，即見不少憐香惜玉之人，狂蜂浪蝶之輩，交頭接耳也有，徘徊這裏也有，盡態極妍，真是蔚為大觀。

至於財神小廟，在某酒店大興土木時，意料必難避免波及了，那知如今依然無恙。還傍着那條石柱，掛上了很多牌匾，正中設的這個神位，爩得面目黧黑。晚間，大主顧來得高興一點，廟祝真是應接不暇。聞到這裏求票的，每位要收香油銀一角。

相傳上海街某生草藥店，其門右有頑石一頭，自牆角挺出，當初建這間樓時，坭工爆之，則非死即病，至今仍沒有人敢去之云。這是神話，不足取信，姑妄言之，姑妄聽之吧。

（中原大俠按）油蔴地現有屋宇，租值多甚廉。以經濟關係，遠道自香島遷來的，不知凡幾。很多人說：「這裏地廣人疎，樓居寬敞，且沒有斜路，交通又很利便，故樂得遷就」，我也深以為然。

本地風光（一六〇）

一九三〇年十二月二十日

尖沙咀

尖沙咀原名九龍角，據九龍半島之極南，和香島相距約一英里，是來往對海航線最短的。有天星汽輪，日夜往還不絕，每隔五分鐘，即開行一次，約行八分鐘，便達彼岸。其辦理之妥善，早為港人所讚許。又在碼頭前，來往九龍城、紅磡、油蔴地、深水埔、九龍塘等處的街坊汽車，皆雲集那裏。而廣九車站，也離碼頭不遠。

那裏居民，不像油蔴地這般稠密。祇在廣東道、海防道、北京道等處，可找着多少商店。河內道、漆咸道一帶，多壯麗的建築物，像半島酒店，樓高十數層，佔地又廣濶，即渡海時，也可遙遙望見，有若對海的「象牙之塔」般。附近多異國人居停。碧紗窗頭，玫瑰樓西，到萬籟沉寂時，道上三數行人，瓦斯燈影疎疎，沉遠悲切，好叫過路人有「行不得」之想。

近海有九龍倉，所有舶來品，多存貯這裏，然後轉運各處。對開有大碼頭，以備一般皇后輪和總統輪的灣泊。橋上常見有人垂釣，每日所獲都七、八斤，中以泥鯭魚為最多。近着這裏的小邱上，有時球臺、天文臺，本港一切氣候，皆由這裏測視得來的。

(中原大俠按)漆咸道旁，有九龍球場及兒童遊樂場，地瀕海濱，平望遠眺，海天如畫，若紅磡，筲箕灣，鯉魚門，七姊妹等處，都瞭然在望。由官涌柯士甸道尾經廣東道去尖沙咀，路程最短，約行十分鐘便抵步。

本地風光(一六一)

一九三〇年十二月十九日

紅磡

自香島乘輪去筲箕灣的，必先至紅磡，然後折往西灣河。即來往九龍城、油蔴地、尖沙咀等處的街坊汽車，也以紅磡為中站，則紅磡為對海重要市區之一，可見一斑了。年來這裏沒有甚麼發展，街道和屋宇，都比十年前不相上下。

海濱多大船澳，能容納很多工人。故汽笛響時，魚貫而出的，絡繹不絕。東有中華電力公司，西有某織造廠及汽車場，規模宏壯，為全區點綴之一。

北部設觀音古廟，鄰有公所，是街坊辦公之處，其左鄰又設醫所，贈醫施藥，造福貧民。

蕪湖街中有數商店，以製荳腐乾名於時，雖不是上乘食品，也是該地土產之一，所以港人到遊的，多喜購歸多少。像現在圍爐驅寒，有這東西佐饍，忒是佳品。

（中原大俠按）每年觀音誕，紅磡街坊，四出醵資，在西部近海的曠地，搭棚演戲，張燈結綵，絢美且妍。小販也聞風而集，一時遊人擁擠，倍形熱鬧，與舊歷除夕的蘇杭街無異。這樣迷信積習，差不多是我國人的劣根性。吁，崇拜無謂的木偶，勞神傷財，不是我革命民眾所應有的。

土瓜環

土瓜環一地，現正從事開闢，所有樓宇，多是新建未久。間有每層樓月租低至六、七塊錢，仍沒有人過問。因其地遠不及紅磡、油蔴地這般繁盛。近海有卑利船廠，及最宏偉之建築工場，其運石之汽機，若行經土瓜環道的，常映入眼簾去。

（中原大俠按）這裏有一間心光書院，是教盲人織造的。

一九三〇年十二月二十二日

本地風光（一六二）

九龍城（一）

稍注意新界以南的海岸線，當見有兩個較大的海灣，一是佛頭灣，一是九龍灣。佛頭灣遠在鯉魚門外，僅得將軍澳、坑口、和田廈這幾條小村。而九龍灣則有土瓜環、九龍城等市區，又和香島相距不過兩英里。就交通上來說，水陸都便，故現在所說的九龍，當不是坑口等地方所可比擬。

考九龍城在宋代，原名官富場，今港人多簡稱之為九龍。其地形勢很幽勝，前盼九龍灣，江水漂渺，萬頃茫茫；後枕獅子嶺、雞胸山及九龍山一派山脈，蒼翠詭異，列如屏障，時巖壑雲飛，林表霧斂，尤足增山居的雅興。

近山麓一帶，自西而東，村野繽紛，田畦錯雜，共分為打鼓嶺、石鼓壟、瓦窰頭、九龍城內、龍舟井、鶴老村、蒲崗、沙堡、上元嶺、鑽石山及牛池灣等村。近海的則多建樓宇，像城市般。街道如西貢道、長安街、啟仁道、啟德濱、太子路、九龍城道等都很整齊。而啟德濱一帶，洋樓獨多，蒔蘭藝菊，紗碧桃紅，別饒風韻。

啟德濱之西，設警察局。門前闢草地，放有大礮四門，繞以鐵鍊。而向海那方，直出，便是九龍小輪碼頭，是來往紅磡、香島及這裏的。從前每隔一小時開行一次，今已歸油蔴地輪船公司接辦，大加改良，約每隔二十分鐘便動輪一次。聞將來更求刷新，務使利便來往搭客云。

中部，自蒲崗村起，築一水坑，引流而注於海。其旁，有中華製麵廠及啟德濱飛機場。這裏至牛池灣止，填地甚廣，近北的西貢路旁，又有江夏田廬，結構倒不俗，為黃廣田君之別業。

本地風光（一六三）

一九三〇年十二月二十四日

九龍城（二）

這裏最使人注意的，就是那個宋皇臺。它在西南海濱的一個小邱上，共有大石三頭，相依如品字形。在上的一頭，較為大些，高約八、九尺，縱橫都百餘方尺，一邊刻「宋皇臺」三字及「清嘉慶九年重修」等字樣。石堆中有隙，可通人，四週又圍以石欄，欄外綠草萋萋，荒山寂寂，總會撩人愁思。

（史記）「宋行宮有四，一在新會縣水崖，張世傑奉帝至此，宮後為慈元殿，奉楊太后。一在中山縣南沙涌村，端宗駐蹕於此。一在新安縣梅蔚山，一在新安縣官富場」。又載「至元（元世祖年號）十三年四月，帝昺避元兵追擊，逃至官富場」。

相傳今宋皇臺側之上帝古廟，即當日行宮之故址。而宋皇臺之片石，就是那日帝昺棲遲之所在。按至元十三年，原民國紀元前六百二十三年，至今已很久了。吁，紅羊幾歷，帝子魂哀，偶一登臨，便感造化之滄桑了。

登宋皇臺的，一自譚公廟側面上，路稍崎嶇。一自上帝廟側而入，經小村，拾級而登，至半邱，見有石門，惟沒有題額，再行十數武，便抵其地。

閒坐石欄上，俯瞰九龍城全景，歷歷如繪，那邊一片汪洋，平靜如鏡，清風也不絕地吹來，頓把一切愁懷都拋向九霄雲外去。故在春秋佳日，極惹香江士女之流連。

在晚間，臺畔很多燐火（俗稱鬼火），多至六、七十點不等，往來閃爍，迅若飛星，忽而臺畔，忽而臺畔，狀至奇觀。

九龍城（三）

一九三〇年十二月二十五日

宋皇台之西北，馬頭圍村之東，有小邱，現建教堂於其上，相傳這裏昔有楊淑妃之女晉國公主墓。公主溺於水，土人另鑄金身以葬之。顏「金夫人墓」，以示景仰之意。其旁又有義民耿迎祿之塚，耿是何許人，不見於史乘，現在兩墓都已湮沒了，無可證實。

九龍舊城之西，有侯王廟。說是祀宋末忠臣楊淑妃之弟亮節侯。楊曾練兵於九龍寨城，生時封侯，歿後封王，遂尊稱之為楊侯王。廟很狹小，惟香火極盛，廢曆春正月，到參神的，尤為踴躍。說是很靈驗，也不過一般迷信婦女揣測之辭吧。

廟後有石，挺立如屏，離牆約一尺許，上刻一大「鶴」字，丁方可五尺。旁復刻一聯，但受風雨之侵蝕，徧生苔蘚，糢糊至不能全辨，且一角又給廟牆遮去，就是去看看鶴字，也要打側身而進。過些，又有古石挺立，上也刻一「鵝」字，大與「鶴」字等，是一筆寫成的，書者是張壽仁，筆法活潑遒勁，早為觀者讚許。配聯道「古石書鵞摹逸少，名山駕鶴仰侯王」。行書寫來倒是相稱。對面便是一個亭子，常有生菓販賣，遊侯王廟的，多駐足其間，以資小憩。

附近又有寰樂園、金谷園、華芳園等酒家，結構從雅。蟹黃酒綠，把盞尋歡，濃陰佈影，滿座春風，其樂無藝，至於一般賣卜者、詳簽者，各位地盤，紛紛而集。所以偶過其前，聽不盡謊誕之辭。像有一次，聽着某婦問「究竟有沒有貴人扶助呢？」賣卜者答「照這簽語看來，有菩薩保祐，是不怕的」，真叫人噴飯。

本地風光（一六五）

一九三〇年十二月二十八日

九龍城（四）

上面所述的宋皇臺及侯王廟，都是港人耳熟能詳的。現在，且回轉筆鋒，以述九龍城罷。

今日的九龍寨城，是甚麼情形呢，它的城牆，是建在雙鳳山的（土人多叫它做後便山），全城佔了山之南部，山高約百餘尺，巔處有鼎石，城牆就由山麓直達這裏，復折而下，成筆鋒形。近山麓，則築城牆一道橫截之，成四方形。分東南西北四門，南門刻着「九龍寨城」四字。入去，便見放着地上的有兩門大砲，一重四千觔、一重五千觔。近砲口處鑄有字數行，念道「嘉慶七年仲春月，署廣東巡撫部院瑚，協辦大學士兩廣部堂覺羅吉、提督廣東全省軍門孫，兩廣都鹽運使司包，督造五千觔大炮一位」，那麼，鑄造大砲時，尚沒有九龍寨城呢。

全城而論，近南部始有小屋數十間，北部（近山巔處）則頑石參差，中有叮噹石，是在巖內的，曲腰方可進去。近左，見有大石，中陷下去，以石擊之，聲噹噹響，這大約是巖裏的回響，或石裏含有鑛質吧。

本地風光（一六六）

一九三〇年十二月二十九日

九龍城（五）

自東門而入，跑不二十武，便見一楹舊屋，橫額題着「敬惜字紙處」五字，下署「同治甲子上元日，耀生張玉堂指書」，聯云「分俸建亭，惜字之心稍慰；捐廉築舖，雇工之費常盈。」進去，深不四尺，中設焚紙爐，對着的壁上，刻着一篇長約五百餘字的「敬惜字紙銘」，下署「咸豐九年己未仲秋，署大鵬協副將張玉堂指書」。旁聯云「行仁義事，存忠孝心。」左便的壁間又刻着「墨緣」兩大字。聯說「龍翔鳳舞，魚躍鳶飛。」，右便的壁間又刻着一個「壽」字，聯云「欲種福田流世澤，須憑心地積陰功。」都是翰墨將軍張玉登所書的。（港人很喜將它摹臨，裱起來懸掛中堂的。）這一個小小的古屋，便刻了這麼多的題字，可見在科舉時代的所謂雅人雅事了。

自這裏西跑，有天國救道堂、廣蔭院（即基督教老人院）、九龍公立醫局、晏氏留居院及天國學校。其中的九龍公立醫局，是附設高、初兩等義學的，從前是「龍津義學」（建於道光二十七年季秋）。門聯云「其猶龍乎，卜他年鯉化蛟騰，盡洗蠻煙蛋雨；是知津也，願從此源尋流溯，平分蘇海韓潮。」一門前對着的，又築了一幅「照壁」，橫題「海濱鄒魯」四字。鄰有魁星閣。現居這裏的是劉桃君，他先世卜居城內，故稔識該地的沿革，又善於摹臨名人題字及碑記，他就把九龍城所有的摹臨下來，一張張的發售。

又在公立醫局裏頭的左壁，刻有〈九龍司新建龍津義學敍〉一文，是有些說及九龍寨城的歷史的，特將它轉錄出來，以告觀風問俗者，原文念道：

本地風光（一六七）

一九三〇年十二月三十日

九龍城（六）

「有因時制宜者出，相機勢，備經營，即事求治，而招攜懷遠之意，以寓蓋世經巷濟之才。如此其難也。粵東素稱樂土，文與中州相埒。貨財之所萃會，番舶之所駢集，富庶又甲於他省。新安特濱海邊，邑縣有官富司，尤濱海邊司耳。然衣之裔曰邊，器之羡曰邊、器敝自羡始，衣敝自裔始。則凡官邊地者，靖共厥職，宜什伯中土，而厭薄之，獨何心歟。道光二十三年，夷務靖後，大吏據情入告，改官富為九龍分司。近量移於遠，築城建署，聚居民以實之，雖備內，不專為禦外。而此中稟承廟謨，計安海宇，誠大有濟時之識於其間，而非苟為勞民傷財也。今年，余奉調視事巡檢，許君文深來言，有龍津義學之建，副將王君鵬年、通判顧君炳章、喬大令應庚及許君捐銀若干為經始地，租歲可得若干以資生徒，仿古家之制，擇其尤者居焉，人必胥奮。嗟乎，此真即事求治，能以無形之險，固有形者也。今國家文教覃敷，武功赫濯，無遠弗屆。九龍民夷交涉，人情重貨資而薄詩書，有以鼓舞作興，則士氣既伸，而外夷亦得觀感於絃誦聲，明以柔其獷犴之氣，所為漸被邊隅者，豈淺鮮哉。落成，司人以文請，既滋愧許君能助我不逮，而重為司人深無窮之望也，記之俾勒於石。」末署「道光丁未秋八月，知新安縣事思唐王銘鼎譔、南海謝鐵泉摹刻，值事曾朝斌、吳穎才等嵌壁。」書法很佳，深得皇甫君碑的神髓，當稱本港碑字之冠。

一九三一年一月七日

九龍城（七）

九龍寨城的歷史，可由這篇〈九龍司新建龍津義學敍〉窺見一斑。想今日到那裏的遊客，偶然踱進這間公立醫局裏，找着壁間那篇敍文來看，俯仰之間，大約總有無限的觀感。又「照壁」的「海濱鄒魯」四字，其大都數方尺，土人說這是張壽仁所書的。張是前清秀才，世居西頭，至今其子孫尚在，且收藏他的墨寶很多，現並述之，以告愛侯王廟「鵝」字的閱者。

寨城的東門，直達九龍街，小屋林立，設小市場。商店以洋貨、銅鐵、雜貨等居多，凡由警局下車去侯王廟的，必經這裏。

城西跑約五分鐘，見有石門寫着「廟道」的，就是直通竹娘廟、侯王廟了。這裏植荔枝樹約三十株，但多屬「和枝」之類，故很少受人青睞。

侯王廟以南，有村名瓦窰頭的，菜畦錯落，山居井然，像「頤苑」一地，列植交蔭，濃香暗浮，卻是不俗。又經太子路旁之馬頭圍村前落車的，想去侯王廟，打這一條村去，跑十五分鐘便抵步，可算捷徑了。

雙鳳山之南。是九龍寨城，北便，就是荒蕪之地，金塔啊、野塚啊，蕭索的林木啊，幾觸目皆是。

至於寨城以東及東北，有衙前圍、打鼓嶺、石鼓壟等。其地多別業，像嘉南園、蓬萊園、永樂園、尚興園、李渭園，建亭的建亭，闢池的闢池，從古式也有，從洋式也有。若打這裏經過，半角閒廬，一庭花影，真叫人有些雅羡。

本地風光（一六九）

一九三一年一月八日

九龍城（八）

獅子嶺之南麓以降，附近有翠林洞（經在本文說過，恕不贅）。過些則為嗇色園黃大仙祠，其正門題着「第一洞天」。聯說「四時花木常今古，萬里山河任往還」。上去，有悟道堂及花園，祀黃大仙的所在。題着「金華分蹟」，裏頭陳設較別的廟宇整潔，壁間懸有乩筆的〈黃大仙自序〉一文。祠之東建有茅舍十餘間，聽說這所祠是商人集資設立的，特訂時間，來這裏養靜及扶乩，茅舍裏是他們的靜室，而他們都自稱為佛弟子。

西望，就見晒魚石，練靶山等地，南去不遠，落在蒲崗村的，便是曾富別墅了，它在九龍城各別業中倒算最幽雅的，結構也很得體，特轉吾筆，為之詳述。

別墅的正門，寫道「南豐臺」，配聯説「詠歸曾撰異，吟眺富場寬」。進去不十武，懸一精緻的横額，題着「宗園」兩字。左通「五龍院」，鄰有蓮池，對望便是「哆哆佛學社」，前是曾氏家塾。右望是一座洋樓，一連五、六間，很是壯麗。旁建「半閒亭」。這裏北通花園，對着樓的，又闢草場一所，要來打絨球，是最好不過。旁濬一水坑，流繞園之四周。東南一角，另設一小屋，門聯集古文句念道「唧遠山，吞長江；送夕陽，迎素月」。前架荳棚，畧事點綴，已覺雅逸得很。

半閒亭之側，建一絞水風車，高可二丈許，和横洲娱苑的差不多，故行經西貢路，北望，它是最映入眼簾的了。

其次，就要講到這所「五龍院」了，這裏有個五百餘年的古物「真武銅像」，也算九龍城古蹟之一。

一九三一年一月九日

九龍城（九）

這所院落，雖說不得宏敞的殿宇，但修廣都可兩進，正中高約三十來尺。旁闢小窗，一瞧，山野風趣，可從箇中得來。正門顏「五龍院」三字，上欵署「壬戌仲冬朔日」。下欵署「東莞伯陶書」。

聯說「武當傳寶相，官富敞神宮」。對着是一幅小曠地，落花飛絮，撲撲螺旋。旁邊一度圍牆，高可及肩，又闢鐵門，以通外方，側植翠竹數株，柔風起時，婆娑綠影，搖蕩得很有緻。

走進院裏，正面坐着的就是無冠長鬚的「真武銅像」，椅子是用泥築的，做得很奇異，枕手的兩邊，卻築成龍頭般，壁間畫一幅翔龍飛舞空際，栩栩若活。像的前面，中豎一劍，左置一蛇，右置一龜，再前即放一張香案，打整得很簡潔，倒能一洗平常廟宇的積習。

院中懸楹聯很多，且把一些抄下來。一是陳伯陶集湯文正集之，「立身行道，揚名於後世，夙興夜寐，毋忝爾所生」又「百鍊鑄金身，六朝遺像今猶在；七星開寶宇，四海滄波靖不揚」。又「靈蹟朔隋時，授籙參山，道契玉清崇北極，真形鑄明代，築宮香海，神標銅像鎮南方」。

左壁懸着一篇〈真武銅像記〉，長凡八頁，也是陳伯陶所書的。為求閱者明瞭這個銅像的歷史起見，也不憚煩地將原文錄出，文云：「曾君兆榮，以千二百銀圓購真武銅像於粵垣，像高凡八尺，重千餘觔，左袍角有『欽差督理廣東珠池市舶兼管鹽十三字』，下缺。右袍角有『大明萬曆三十一年歲次癸卯秋吉日建』十七字。

本地風光（一七一）

一九三一年一月十日

九龍城（十）

其後幅又有「北京順天府大興縣張朝王佐管造，住持道士湯道真」二十一字，凡三行。曾君謂此獅子禪林舊物，辛亥之變，遺於民間。因錄其字來質於余，攷道書，真武隋開皇三年三月生，生而神靈，誓除妖孽，救護群品，舍俗入道，居武當山四十三年，功成飛昇，遂鎮北方。人名而至，語以其故，妖氛頓息。自後遇庚申、甲子及三七日，每下人間，斷滅不祥。

武當山志言：真武隱處，分為五龍觀。唐太宋、真宗時，屢顯靈蹟。而元、明間尤著。

元世祖初營燕都，歲十二月，龜蛇見於高梁河時，以為有宋之兆，築宮祠焉。後七十四年，復以仁宗天壽節見於武當山，自是建金籙，祝釐五龍觀，歲以為常。至明永樂間，大加崇建。汪道昆武當山銘云：赫赫成祖，張皇聖武，中外以寧，左右六師，元君陟降，抗我皇棱，大報神體，敬修祠事，帝時用興，疆埋奧區，籬宮錯起，燦若繁星」。觀此則當時虔奉，比元代加嚴。故真武之廟徧天下，此銅像為順天大興人管造，蓋即造於燕京。當在永樂時，其云萬歷癸卯建者，則築宮之日，非鑄像之日也，築宮者即督理珠池市舶兼管鹽之人，名雖磨滅，然神宗之世，貂璫四出，以收市利，此太監之使廣東者，自燕移像於粵宮以妥之，故鐫興建銜名年月於像之左右，此固可推測而知者也。嗚呼，自永樂迄今，五百餘年矣，像由燕而粵，復由道宮而之禪林，遂幾於毀。物之顯晦亦有時，即曾君得是像，因復為築宮九龍而名之曰五龍院，從其朔也，余故述之，以告曾君，且告世之瞻禮是像而冀除妖孽者，（下署）壬戌臘月望日九龍真逸撰并書」。懸在這篇文之下，又有繙譯為英文的「真武銅像記」，想是以備遊客的參考吧。

一九三一年一月十二日

九龍城（十一）

由蒲崗向東行，便是沙堡村，別為上沙堡及下沙堡，居民多種菜，其餘草地，都給染布廠佔有。

過此便是鑽石山，除十餘畝菜畦之外，就以牛房最多。其旁的清流，有一部分平靜處，光可照人，也稍擅泉石之勝。上些，則為上元嶺，獨聳立於蒼翠之間的，有一座洋樓，是陳某的別業，前濬池塘，惟水不很清潔，附近多植各種花卉，屬於含笑的，凡數十株，柔風過處，香氣騷人，髣髴有醉意。

其鄰又有梁某別業，中濬池兩所，上設曲橋通小亭，這裏有極古雅的几桌，三面闢月形的小窗，蔭以芭蕉及梧桐，很得雅人之旨。但是，由此外望，觸目的都很荒涼，且池已涸，淤泥也乾結了，想是有久失於修理吧。

去上元嶺之東，則是牛池灣。西有山徑通東山廟。中部多田畝，北邊呢，就有金霞精舍及萬佛堂兩所靜地（宗先天教）。東的山徑通安老院及海關坳，近海濱的一角，則有二王廟，這裏東跑，又可達牛頭角。

港僑或遠道來遊本港的，多渡江來遊九龍城，看宋皇臺、侯王廟及九龍寨城，順道領略鄉野景色及試吓茅寮的雲吞，大約就以這裏當作小北的寶漢茶寮吧。

（中原大俠按）相傳九龍城一地，昔為九條龍脈所聚之所，後來不知為着甚麼緣故，竟有七條龍脈，直向鯉魚門洩去，現在所存的，一落於雙鳳山之西，一落於宋皇臺，這是由土人傳説的，請閱者不要説大俠撒謊，導人迷信才好。

本地風光（一七三）

蓬瀛仙館（一）

一九三一年一月十三日

那天，我趁車旅行粉嶺，可是，這裏附近的地方，像安樂村、黎洞、和坑、軍地、孔嶺等，我已到過好幾次了，這躺去遊，豈不是苦無去處麼。不，這天的旅行，是出於有意無意中的，那就不妨去遊下車河，看下冬景，向自然界討生活，倒可一舒我日來底無聊與煩惱。

看看，一條平遠的臘青路，襯上兩旁的枯樹，時來三兩鄉人，挑着東西向前跑，踢起那些黃葉，沙沙作聲，跟着一陣微風，捲向田間去。一望這個鄉人，前跑……前跑……漸漸的向遠樹澹煙裏迷沒，我的意趣也油然而生。

在粉嶺村亂跑了一遭，覺得沒有甚麼雅靜的所在。轉身望着車站跑，偶然瞧見離車站不遠的小邱上，有幾間新建的洋樓，又有亭子和牌坊，大抵這裏又是甚麼隱居了。呵，這一發見，很像哥倫布尋獲西印度般。

沿着一條山徑跑了三分鐘，便見這個牌坊，題着「蓬瀛」兩字。再上，花香襲人，庭院落落，正中的一間，見門額寫道「蓬瀛仙館」四字。四顧寂然無人，樓邊的竹架，在日光之下，印地成格子。對開的一片草地，青翠映目，雜以群卉，萬紫千紅，迎風搖曳，似惹人憐，我心裏艷羨不置。

迎面來了一個童子，我就問：「那位是這裏的主人呢，可否許我進來瀏覽？」他答：「可以的，待我叫麥先生來。」他翻身就走，我說：「兄弟，且慢，別要騷擾，我在這裏逛逛就夠了。」我就踱進去裏面，他也略在門外稍立，似很驚訝我是不速之客。

一九三一年一月十四日

蓬瀛仙館（二）

裏邊的地方，是一個神廳，正中奉太上老君銅像及呂純陽神位。配聯說「四面雲山環寶座，雙魚洞水繞明堂。」綠字黑底，異常精緻。神座前面放着幾個蒲團，兩旁陳列的几桌，打點得很雅潔。其它的東西，都刪繁就簡，與別的俗不可耐的神堂，絕不相類。正想跑出去的時候，忽來了一位老叟，驟望之，也覺他道貌岸然。我和他略一點首，就問：「我很愛這裏的幽靜，不揣冒昧來騷擾貴地，未審老伯見罪不？」他堆着笑臉說：「別要說這些客套話，這一弓之地，得先生來增光，正是好極了，請你裏邊坐坐。」。上前請問他的姓名，知他是「麥星階」先生。

數武到仙館右旁的一座樓，門額題「達觀」兩篆字，聯說「艱苦備嘗，喜今朝影息蓬茆，種樹澆花娛永日；創垂有愧，就此地手營場圃，觀魚拜石養餘年。」麥君說「這聯是得自坊間的，見它頗合我的旨趣，故轉刻在這裏。」

我們走進去，一所很幽靜的客廳，觸目多是名人字畫，桌面照人，光潔整齊。一室之內，沒論甚麼東西，都含雅意。走進這裏，其雅靜之處，真疑是蓬瀛的所在，叫它做「蓬瀛仙館」，倒不差了。

麥君指着檯上的一個白石觀音說：「我正在趁着空兒，把它拭抹一下。」我見它很精緻，以手撫之，覺幼滑得很。說道：「這般的幼細，我初疑它是白玉呢。」他說「這不過是七星巖石吧。但是，那裏的巖石，是有名的，用來雕刻各種東西，倒也不賤，還有一種做墨硯的，也是名品。」

本地風光（一七五）

一九三一年一月十五日

蓬瀛仙館（三）

我們同在這個淨無纖塵的室子裏清談，髣髴像登了三千佛界，同證菩提一般。麥君又是個談鋒健羨的長者，談起那些道教源流及百粵名勝的話，真有相見恨晚之勢。

麥君，番禺人，學道已三十餘年，前曾住持越秀山麓的三元宮，歷時很久。去年因友人之邀，始來港擇地，且合道侶凡三十餘人，集資建此蓬瀛仙館，使塵事掌鞅之餘，得退而研道，以省內疚。固於身心上，實有極大的禪功。麥君在談話間，拿出一本道教中的格言書籍，內容用意很廣，苟閱者能悟澈其微，真是暮鼓晨鐘，振聾發聵。比之妄言吐納超凡入聖的，還更有用得多。

我們暢言一回，起來瀏覽壁間所掛起的東西，正中的一副隸書聯寫道「相見亦無事，不來忽憶君」，命意很妙。又有摹臨得來的焦山四寶，它們是〈焦山周鼎銘〉、〈唐廣明元年道德經〉、〈焦山西漢定陶鼎〉、〈焦山梁天監瘞鶴銘〉。這四樣繪筆精微，每幅都有伍銓萃的題跋。好研究小學的，這也是有價值的參考品。

又有谿堪居士撰的聯念道「靜境託閒情，最欣慰曉起曦行，夜眠月伴；道心淘俗慮，在出入猶龍老學，夢蝶莊懷。」旁有譚延闓的行書聯，以它過長不想盡錄。

麥君現年已七十五歲，他的精神，倒像四十許人。且聲如洪鐘，步履爽健，若不是有道的，斷難做到。他又招我到樓上看看，當拾級而登的時候，我很愉快地打算着，又有甚麼好的所在，以飽我眼福了。

本地風光（一七六）　　一九三一年一月十六日

蓬瀛仙館（四）

上到樓一望，裏邊都間了房子，一連八間。麥君說：「這是給一般道侶到來養靜的，他們早就認去了。」他隨開一間房給我看，見裏面異常光潔，壁間掛一個道裝打扮的肖像，他說是□□，前曾任過甚麼長的，又□□是做過甚麼官的，也到這裏靜修。我聽了，突然起了一種異感。

後來走過別間去，這就是麥君的靜室，共開兩個小窗，一望天階，一望雙魚洞，位置很雅靜。

我見在這裏徘徊已很久了，未便多擾，遂謝麥君的欵待，下樓而別。經過仙館前的露台，一矚粉嶺風景，瞭然如畫。遠的梧桐山，一路分走過來，極雄渾詭異之大觀。神山、孔嶺、軍地、安樂村、藏霞精舍，東一些，西一些，有如星羅棋布，有時浮雲出沒於山野間，或濃或澹，或聚或散，點綴這些隱隱約約的屋瓦，蒼蒼翠翠的巖壑，好叫我不忍遽爾別了這間蓬瀛仙館呢。

（中原大俠按）近年以來，國人之避居港地的，有加無已。而一般落伍政客或知名之士，替本港山水點綴的，也屬不少，蓬瀛仙館，亦其中之一吧。

藏霞精舍

藏霞精舍也是在粉嶺的，距蓬瀛仙館不遠，它近鐵路之右側。正門聯說「藏神聚氣，霞蔚雲蒸」。屋凡四楹，近多闢菜畦，有長壽亭。聯說「長留元氣春二月，壽祝仁人百歲週」，這精舍是建於庚申仲秋，至今已十餘年，主人朱鴻春，來自清遠，也是研究道教的。

（中原大俠按）這裏聽說有十數靜修的道侶，但屬私家地方，故游客不易問津。

本地風光（一七七）

一九三二年一月十七日

新田（上）

新田，是新界最大的鄉，濱后海灣之東，約在來往上水元朗街坊汽車的中站。東望麒麟山，北距深圳河約五華里。遙望即是蚊岫嶺（渡深圳河即達，是魏邦平別業的所在），及橫出后海灣以北的南頭城一帶山脈，都瞭然在望。東北就可通落馬洲、七鄉、西園等處。西南去不遠，便是邁埔，折南即通竹園、坳頭，錦田等處。

那裏居民約有二千，都是文姓。據土人說：「宋代，先祖從海道南來，至后海灣登岸，相地至麒麟山，嘆為吉祥之地，那就在這裏落籍。」一說是文天祥的遺裔，惟看其地的扁額，似是可信。

馬路旁有小徑通鄉之南部，跑約十數武，左望有所「東山古廟」（光緒十九年孟冬重修），門聯是文時可題的，念道「東西南朔慶安全，皆賴慈航普渡；山阜岡陵申頌禱，還期壽域同登。」左有魁星閣，右有客室，其餘佈置平常，無甚可記。再行入，小屋鱗次櫛比，但很整齊，建築形式，也很壯麗，碧瓦灰牆，饒有古風。中有一牆，彈痕點點，聽說從前本港政府曾在這裏設警察局，並在附近練靶。

這間屋子對望，就是一間大屋，四週繞以圍牆，中有横額「大夫第」，進去，正中懸有横額三，左右都題着小楷及滿文，中的一塊寫着「欽點營用守府，光緒十一年丙戌科進士殿試，文灼勳恭承」等字，再入，則為客廳，旁分偏間數進，有小門進屋後的菓林。

本地風光（一七八）

一九三一年一月十九日

新田（下）

屋之左右，另闢別館。主人文英扶君說：「當科舉時代，一是用來抽大石以練力的，一是用來習武的。」現在刀槍劍戟及大石等仍在，可是，都雜於亂稈叢中了，其旁又濬一小池，現已荒棄。

全鄉共有祠數所，文氏宗祠有惇裕堂，附設小學。莘野文公祠有明遠堂，內有額寫道「欽點榜眼及第、光緒十六年庚寅恩科一甲二名、文廷式恭承」等字。麟峰文公祠有吐書堂。汞秀文公祠有明德堂。這數間祠都不甚整潔，四面塵封，滿地泥積，禾稈啊、碎瓦啊，凌亂堆着，大不雅觀。

鄉裏僅有一小墟，略備雜貨等物。近西一帶，萬頃茫茫，出產中有紅穀一種，用來蒸酒，味很醇美。港商余某，特到這裏購地策劃一切，搜羅這種紅穀，也備以製酒呢。

這條鄉居民雖多，但沒有肯致力於公益事業，故荒廢的任其荒廢，失修的任其失修，怪不得比厦村，元朗及大埔墟落後了。聞鄉中科舉稍盛，有文躍龍、文啟星兩貢生和十數個秀才云。

說到風景呢，極少林泉之美，也缺乏甚麼別墅和乜園、乜苑點綴亭臺樓閣，既小風景未免稍庸，故頗不得一般雅人看，臨存者不多。

（中原大俠按）新界平原，除上水，元朗，厦村，大埔等處外，其中以新田為最大云。

一九三一年一月二十日

香島（一）

香島，是本港的主山，它的命名，都有數個。香港（又別稱為香江、香海）、裙帶路洲、紅香爐島等是，但在後的兩個，很少採用。

全島的面積，不甚廣大，自東而西，最長的，約有十一英里，由南至北的，最濶的約有五英里（鰂魚涌至大潭角），最窄的不過兩英里（燈籠洲至石排灣），這樣計起來，縱橫也不過數十來英方里吧。

以形勢論，自東的柴灣山起至西的摩星嶺止，一路山脈綿延，峰巒錯落。像砵甸乍山、百家山、畢拿山、金馬倫山、歌賦山、奇力山、維多利亞山（俗稱扯旗山）及西高山等，都互相聯絡。最高的算扯旗山（約高有一千七百七十英尺），其餘的，過一千英尺以上的很多，山勢既是這般連環式的，看起來倒像一條裙帶，故此叫它做裙帶路洲。

它和南中大陸僅隔一衣帶水，遙約由一英里至兩英里之譜，而日夜船隻往還，交通上很稱利便。至於和它接近的，又有很多島嶼。稍知名的有東龍洲、佛頭洲、昂船洲、青洲、鴨脷洲、博寮島、青衣島、馬灣島、大嶼山、平洲及長洲等。

講到它的地理，一説它從前是和大陸相連屬的，看鯉魚門海峽這般狹窄，而柴灣山和惡魔山相對峙，它倆的山坡至鯉魚門而沉下，但一測鯉魚門之深量，最深的也五、六十尺，那麼，其相連之説，非無因啊。一説，它是位於珠江河口，疑是河流挾下之泥，因年久代遠，就做成這個香島。且看揚子江口的焦山，印度的根治士河口地及北美洲的密士失必河口地，就可援以為例了。

本地風光（一八〇）

一九三二年一月二十一日

香島（二）

但是，前説較為近理，因為地球上所有的土地，都每每給天然的變遷而異其形勢的。像在一所沙漠上，剎那間來了一陣狂風，吹來的沙石，到這裏堆積起來，就成了一個沙邱。常給洶濤巨浪所激蕩的岸邊，就會變成如鋸齒釘耙的巖石了（像英格蘭極南的岸，其巖石脆至能做粉筆）。北歐海岸線的曲折，及北美海岸的巖石，都以接近冰雪之故，不絕地銷磨所做成的。又如直布羅陀海峽之於歐、非二洲，從前也是相連的，大抵給大西洋冷暖二流所銷磨，就成今日出入地中海的門戶。所以説起香島和南中大陸相連的一句，或者從前柴灣山和惡魔山相連之處，多屬泥質，日久就給海水銷磨去，遂成今日的鯉魚門海峽，也未可定。

好了，現在的香島是甚麼樣，且暫擱下不提。可是，從前的香島，是一個荒島吧了，沒論過往的是甚麼樣人，都可隨便在這裏建屋而居。故此，這個僻處南中海角的香島，多是給一般漁夫樵子所佔據。最早的村落就是赤柱，聽說在乾隆年間就來此落籍，其後又有一個海洋大盜叫做張保仔，他嘯聚一班嘍囉，四出搜劫來往船隻，就據着香島為山寨，竟把某山掘了一個地窖，裏面可容數千人。又有一隻「可望而不可即」的大鑊（港僑常資為談柄，傳為本港一寶，今已失掉了）。又說「一日，自海面浮來一紅香爐，張拾了它，用來焚香禱告劫掠事，每多應驗，張就奉之如神明。」現叫香島做紅香爐島，就是這個緣故，後來林則徐來粵，招撫張保仔，他就賣刀買牛，改邪歸正了。

本地風光（一八一）

一九三一年一月二十二日

香島（三）

說到島中的氣候，以北近大陸，南瞻大洋及在熱帶之故，通年都很和煦。而風之自大洋吹來的，因為經過海面，挾着潮濕，所以一起南風，就覺和暖得多。但是，由北方吹來的，經過南中大陸，自然寒燥一點。氣候雖過得去，但土地很不肥沃。港海形勢很美，重數萬噸的大洋舶，也可停泊。惟自鯉魚門進口，所經海面，暗排很多，潮退時，衹有一尺數寸，現出水面。潮漲呢，則完全沒入水中。還有些暗灘，潮退潮漲都不能望見，尤以九龍灣南的峽排、鯉魚門排、九龍排及林四排為最危險，若洋舶貿然進口，不藉帶水之力，駛差航線，就會擱淺了。

平日海面寄碇的船隻，大大小小，多至百餘。無論來往世界任何一個大埠的，也雲集這裏。故此港中商務，也漸興旺。説它是「遠東第二商埠」豈為無因。

全島的重要區域，大概分為維多利亞城（內別為堅尼地城、西營盤、及上、中、下三環）、銅鑼灣、大坑、威菲路、七姊妹、鰂魚涌、西灣河、筲箕灣及香港仔。其餘如亞公巖、戽斗窟、柴灣、石澳、鶴咀、黃馬角、赤柱等，只算村落而已。

島北一帶，自堅尼地城至筲箕灣止，建有電車軌，都長約九英里。近年以來，又多一種街坊汽車，行走維多利亞城一帶，且多闢馬路，交通上很稱利便。

香島（四）

一九三一年一月二十三日

筲箕灣是在島之東北，它的灣形如筲箕，故這般叫它。那裏近東的，有鯉魚門砲台及亞公巖村，柴灣山就挺立其南。全區又分為筲箕灣東及筲箕灣西（即西灣河），中闢大街以貫之。東部設警署，近有譚公廟、天后廟、福德祠、海心廟。街之兩旁，建小屋百餘間，海濱有來往中環、紅磡、筲箕灣的小輪碼頭，而來往西貢及坑口的輪船也在附近停泊。將至中部，又設一小街市，對着的新填地，新建很多樓宇，在金華街口，就是島東的電車總站。

中部多船廠、豉油廠及排廠，又有馮強樹膠廠，規模宏偉，是島中出品界知名的。近山散見七、八所小村落。西去，便是西灣河。那裏有太古船澳及海濱一帶的紅屋。全區不甚繁盛，有若紅磡一般，酒樓茶市極少，現有的十餘間，也是簡陋的多。電影戲院僅得長樂及中華兩所。

海面多漁船，到夏盡秋初之間，很多都自海外歸來，下碇灣裏，修帆曝網，待時而駛。故一時桅檣林立，船舷相接，首尾相顧，倒像屋宇的比鄰，所餘的海面，又很像街道般。若僱了一隻小艇，往還船叢中，一賞桅影波痕，其風趣正妙。

「鯉門夜月」是本港十景之一，不銷說也有很妙的夜景。當蟾圓之夕，兔魄玲瓏，寒澈雲衢，照看鯉門海水，如白露浮沉，又如銀蛇蜿蜒，掩映着，閃爍着，襯上了那些漁火和唱晚，真有秦淮夜泊的風味。

本地風光（一八三）

一九三一年一月二十五日

香島（五）

鰂魚涌有太古糖房，規模壯麗，惟附近樓宇甚少。近數年間，始漸多建築物，居民泰半為太古船澳及糖房工人。過些則為七姊妹和白水灣，屋宇更是寥落。瀕海有游泳場四、五所。西去不遠，有名園遊樂場，枕山面海，形勢幽勝，且亭臺樓閣，林泉花木，都佈置適宜，真是本港消夏的佳地。再西去，則為威菲路，樓宇較多，中有火油井、船廠、玻璃廠、糖菓廠。

過些便為銅鑼灣，繁盛之處，與油蔴地同，灣裏波平如鏡，是本港避風港之一。當暮色蒼茫，潮水初漲時，伸出海去的一角，樓臺倒影，澹煙瀰漫，初上的晚燈，由玻璃窗裏射出來，微作黃金色，隄畔的電車軌上，襯着三群二隊的遊侶，這樣的暮景，倒是幽妍，惜灣水不甚清潔，未免美中不足了。那裏有電車中路總站，並有亭子兩所。一是亦樂亭，售汽水糖菓等物；一是候車亭，地方較寬廣，結構都很雅。附近可通法國醫院、東華東院、掃稈埔球場、嘉路連山球場及皇仁書院球場。其鄰又有馬球場。這裏以南近山一帶，便是大坑。樓居凡數百，有坑自山緩流而下，經皇仁書院球場之側而注於銅鑼灣。坑尾多山石，但多已給那些洗染廠借為洗曝之所，山石為之黯澹無光，已失其天然之美。坑旁有光明臺，是佛教真言宗居士林的所在。一邊又有龍溪臺，過些，跨坑而建的，有小街市。可是，今日的大坑，已非當年村落舊觀，交通便利，樓宇壯麗，街路整齊，在這囂塵的城市中，可算別有天地。

本地風光（一八四）

一九三一年一月二十六日

香島（六）

現在講到這個維多利亞城了，它佔有島之北及西北一帶瀕海區域。而摩星嶺、維多利亞山、歌賦山、金馬倫山等聳立其南，相連如屏障，形勢很好。東與銅鑼灣相接，就叫鵝頸。附近一帶，統稱下環，俗叫灣仔。那裏多平路，屋宇叢密，惟大商店則絕少，間有日本商店十餘間，甚麼吾妻屋株式會社等。行經海傍東的，常會瞧見。現已填成很多新地，建成很多樓宇，把海傍東一部分改為軒爾士道。

乘電車自「大佛」折出，一望，新地遼濶，眼界一新。遊樂場有渣甸山的利園。南去又有快活谷，是島中最大的運動場所，也是跑馬的所在，故又叫做跑馬地。旁有養和園（即愉園舊址）、基督教墳場，及黃泥涌道一帶的廣廈，地方倒很雅靜，戲院則有利舞臺及香港大戲院，還有在建築中的東方和灣仔兩戲院。而南洋煙草公司、廣生行等大工廠及電車公司車場，也叢集這裏。

至於中環，其盛況更是可觀。真是畫棟雲連，人煙稠密，也是全港精華之所在。一切行政機關，像督憲府、警察司、按察司、警署、庫務司、華民政務司、船政司、教育司署等也在這裏。近海又有水師船澳。街道如康樂道、德輔道、皇后大道，商店林立，行人如鯽。

在德輔道的有先施、大新、永安、昭信這幾間大公司。入夜電炬輝煌，很像繁星閃爍。附近大鐘樓那裏多大洋行。瞧瞧，高聳雲漢的大洋樓，其建築欵式的新異，很像表示文明區域的特有品，而一邊又像暗示着社會裏的營營役役的象徵。啊，草草勞人的我，為了生活問題，也整天混在這裏，有足使我渾渾噩噩的……真太無聊……真太無聊！

本地風光（一八五）

香島（七）

一九三一年一月二十七日

這裏叫「大鐘樓」，因為尖沙嘴碼頭有四個大鐘，遠近都可瞧着，而全城的時間，都以它為標準。

大鐘樓以東，宏偉的建築物，也數數見。中有域多利亞皇后像（僑港又習稱那裏做「皇后像」），的臬署、新公司（即西人俱樂部）、大東大北電報局、太古洋行、佐治行、太子行、寶盧行、上海銀行、博物院、廣東銀行等。這裏的街道，較其它的，雅潔很多。

海濱有皇后碼頭，凡要人到港，多在這裏登岸。過些，是天星小輪碼頭，其鄰又有卜公碼頭（俗稱皇家碼頭），內設花園椅，供人坐談。碼頭最前的幾行，每人入座收費兩銅圓。當炎夏時，約友到那裏坐談，一望港中風景，以暢懷抱，比之混在踵接肩摩的茶樓中，好得多了。

中環街市在皇后大道中，後枕德輔道中，是本港最大的街市，共分二層。樓下售魚、菜、豬肉等。樓上售牛、羊等肉及生菓、雞鴨等。建築形式，很是寬敞，衛生設備，也很週到。一邊是域多利街，一邊是卑利街，環繞它的，都是繁盛的地點，對望就是消防局的大廈(即和平戲院及淹派戲院舊址)。

中環街道，除了數條大馬路外，橫街小巷的很多。就中如威靈頓街、荷李活道、必列啫士街、砵甸乍街、士丹利街等，倒是人煙稠密不過。近東的一部分，地方較為舒適。像雲咸街，安瀾街、安慶臺、鐵崗、亞畢諾道等，地廣人疎，空氣轉為清新，居停得此，是好不過。

憶在下嘗家居安瀾街，適屋旁的半月騎樓，正對倫敦教會，閒坐瀏覽街上風景，綠陰傍屋而生。那條小小的斜路，直達鐵崗，暮雲煙樹，黃葉西風，未能去懷啊。

本地風光(一八六)

一九三一年一月二十八日

香島(八)

島上較平的街道，多是新填的。聞之一般老香港說，從前的皇后大道一帶，就是海濱。所以現在的香島，斜路獨多，差不多有一半屋宇，是建在山腰的。故住在這裏的人，少不免要上斜路了。但是，一瞧那裏的堅道、羅便臣道、西摩道、般含道、醫院道等，多屬殷商富豪邸第，市物有僕役，出入有汽車，或有時光顧到斗篷，轎伕的肩膊和兩條毛腿，不愁沒有用武之地。

著者有時經過這裏，見一般的華堂麗宅，紅樓碧紗，真有門高狗大之概。而五光十色的汽車，璀璨奪目的旗袍或狐肩，小姐們返校的跟班，顧盼自豪的摩登西裝，士的克的耀武揚威，雖然沒有甚麼難看之處，膽小如我，卻大幾分害怕。

上環和西營盤也很繁盛，不過大商店沒有中環這般多吧。海濱一帶，碼頭很密，是來往省港、港澳、港江、港梧等輪船淵藪。附近又多旅店，故一到晚上，那裏趁船的也有，運貨的也有，接船的也有。一般替輪船或旅店兜接生意的人，大聲疾呼，嚷個不休，格外見得熱鬧。

鹹魚欄則多海味店，南北行又多莊口。鄰的米街，最多是米店。干諾道西也有很多大米舖，「目下一言為定，早晚時價不同」一類的紅條，幾觸目皆是。而來往香港仔的街坊汽車及小輪，也在這裏停泊。去大澳及長洲的客船，也以這裏為總站。

薄扶林道有官立漢文中學及香港大學堂，港大是本港最高學府，內有解剖學館，工科實驗廠等。

一九三一年一月二十九日

香島（九）

薄扶林道，可自港大之側直達香港仔，街坊汽車，也經這裏。路上風景幽邃，中段，綠陰翳道，曲折紆迴，雅靜平遠，兩得其宜，稱為「香江十景」之一的「扶林曲徑」就是了。西望，一片汪洋，重山複水，島嶼的縈迴，峰巒的錯落，雲霞的綺麗，蔚為大觀。附近的小邱，多給香港牛奶公司所有，用為種草、製奶、蓄豕羊等。所出的草異常青翠，為他處所不及，是拿來飼牛羊的。

堅尼地城多貨倉及煤油井，屋宇寥落，街道則很廣平，近西有西環游泳場，敗瓦亂石獨多，是公眾場所，不及七姊妹一帶的游泳棚。

近東，有石塘嘴，是本港知名的酒樓和妓院叢聚之所。酒樓如頤和、香江、洞庭、陶園、共和等，設備極壯麗。樓臺矗立，電炬掩映，有時笙簧疊奏，曲調渭城，更增其繁華了。惜近數年本港商務不甚蓬勃，那裏的大酒樓，已不若當年之盛。可是，銀燈初上，鶯燕亂飛，裙腰詠觴，綺羅香軟，一般蕩人魂、奪人魄的曲線美，迎風隱約，嬝娜娉婷，搖曳生姿。而一般所謂「為花憂雨，為月憂雲」的憐香惜玉客，徵徵逐逐，聊為點綴。吁，茅店冰旂雖落漠，旖旎風光仍不少殺呢。

西營盤有大醫院兩所，一是國家醫院，政府所辦的，裏頭皆西醫。一是東華醫院，街坊所辦的，中西醫兼用，這是本有名的慈善機關，創辦至今，已六十週年了。

本地風光（一八八）

香島（十）

一九三一年一月三十日

西營盤德輔道西一部分，俗有稱它做鹹魚欄的。其地多海味店，貨物多賴筲箕灣、香港仔、東涌、大澳和長洲的漁船所供給的。故偶到其地，鹹氣逼人，別具一種風味。此外，近上環街市的皇后大道西，海味店也比鄰而設。

寫到這裏，我又想起島中其它像鹹魚欄的區域來了，同業商店之同在一起的，不是數數見麼？像荷李活道多書肆，永安街多疋頭店，擺花街多洋貨舖，同文街多銅鐵店，大鐘樓多洋行，域多利街多辦館，乍畏街多蘇杭舖（故街名也別叫蘇杭街），永星街多雞鴨蛋店（故俗又叫鴨貨街），文咸西街多南北行商（故又叫南北行），它們都是不期而集的，大抵是趁高興吧。

戲院呢，以電影戲院居多。在西營盤的，有太平、西園、高陞等三間。在上環的有中央戲院，在中環的有新世界、九如坊放戲院、皇后等三間。近年有聲電影漸風被島上，為港人所趨重。多為第一民族、派拉蒙和霍士三間公司的出品。我國出品，近來已很受本港人士歡迎，像異軍突出的聯華影片公司，其製作的猛進，真有驚人之處。

島上博物院，祇得在中環大會堂之鄰的一所，裏頭設備也過得去。中有大犀牛、上古時代的軍器。我國歷朝的古錢，藥製的虎頭（這虎重約六百斤，是在島中赤柱山間捕得來的），各種蝴蝶及巨蟒，和其它的奇禽怪胎，也應有盡有，以供研究。其後一截，又另闢為閱書樓，其中全是西籍。倒很豐富。報紙則有在港出版的《南華早報》、《德臣西報》、《士蔑西報》等，通通都是任人取閱的。

本地風光（一八九）

一九三一年一月三十一日

香島（十一）

博物院鄰的大會堂，約有座位千餘，地方很雅潔，除用作禮堂外，有時則榜其門為耐廬戲院 Theatre Royal，是專演西劇的，劇情多取材莎士比雅的作品，但開演的時間，時繼時輟，沒有一定。

上環必列者士街的基督教青年會，設備倒很完善。約別為大堂、校室、桌球室、健身室、游泳池、露天球場、庶務部、童子部、成人部、理髮部及膳堂等。大堂多用作電影場、演說及其它各種遊藝。健身室及露天球場，則為島中各校籃球，排球分隊比賽之所。晚上的露天球場，又用為國技練習之地。庶務部陳有中西港報。校室之側，亦放有乒乓檯四、五張。啊，這真是香港青年們的好去處。

在人煙稠密的荷理活道中，又有一番點綴，甚麼肅肅宵征的野貍啊，講到天花亂墜的藥販和看相者啊，早已口碑載道。姑置勿論，且說道上的兩所巍然矗立的洋樓吧，一是皇仁中學堂，一是庇理羅士女書院，兩間都是港政府所辦的。皇仁書院佔地更多，開辦已五十餘年了，校裏可容學生千餘，教科以英文為主，而以漢文為輔。共分八班，其第一班學生，可直接投考港大入學試及本地高級試。教授多至四十餘人，都是一時碩彥。裏頭有極宏偉之大禮堂，聞肄業那裏的學子，勤樸可風，為港中學生之冠。

庇理羅士女校，是建來紀念庇理羅士女史的，教科與皇仁書院同，但全校僅容學生五、六百人吧了。

一九三一年二月二日

香島(十二)

花園道側有來往山頂纜車總站，全軌長約一英里許，所經之地，都很傾斜。纜車形式，和舊式的電車差不多，共有二輛，一上一落，車的行駛，全賴山頂機房鋼纜的拉扯，它的上落情形，大概如下：

停在山麓總站的一輛，一聞山頂發來的電鈴，司機人立即回報，意謂已準備開行了。隨由山頂機房動機，停在山頂總站的一輛，就同時開行。隆隆的聲響，祇見上去的車和纜一齊拉上，過了兩個小站，即停在維多利雅山坳的駁軌處(即較剪口)。同時落來的，也適在這裏相會，分軌而行。過後，復行在單軌上，一上一落，每次需時祇五分鐘，利便得很。

山頂一帶，統叫山頂村，共有洋樓五百餘間，以外人住宅或別墅居多。其中佈置異常新穎，且各闢園地，蒔蘭藝菊，香播一庭。又有極壯麗的山頂酒店、山頂醫院、維多利雅醫院及六號警署等。

山頂纜車總站面前，有一所停轎場。右跑，則是環繞維多利雅山嶺的石橋，跑在橋上，俯瞰全城，街道如線，屋宇如瓦礫錯雜，海上的大小船隻，錯落得很有緻，即九龍半島一帶，也宛然在望，像看地圖一般。橋的路上，設有花園椅，備人坐看全港風景，有時雲霧籠罩了石橋的一截，涼氣侵人，如登廣寒，更覺奇詭，所謂「石橋霧鎖」一景就是了。

山巔豎一旂桿，用來報告現在這口的郵船是屬於那一國的，那裏除在重陽日開放外，平日都禁人登臨。

本地風光（一九一）

一九三一年二月三日

香島（十三）

山後有路通薄扶林水塘。又另一山徑，直達奇力山之麓，經永遠墳場的山背而折出香港仔，一路泉流淙淙，綠陰密邇，風景倒很幽妍。

香港仔也是本港市區之一，繁盛之處，雖比不上筲箕灣，但風景則遠勝。全區屋宇約有數百間，沒有甚麼宏偉的建築物。街道中如湖南道、湖北道等，都算廣潔。該區警署設在一個小邱上。茶樓有五、六間，其中最雅潔的，要算近海的一間，它適在市廛的一角，三面開窗，遠眺江上風帆，脷洲煙樹，幾有登黃鶴樓之感。

還有最使人難忘的，就是翹首窗外，叫喚傍岸的小艇，要蝦有蝦，要魚有魚，確是新鮮得很。捉上來製成三兩味，下酒佐膳，鮮甜適口，求之中環市上，是不易得的，故旅行到香港仔去，這一餐是缺不得的。

西邊，有華人永遠墳場及黃埔船澳。東去，則是香港仔村，田畝很多，村民皆雜姓，多屬周氏。

海上多漁船，和鴨脷洲僅隔一衣帶水，遙約一華里，往還有小艇，每人艇費約取三、四塊銅版，是相宜不過。

鴨脷洲的小邱，倒影海面，使成深綠，趁着林立的桅檣，格外見得幽趣。有時夕陽銜山，暮煙籠樹，海上的小艇，欸乃作聲；傍岸的漁舟，起縷縷炊煙，天末的海市蜃樓，作種種的變幻，真叫觀者神思嚮往。

一九三一年二月四日

香島（十四）

香港仔東行，至淺水灣，那裏很幽靜，有極宏偉的大酒店，其中設備，無微不至，居停多外人及貴族式人物。酒店之前，是環遊香島所必經之馬路，兩旁樹陰爽翳，鳥唱啁啾，俯瞰又是一碧漣漪，怒濤澎湃，是島中避暑佳地。

又東行數英里，過宮魚灣，即抵赤柱，是島中有名村落之一，位於赤柱半島之中部，東為大潭灣，西為赤柱灣，居民不過數百。有小商店、警署及聖士提反書院。

灣之一隅，林木蒼翠，景至可人。面海而建的，有譚公古廟，廟前放一古鼎，是道光九年所鑄的。

這個半島之極南，就是黃馬角村，遙望大洋，蒼波浩淼，雲霞出沒，水光掩映，確是奇觀。

沿赤柱山側北行，約一小時左右，可達大潭篤水塘。其東有大路通石澳，也是村落之一。附近有很清潔之沙灘，港人很愛到此海浴。又東北行，就見柴灣村。該村瀕海，風景很好，小屋凡百餘，居民多盛姓。其側的柴灣山，墳墓排列如雁行，很為僻靜，山下頻來怒濤撼岸聲，故當荒煙殘照時，覺得異常蕭索。

柴灣遠望，正對高佛頭山，相隅之海，很為遼濶，萬頃蒼茫，波濤滾滾，時來三數洋舶，正如滄海一粟。或見百十漁船，趁風張帆，出沒雲海間，撲索迷離變幻莫測，像這樣的自然界，大可收入美術家的筆鋒裏。

本地風光（一九三）

一九三一年二月五日

香島（十五）

全島的區域，其大概如上，但最繁盛的，仍首推中環，所有市街，幾無一不層樓高聳，整潔壯麗。遊行其間，只覺熙來攘往，車水馬龍，倫敦紐約，也不是過。

來香島的人，多向各熱鬧街道、各大公司、卜公公園、博物院、維多利雅山巔及其它遊樂場遊覽，或僱車環遊香島。路程大概是……由中環起，一路經皇后大道，至西營盤轉入薄扶林道，經香港仔、深水灣、淺水灣、赤柱之北隅、大潭篤水塘落柴灣道，至筲箕灣，經西灣河、鰂魚涌、七姊妹、威菲路、銅鑼灣、鵝頸、灣仔而返中環，約二十四英里，需時不過一小時。沿途幾把島中風景瀏覽無遺，當在島之北部一帶行駛時，則多城市景。餘如東、南、西三路則多海景及鄉景。若要一賞林泉幽趣，經堅道、堅尼地道、花園道、鐵崗，或上山頂，轉落黃泥涌不等。因為島中林泉較密之處，惟中都僅見而已，至於其它古蹟名勝地點，則絕對找不出來了。

（中原大俠按）大俠何幸，也整天混在香島討生活，故此城市間所特有的滋味，我都領略過一點。哈哈，我的生涯，是在中環街市側賣荳腐的，甚麼「姨太叫我買這樣，但是，順得姨太意，又拂了五小姐的意旨，那叫我好不左右為難呢。吁，今天真倒霉了。二少奶罵我起得太遲，把我打得遍體鱗傷，給我這兩角子，就硬要我買些好餸回來……唉……難道窮就要吃苦麼……」這樣烏衣隊中人語，真使我聽得不耐煩了。好，現在我又轉行了，幹甚麼，遲日正講……哼……香島……如此香島……

一九三二年二月六日

本地風光（一九四）

大嶼山（一）

從來苦行頭陀，或愛雅靜的人，多寄跡於山明水秀或崇山峻嶺之地。故此，想找些風景較幽勝的去處，沒有好得過向他們的居處來定遊蹤。諺說「忠臣求於孝子之門」，換句來說，名勝之地，也可以求之禪林或山莊獨多的所在。然而，本港固乏名勝地點，這是著者在本文所常說及的，大抵稍聞於時的，多推屯門的青山禪院，因為這裏往返很便，故易給人們所知。此外還有觀音山這幾間禪院吧。

可是，著者常聞人說，大嶼山那裏，還更多禪林呢。但好幾次想去遊覽，都為往返未便所阻，可喜現在的船期已更改了，抽暇作竟日遊，雖說不得詳盡的介紹，但以時間關係，勉盡我的見聞所及，和盤托出。那末，這個大嶼山，最負勝譽的，就是大澳這條村落和鹿湖洞及昂平山所有的禪林。故在行文之際，也側重這幾點。

查新界南約理民府所轄地方，中以島嶼為最多，據說約有九十英方里。而大嶼山這個海島，其面積則三倍於香島，是珠江河口最大的海島。惟在商務上說，和香島相較，真有大壤之別。

全島都是崇山峻嶺，聯屬而走，有若香島。最高的，要算鳳凰山了，約高三千餘英尺。它是在島之中部，近嶺處異常挺拔，常隱於雲霧裏，其峻峭雄渾之氣，遠勝大帽山。且在絕頂又有三寶（詳見下文），從之者有若昂平山、薑山、璧山、麒麟山、蓮花山、虎山、鷹山等。

島之東北部，和青龍頭相望，又和馬灣嶼相隔，一衣帶水，那裏便叫汲水門。東南接長洲，南望八東洲及數罟洲，西則一盼大洋，橫無涯際，北部則遙望青山。

一九三一年二月七日

大嶼山（二）

島上所有的村落，像東涌、沙羅灣、大澳、涌口、長沙等，都散見於南、西、北三部。東部衹有銀鑛灣，為本港知名的海浴場。而最重要的大澳村，則偏處西南一隅，它的形勢，倒像一個小港，東南岸斜行成灣。東有虎山，高不及二百英尺。南的鷹山，則稍奇偉，但也不過約有五、六百英尺之高吧。東南相接處，則是麒麟山，挺起灣之中部。那裏有街市，屋宇凡數百，最宏偉的建築物，推近海的怡香茶樓，高僅二層，一連數間。在這村落中，已是鳳毛麟角了。但是，還有建在海上的水棚，大小計來，都有四、五百間，它是用木柱支持着的，棚離海面可五、六尺，據説這可以避免潮水漲落，有時潮漲起來，幾浸進棚裏，很是不便。惟居民多屬浮家泛宅之流，他們衹求有地棲止而能避風雨，就算了事，故建築簡陋得很。

在鷹山那邊，有梁屋村，近海築堤壩，堤內都是鹽田。虎山那一邊，有警署及侯王廟，近海也築堤。中部則是繁盛之所在，共有太平、永安、吉慶等三條小街（有若九龍城九龍大街）。商店中如藥肆、銅鐵店、雜貨店、油漆店等也薈萃這裏，然而，多屬小生意，故見不得甚麼富庶。又有關帝廟、天后廟、闔澳團防公所、龍巖寺等。可是，灣水極淺，離岸八、九百英尺還未及膝，所以較大的船隻，不能下碇灣裏。即來往這裏的「新大」小輪，抵埗亦祗得下碇於警署對開海面，遠距墟市，搭客登岸，都賴小艇轉駁，每人取艇資一角。惟這裏海面，風大異常，駁艇多是無篷的。

本地風光（一九六）

一九三一年二月九日

大嶼山（三）

而且這裏正對大洋，又沒有其它小洲屏障，故風浪之巨，自是意中事，而潮水漲落，往往高至五、六尺，所以對於瀕海居民，殊感不便，那就因其形勢，築了兩度大的堤壩，一壁可阻潮水之深入，一壁則利用潮水之漲落，而闢鹽田，以收其天然之利，故此，這裏產鹽，要佔大宗。

每年五、六、七月間，西去的漁船，也多來此下碇，在這個時期，始覺繁盛一點，過去，則依然沉寂。

全澳沒有電火。晚間的茶樓，開至半夜。聽說運到這裏的貨品，銷路不甚暢達，它又遠離香島之西約二十餘英里，船行又轉折，常需兩、三個鐘頭方達，那麼，以言形勢，是多麼障礙；以言交通，是這般的不便，故遠不及長洲。

凡到這裏的人，必經其地警察盤問，看看他是否來探戚友，或居其地的，然後方許他登岸。若果是到探戚友的，必要說出其人的住址和姓名，有時警察信不過他的說話，倒會同他走去那裏查個明白，方可作其自由行動，不然，則打發他乘原船而返。這種辦法，不過維持該地治安吧，但旅行到那裏，具有相當理由，自得特別人情，許可登岸。

澳中田畝絕少，即所見的菜畦，也寥寥可數。至於街道呢，雖是狹窄，但整齊得很，兩旁舖戶也很寬敞，來的往的，多是鄉婦漁夫，麤服亂頭荊釵裙布之流，荷薪而往還，濶袍大袖的市儈，間中也來一兩個。這種風趣，儼然有古意。再看海濱一帶水棚，參差相接，有若連營數百里，這又是大澳所獨有的風光。

一九三一年二月十日

大嶼山（四）

大澳龍巖寺側的泥路，是直通鹿湖洞及昂平山的。初則濱鹽田而西行，約跑十分鐘，便見有溪自山間流出，溪上建橋，以達鷹山一帶村落。至此循着泥路向南行，山路漸逶迤而上，跟着也因薑山之麓的形勢而轉移，漸向層巒疊障裏去。那時所見的山石，嶙峋突屹，奇詭驚人，且多至滿山皆是，一種黯澹的景色，使人沒趣。再過一刻鐘，見道旁的小池裏，臥着一頭頑石，其形狀絕似一隻水牛伏在池中一般，他側首斜睨，鼻孔僅離水面少許，背上一小部分則為水所不能淹的。據土人說：「這一小部分，沒論池水漲至那樣，也不能浸到，這隻石水牛，早視為大嶼山的名勝了。而遠方來此的遊客，特地候至黃昏時，取其殘照景，攝影了他。」惟一瞧池之左右，都水流涓涓不絕，由這裏流下，跟着又向那裏流去，池中的水量，也沒有甚麼變動，牛背不能為水所淹之說，大概是形勢使然，好事者故神其説，未可取信。至若石之形狀，確類一隻水牛，在本港山石中，可算稀奇之物，這是大嶼山名勝之一。

再行五分鐘，便見有路碑寫道「左往鹿湖洞，右往石壁」。道旁建一涼亭，裏頭設一壺茶，以便行人憩息。坐在這裏，遙看對山山腰的觀音廟，數楹排列，隱在萬綠叢中，像在千巖萬壑間，獨現崇樓一角。聞這間廟是香江鶯燕集資所建的，她們都是帶髮修行，大抵沾泥飛絮，也想證人天之果呢。

由涼亭去鹿湖洞，需時也要一刻鐘。到此，觸目都是禪林和靜室，幾令人目不暇給，這是新界其它地方所不多見的。

本地風光（一九八）

一九三一年二月十一日

大嶼山（五）

最先映入眼簾的，卻是在左邊的一間靈隱寺。它是新建未久，樓聳二層，廣可三楹，紅牆碧瓦，殿廓輪然。門聯念道「靈資淨域，隱證禪門。」樓下尚在佈置中，登樓，便見圓通寶殿，所有神具，煥然一新。正中擺着七級浮屠，精緻得很。殿之左右，闢為靜室。聞最先的住持，是心空上人。後來心空以這裏太近人煙，特遠走昂平山的彌勒巖，現已轉交靈溪上人管理了。那裏風景不見得甚麼幽雅，惟對望的山間，又有紫竹林（山門之側，設至止亭，蔭以幽芳，景極閒逸）及寶蓮室。紫竹林是比丘尼的靜地，殿宇簡陋，陳設平常，門外一瞧，已見一斑，無甚可紀。寶蓮室則是端明法師個人修養之所。

再跑，峰迴路轉，林泉錯雜，靜室呵、尼菴呵，約有十餘所，散見於山坡上，都各擅其勝，可是多屬新建，且門雖設而常關，祇有筆紀其概吧。

「淨塵」這一間，門聯云：「靜悟皆空，萬章老樹千竿竹；塵緣淨絕，一席茆庵百衲身。」

覺盧云：「頓超覺海三祇劫，此是廬山五老峰。」

慧蓮云：「慧日義天諸闇破，蓮風性地五香薰。」

悟徹云：「五百年來，目前相識咨稱問；十數載去，背後荷擔是誰人。」

此外有隱徹、簷葡林、智積林、妙華禪、寶華禪等。

過些，有純陽仙館（光緒九年建），門聯云：「絳嶺分蹤，雖處天涯皈淨土；嶼山寄跡，猶起塵界峙中流。」下欵署「左春坊左中元湖北提督學政梁耀樞敬書」。橫額「純陽仙館」四字，則是前兵部尚書兼都察院右部御史閩浙總督某所書的，看來，它在大嶼山禪林中，算具最長遠的歷史了。（因為其它的禪林，都是民元以後始有的。）

一九三一年二月二十一日

大嶼山（六）

它雖是那裏知名的禪林，但裏面的佛殿和其它靜室，都呈一種冷落景象，聞住持的是果真法師。

由純陽仙館北行，有很整齊的泥路直透白雲深處，一路行來，四顧都是千巖萬壑，惟空山寂寂，極少人蹤。又沒有甚麼山莊，林木也疎落，看不見飛鳥的翺翔，找不着樵夫的斧柯，祇聽寥寂的荒山野嶺，盡付之蒼煙殘照而已。

漸漸向高處跑，這一截路程，更使人感着荒涼了。因為那裏約離海面有二千餘英尺，不絕地飛來飛去的雲霧，涼氣襲人，籠罩着四週，辨不出東西來。好像自己的身，也隨雲霧一般的浮泛着，疑是登了太乙三千界，把一切煩惱擺脱，不真知有人間世界。又疑是做着甚麼夢，四顧茫茫，此身已置於空幻中，很像連自己個人從空幻裏銷滅。

吁！前路茫茫，這不止是雲霧迷漫，人生的進程，也何莫不然呢。啊啊，這沒打緊，祇有我們的……精神、毅力……奮鬥便足以抵敵一切。然而前途的障礙，就是教訓我們的。所以我很贊成走進荒涼底空山裏，即使時時歷行荒涼的郊野，也是與我們別種認識，它絕能鍛練我們的精神，增強我們的體魄，給我們沉重的覺悟，深刻的廻溯……像這一回的跑路，便是大嶼山的好去處。

本地風光（二〇〇）

一九三一年二月二十三日

大嶼山（七）

在這雲霧瀰漫的境地，忽見前路有座亭了。它的位置倒不錯，建在半山的路邊，一邊以巖石作屏障，正面的一幅牆壁，題着「半山亭」三字，中間塗着一個擘窠大「佛」字，兩旁築有石凳。遠望，從霧隙裏瞧見一片汪洋，俯瞰則見斜坡奔馳，起伏成勢。在別方面，則萬山擁翠，盡潛於雲霧中，其勝概正不可以言喻。那時，雲霧仍未消散，別了半山亭，又向前跑，一樵婦迎面來，我問：「阿嫂，打這裏去昂平山，還有幾許遠？」她指着前面的一個老嫗對我説：「很近，她是去昂平山的，你可趕上向她一問。」

老嫗正在拿着傘子，挑起一包東西，踽踽獨行。驟聞我跑路的腳步聲來得迅速，急回轉頭來一望，我就問她：「伯母，昂平山離這裏還有多麼遠？」她答：「快要到了，轉過這個山腰，斜斜地落去就見，你來這裏遊玩嗎？」我説「是啊，究竟那裏有甚麼地方可遊覽呢？」她微微笑着說：「這裏有很多寺觀，我就是寶蓮寺裏頭的人，那裏又有十來個寺僧，你可隨便進去遊覽，整點飯或麵吃，都是很方便的」。

沒一會兒，果然瞧見前面的山坡上，建有數十間禪林。路口有木牌寫着道「左往大茅蓬，右往東涌」，說從前這裏的禪林，都是茅寮的，其中最大的一所，就是寶蓮寺，土人因此簡稱這裏一帶做「大茅蓬」。故此，現在雖已改建，但口頭上習慣了，仍多叫這裏做大茅蓬而不叫昂平山。

本地風光（二○一）

一九三一年二月二十四日

大嶼山（八）

這寶蓮寺共分數楹，後座題「寶蓮寺」三字，前座則分為三寶殿、怡山堂及靜室。該寺前住持為紀修老和尚，現年七十餘，是昂平山的有道者。他剃髮為沙門已三十餘年了。聽說他歷數十年都是坐而不臥，沒論晝夜，也是這樣，到晚上只閉目養神，起來，行動如常，所以他的背也弄曲了，故又叫他做駝背和尚。但是，他說起話來，不甚清楚，跑路要扶杖，手微顫動，大約前兩個月，他才把方丈讓給筏可和尚。筏可是來自鼎湖寺，年可四十許，嘗駐青山禪院。聞他對於禪理，頗有研究。

三寶殿中的大佛，是塑金的，高可六、七尺，華麗莊嚴，璀璨奪目。前有筏可撰的聯云「但願山河大地，清淨本然，悉成安樂土；普為三有四恩，志心一禮，皈向法中王。」壁間也懸着很多楹聯，是各山送來以祝筏可的，擇數則錄之如下：一云「傳燈卜奕葉延祥，蓄德居宗，靈傑嶼山鍾淑氣；秉拂具大人作略，含英拔萃，莊嚴獅座雨天花。」又云「杖拂雄奇，滄海月明龍聽法；巾缾嚴淨，竹林風煖鹿銜經。」又云「香海震潮音，沙界遍聞獅子吼；寶蓮尊法席，天邊獨步象王行。」

全殿佔地很廣，高凡數十尺，宏敞不過，但從窗櫺透進來的霧，使殿裏的椅桌都有點潮濕，即人們的呼吸，也嘘氣成雲，煞像仙境。

由殿後進去，便是禪堂，即各淨侶坐香之所。正中的一座，用板構成像小房子般，裏頭四面，垂以紗幔，中則高起成座，放一蒲團，說是給方丈所坐的。其餘的兩旁，排列蒲團十數。

一九三一年二月二十五日

大嶼山（九）

去年十月間，我國各山淨侶之來該寺受戒的，凡千餘人，情形異常熱鬧。這是大澳居民所引為談資的，那麼，昂平山不獨為本港的名勝，且在國中沙門，也是知名的了。

約離寶蓮寺之西半華里，有普明禪院，也具長遠歷史。據說該院的最先住持為觀清和尚，他在年前圓寂，舉行火葬，觀者滿山。當見他去焚化那兒，他尚能微笑說道：「你當我真的死去麼？」後來，他的弟子，竟因此而起爭執，有的主張立即把他火葬，有的贊成緩行，以觀其變，紛紛其說，莫衷一是。到底都贊成早些火葬的多，聞當焚他時，遍體都現紅色，頭上的火印，則現青色，觀者稱異，說是有道的表徵，至今仍傳為佳話。

普明禪院附近，又有靜悟林、覺道林、蓮池禪院、蓮池禪院等，還有很多尼菴，都是沒有堂名的，故從略。

北便近山巔那裏，有阿彌陀佛殿，住持的是慈謙長老，年已八十餘，嘗為廣州南華寺住持，以現在的昂平山禪林而論，他算最老的一個。從這裏右望不遠，雜在巖石中，有較大的石一頭，上面題一「佛」字。又橫題「福海靈山」四字。上些，便有一座「韋馱寶塔」，高約十餘尺。聯說「威靈鎮四海，護法感三洲」。塔頂建蓮花座，上復加七個鐵圈，像燒起的香塔般。對望，就是「般若殿」，門聯云「普渡群生離苦海，拔除煩惱出三途。」裏邊很是狹窄，

懸一大鐘，上鐫「七佛塔寺」四字。由殿而下，昔建有極精雅的牌坊，今為颶風所摧毀，遺跡尚存。

本地風光（二〇三）

一九三一年二月二十六日

大嶼山（十）

般若殿折下不遠，便見彌勒巖。這巖倒也奇怪，中部深陷，上的像屋簷般，下的像神案般，住在這裏的心空上人，就照着它的天然形勢，在那裏建成一屋，題其門道「千萬一」，取「千萬歸一」之意，門前正遙對鳳凰山。

那鳳凰山真是崇峻得很，大約由彌勒巖仰視，還有一千英尺，方達其巔。這一截獨高聳雲表，峻峭挺拔，奇偉不過，長形勢論，當遠勝大帽山了。

據土人說：「絕頂的巖石間，可見蠔殼。又有三隻茶杯，放在巖裏，但想拿它下山，到

了半途，就失掉了，故叫它做三神杯。巖之左右，有茶樹數株，擷來泡茶，色如滾水，惟茶味則如六安或普洱一樣。」這三種東西，說來倒近神話，但土人們言之鑿鑿，姑存其說吧。

（中原大俠按）聽說大嶼山東涌附近，嘗發現猛虎。現聞人說實沒有其事，有些說，鳳凰山那裏，真有豺狼發現。還有的說得更奇，嘗見一白額虎，由大嶼山跳下水，直向長洲泅去，這事更不足取信了。

篇末

好了，就趁着這二百續的篇末，來結束這篇〈本地風光〉——吧，本來像這樣的題材是廣泛得很，想到就寫，見聞得來也可以寫，沒有了期的啊。但是，現在著者心緒有些麻煩，又不想擱至異日續稿，故此暫和閱者告別，候有機緣，或另撰別文來相見。

（全篇已完）

香港新界百詠

一九三八年五月三十日

1 九龍城

一屏列岫擁孤城，此日烽煙百感生；
惟有龍津舊時月，照人無限別來情！

九龍城居金鳳山與赤綱嶺之陽，宋名「官富場」，清改「九龍司」。道光間建有九龍寨城，協鎮巡司皆駐其內，並有民居數十間，今盡拆卸。濱海曰「龍津」，昔有砲台、龍津亭、龍津橋諸勝。今衹存碑碣廢砲而已。茲值寇燄東來，避居港地者日益眾，九龍城亦已樓台歷落，馬路縱橫，半江漁火，一片滄桑，龍津月夜，感慨彌深矣！

2 沙田

沙海迴環映斷堤，道風鐘送夕雲低；
遊人錯認西湖路，小息亭間待鶴歸。

沙田在金鳳嶺之陰，瀝源灣之南，九廣鐵路經此，原名瀝源，潮退

啟德濱

沙現，一望數里，故名。其地三面山而一面水，濱海長堤，茂林修竹，幾杆疎鐘，起自道風山上。鼇洲屹立如孤山，堤如白堤；望夫石如保俶塔，遠望水牛山、馬鞍山如南北二高峰。望夫山即葛嶺，田心圍禾雲似海，可作「空谷傳聲」。鼇洲之東有斷堤，可作「平湖秋月」。昔林和靖於孤山建放鶴亭，客至值已出，放鶴高飛，林氏見之，即返。沙田風景如此，故名之曰「小西湖」，亦髣髴如西湖矣。

香港新界百詠（二）

一九三八年六月一日

3 佛堂洲

犄角佛堂此一洲，葉家生聚幾經秋；
稅關尚有遺跡在，落照頹垣古渡頭！

佛堂洲又名斧頭洲，峙立鯉魚門外之將軍澳灣海中，洲上僅葉氏一家。清時設稅關及砲台於此，後砲台移置九龍寨城，稅關亦廢，固佛堂門海峽之犄角也。

沙田大涌橋

4 蝴蝶谷

松濤一壑夢莊周，欸欸風華入我眸；
信美湖山慚作客，禪心偏向醉中求。

蝴蝶谷在小蓮澳山與石梨山之間。自荔枝角梅江旅館側循徑登山，約二十分鐘即達。其地多松，幽蒨可喜，若值蝴蝶紛集，尤為奇觀，但不常見。近來旅行者多喜趨此，以其往返便利也。

5 三疊潭

留人喜有潭三疊，進食爭趨石一頭；
為問米顛誰得似，茂峰題字亦千秋。

三疊潭在荃灣老圍村之北，源出大帽山之麓，流經巖石間，窪而為小潭，可泳可跳水。三疊潭側，有石挺立，其下築石桌石凳，側可為廚，最宜野餐。千佛山東普陀寺住持茂峰上人題字其上曰「英雄石」，其頂可拾磴而登也。

三疊潭

一九三八年六月二日

6 侯王古廟

不絕行人拜古祠，侯王亮節記題碑；
如今衰草斜陽裏，誰為南朝惜黍離？

廟在九龍城白鶴山之麓，建自宋末，初僅為一小寮耳。民國六年，東官陳伯陶為碑文誌之，謂所祀者，殆楊淑妃之弟亮節也，侯王其封號耳。該廟香火頗盛，附近有張壽仁所書「鵝」字，字大六七尺，鐫於石，引為勝蹟。春秋佳日，士女如雲也。

HAU WONG TEMPLE, HONG KONG.

香港侯王廟

侯王古廟

7 宋二王台

龍宮鎖寂慈元咽，賸此荒邱作宋台；
倍覺鰲洋明月夜，慈元端為宋君來。

在九龍城馬頭涌畔之聖山上，宋景炎二年四月，益王昰衛王昺奔竄至此，吾故曰「宋二王台」，史例也。其時二王皆幼，益王十，而衛王七歲耳。明張詡全后疑陵詩有云：「祇應此地衣冠在，月色長如見母顏！」慈元殿乃楊太后所居，太后哀衛王昺而死，故云。鰲洋即香港海面之古稱。

8 鳳凰山

鳳凰拔地勢尤雄，遙顧青山揖讓中；
莫道危崖難駐足，吾儕早上最高峰！

在大嶼山之中部而偏於西南，高三〇六五英尺，新界高山，僅次於大帽，而雄峻則過之也。巔有二峰，挺立如危崖。數年前，吾儕旅行同

宋二王台

庸社行友在鳳凰山

志十餘人，曾先後攀登此二峰，稍歷艱險，引為快慰。

一九三八年六月四日

9 大澳

涌上為廬海煮鹽，鷹翔虎踞兩山麓；
歸帆趁得黃花水，明月清風酒債添。

在大嶼山之西南，新界南約重鎮之一也。澳之南北，分踞鷹山、虎山，各象其形，洵奇觀也。居民二千，多業漁，架木為廬，列居涌上。亦有市街、警署。東岸多鹽田，《縣志》稱李文簡食采處，其源古也。每年夏曆八月至十一月，此時期稱黃花水，蓋出海捕魚者，必盛獲黃花魚以歸，歸必麕集於此。漁艇多至千餘，一時甚盛，所產黃花魚卵，為最有名。

大澳

10 東涌

故老能談清守吏，漁人亦事於西疇；
大鵬右協舊遺壘，荒草頹垣滿故邱！

在大嶼山之北，居民皆業農漁，小村十數，人口數百。清時設大鵬協鎮右營守府於此，建砲壘、砲台各一。砲壘周廣數千方尺，為門三，置砲六尊，今尚存。砲台則在東涌口斜坡上，雜於荒莽荊棘中，幾不可復認矣！

11 九龍寨城西郭

寨城西望一城門，古道青磚冷共存；
斜日拖來樵子影，寒山依舊數荒邨。

在九龍寨城之西，僅有城牆一度，建於邱上，為門一，以通九龍仔、鴨仔寮、九龍塘等地。昔為往來孔道，今則時移勢易，九龍仔等數村落，亦已夷為平地，無復舊觀。想此僅餘之城郭，快將拆毀，付之漁樵閒話中已。

東涌寨城

九龍寨城

一九三八年六月五日

12 新娘潭

八仙嶺下新娘潭，飛瀑懸崖夕照間；
遠籟生林潭逝影，一春如夢落花閒。

在新界東北，烏蛟騰村之西南，去大埔墟七、八英里，倚八仙嶺之麓，幽壑懸崖，巨瀑飛濺，瀉於潭中，如霧如雨；小立其前，寒徹襟袂。其旁萬木扶疎，風生還籟，炎夏至此，有如九秋，神為之怡。傳明末清初，有于歸新婦過而溺於潭中，故名。

新娘潭

13

荃灣

青衣為障帽為屏，樓帶田疇一水清；
綠樹扶疎曲徑裏，鐘聲輕渡短長亭。

在大帽山之南麓，青衣峙其前，一水縈洄，倚山若抱，誠天然之佳港也。又有禪林亭沼諸勝，出產以波羅為最著。最近建有洋樓數座，新闢街市馬路。漸以繁盛，亦南約重鎮之一也。

14

馬鞍山

瀝源飲馬最奇觀，鞍嶺朝暾似錦團；
漫説羅裙鋪地好，要從絕頂上雲端。

在西貢之西北，西麓止於瀝源灣，高二二六一英尺，兩峰相距，形如馬鞍，故名。若登獅子山巔望之，絕似一馬垂首瀝源灣而飲水，至為奇觀。絕頂居東，頗峻峭，雪根拔地，側為危崖，高數十丈，在頂下望之，不敢久視。麓有羅裙鋪地之形勝，新界土人稱為佳城。鞍嶺朝陽，光芒燦錦，為新界十景之一。

庸社行友往荃灣途中

庸社女行友在馬駿山

15 分流

一九三八年六月六日

落雲隨雨到分流，夜夜濤聲拍岸愁；
衹有荒煙餘廢壘，伶仃海外夕陽秋。

在大嶼山西南，一作分流。前臨西灣，南行斜出半島，一石挺出，土人稱石笋。有石笋村，居民二百，多龔、梁、何、張等姓。近海有蝦膏廠四所，東去小邱之巔，一古壘雜於莽叢中，修五丈，廣十丈，僅餘圍牆，砲亦無存，《縣志》所稱之雞翼角砲台者是。由大澳南涌經二澳至此，約行二小時。至今尚有當年之砲台守兵居於石笋村。

16 雞翼角

雞公山下一逃禪，風磬煙鐘不計年；
此日天涯同冷落，牧羊人立海潮邊。

亦在大嶼山之西南，有雞公頭山。南麓臨魚灣，一片白沙，怒濤澎湃，普濟禪院在焉。其南有雞翼洲，僅隔一衣帶水。院建於光緒廿九年，範以短垣，右側築茅舍，闢地牧羊，平海人丁慧鵬居此，內奉觀音，雖名禪院，與居士林等同。

17 昂平

與僧雲水話相忘，彌勒山前一瓣香；
説到風旛無旛處，疏鐘細雨送斜陽。

在大嶼山凰鳳嶺之腰，高二千英尺，四山環合，勢如高原，故曰「昂平」。其地禪林至多，有石鼓、蓮花台、彌勒山、木魚山諸勝。梵韻鐘聲，雲濤霧海，境界清絕。昂平禪地，為新界十景之一。

昂平牌坊

一九三八年六月八日

18 坪洲

坪洲如畫水痕拖，滴翠山光漾碧螺；
肉眼疎離沙淨處，東灣消受月明多。

在獨鰲洋中，去大嶼山東北岸一英里。居民六七百，農場、灰窰、皮廠、茶樓，學校皆有之。又有天后宮，建於嘉慶戊午年。其前豎有道光十五年七月十九日新安縣正堂盛氏所批示之〈奉禁封船碑〉，該地掌故之遺跡也。

19 長洲

峰巒起伏似三牙，一海桅檣夕照斜；
尚有漁歌爭唱晚，灣西明月晒銀沙。

去坪洲之南四英里，南北高而中陷，形如三丫，故《縣志》稱三丫洲或三牙洲。乾隆五十年，已置長洲墟，見該洲西北之天后古廟鼎篆。今有居民五千餘人，市街頗繁盛，過於大澳，南約重鎮，足與荃灣並峙，而建設之美備，則為之冠。洲中碑版，多有九龍大鵬協鎮都督府賴鎮邊留題。洲北之玉虛宮，香火甚盛，歲必建棚演戲，蓋漁人多樂於此，神權更著。而灣環勝處，頑石嵯峨，怒濤撲岸，尤為奇觀。

20 荃灣東普陀禪院

鐘聲今渡普陀東，千佛山頭訪茂峰；
雲可成巒月化水，我心如值萬花紅。

在老圍村之東北，民國廿二年秋建，頗具亭台花木之勝。住持茂峰

長洲坐輕舟

東普陀禪院

上人為予書一聯云：「月來滿地水，雲起一天山」，隱有禪機也。

21 杯渡山

一九三八年六月九日

洞古雲浮峰插天，漫山澄翠靜如禪；
傳宗一葦思杯渡，猶有韓碑話當年。

在屯門灣之西，亦名青山，高一九〇六英尺。東北走與靈渡山相接，綿延六英里，勢列如屏，林木蔥鬱。頂若筆鋒，巖石挺出，有韓愈所題「高山第一」四字。又有紫霞洞，昔人煉丹處也，今則荒草蔓生，滄桑陵替，不可復尋。相傳劉宋元嘉間，杯渡禪師卓錫於此。唐時，又為聖道場所，其名乃顯。憶青山禪院客堂有高浩文所題門聯云：「韓碑屹立，杯石依然，過客偶題新甲子；唐代羈磨，宋王行在，老僧能説舊山川。」其情深也！

庸社行友在杯渡山

22 青山禪院

翠竹蒼松十里亭，閒雲時亂半山青；
沿鐘一路尋杯渡，花落庭深好聽經。

在杯渡山之大麓。民國七年，顯奇上人建。上人受戒於浙江寧波觀宗寺諦閑長老，傳天台宗者也。該寺建設頗多，有化龍巖、杯渡巖、韓昌黎碑、黃椰川碑、香海名山牌坊、魚墳、海月亭、居士林、觀音閣、虎跑泉、桃花澗、青雲觀、方丈室、大雄寶殿、地藏殿諸勝。而鐘通下界，雲倚禪樓，青磬紅魚，古松修竹，洵為洞天福地。其山門題聯云：「十里松杉藏古寺，百重雲水繞青山。」可見其勝概矣。新界禪林，以此為冠；而杯渡晚鐘，為新界十景之一。

青山禪院

一九三八年六月十一日

23 屯門晴雪廬

一廬晴雪倚屯門，回首青山挹翠魂；
覓得釣磯亭畔坐，吹殘鐵笛又黃昏。

在屯門新墟，濱海而立。民國七年秋，曹受培建，亦曰「曹園」。曹以清末優附生而任山西冀甯道、歸綏兵備道，兼節制邊防蒙旗各營，轄太汾潞澤遼沁平七府州兼管水利事務等職。其尊翁秉哲號吉三，為名翰林，著有《紫荊吟館詩集》行世。其哲嗣幹濬，能為社會事。曹氏退官居此，經營鹽田，鹽佈海濱，一望如晴雪，故名其廬。曹別署曰「青山漁隱」，築漁隱釣磯，臨水為亭，題碑誌勝。園內亦頗擅亭台花木之雅；而於其暇日，嘗集丁伯厚、張學華、陳子礪，吳道鎔等，倡為文會，詩酒流連；所成佳什，榜諸其室。今則曹氏已歿，鹽田亦廢。庭間草蔓，興人琴之悲矣！傳其地為七星伴月之勝處，黃椰川詩有云：「鐵笛吹殘斜照外，屯門截得一隅紅。」即指此也。

屯門新墟晴雪廬

24 紅水橋丹桂村

古木蕭蕭紅水橋，深深庭院百花嬌；
園開三徑辭彭澤，一片豪情付落潮。

在紅水山之麓，去屏山之南一英里，紅水河經此而入后海灣。其地多園林別墅，有靈谷別苑，及梁焯生、鄧鏡生、林隱青、楊鼎中等別業，各為園庭，蒔蘭藝菊，三徑幽芳，雅有深致。

一九三八年六月十二日

25 藍地蓮慈靜室

拈花藍地證禪如，一片丹心月上初；
好讓青山緇客佔，一花一葉有吾廬。

藍地，一名「營盤村」，去屯門新墟之北一英里，在青山道之東。有黃家園，清涼法苑等靜室。黃家園即蓮慈靜室，居者黃姑，法號蓮慈，民國初年，結廬青山。及顯奇上人至，讓地與之，移居於此。故其門聯有云：「讓步青山資養氣；移蹤藍地笑拈花。」其言別有所寄，談青山掌故者，宜注意及之也。

26 屏山

塘靜深藏塔影肥，一邱浮綠滿芳霏；
愈喬祠望屏山市，幾角樓簷帶落暉。

一作平山，去元朗之西二英里，居民數百，多鄧姓，系出廈村。有警署、農場、屏山市、新界田土廳、愈喬二公祠，及魁星塔等。塔在屏山市側，前有魚塘，倒影塘中，景至妍逸。最近該處又闢唐人新村，頗擅園林之美。

屏山留影

27 廈村

廈村彌望景偏深，一角圍牆出遠林；
處處排青翻綠浪，崇楹榱桷落花侵。

在屏山之西北，西望靈渡山，村居建圍，繞以溝，四望田疇阡陌，湧翠排青，至快人意。鄉民鄧姓，可二千，有鄧氏宗祠，凡三楹立，至為宏敞，新界望族之一也。

一九三八年六月十三日

28 靈渡山

丹爐舊井白雲封，后海禪山第二重；
杯渡何年一去後，衹今孤寺聽殘鐘。

高一千四百餘英尺，在廈村之西，土名大頭山，南接青山來脈，形若張傘。屏山、橫洲，元塱一帶勢如平原，西望高山，衹此而已。《縣志》稱杯渡禪師嘗駐錫於此，亦有杯渡井，其水甘冽，今已湮沒矣。

29

靈渡寺

靈巖水冷絕塵經，古井禪蹤話舊時；
但笑山僧如謝客，行人須折路旁枝。

在靈渡山之東麓，左右山坡如抱，流泉涓涓，林木交蔭，遠絕塵囂，人跡罕至。內祀靈渡菩薩，附壯繆、純陽二神。亦有大雄寶殿。住持曰性明。壁間鐫有廈村里人鄧惠麟等所立之〈寵榮公軼惠碑記〉。山門臨小溪，大鵬協副將張玉堂拳書「靈渡寺」三字。寺後有靈渡巖，水清而甘，寺人食水，仰給於此。

靈渡寺

30 元望

橫塘嫩綠映樓臺，一帶平疇擁翠來；
望族錦田分一脈，英龍圍舍倚山隈。

居后海灣之東南，環繞新界之公路，則經其側，有新、舊二墟，居民數千。在元望山側，有英龍圍、黃屋、大圍等村。英龍圍鄧氏，錦田支族也。該處多魚塘，林木蕭疏，灣環之勝，恍如小湖。市政亦甚蓬勃，北約重鎮之一也。

香港新界百詠（一二）

一九三八年六月十五日

31 橫洲

象山挺立一洲橫，為圃為漁少作耕；
后海月明波弄影，蠔田時共海潮生。

居屏山元望之間，本屬一小半島；以其形如洲，故名。若沙田之黿

元朗舊墟

洲然。村居多集於東部。由元塱至此，可半英里。村人多以捕魚種蠔為業。中有蔡氏者，先世原籍洛陽，後遷寶安之南頭，再移居於此，建有娛苑，廣植菓木，又築樓台，巍然矗立，頗擅園林之勝。其後為象山，《縣志》稱丫髻山；錦田鄧氏四世祖符協葬此，地名仙人大座，新界佳城也。

32 錦田

黃雲四野田如錦，宋代衣冠見舊圍；
自是南陽稱望族，崇寧遺事有題碑。

去元塱之東二英里，居錦田河下游，其南一望平原，大帽山、觀音山、磨刀岃山、列如屏障。村居建圍凡六，鄧氏居之。其先世為江西吉安府吉水縣白沙里人，至四世祖符字符協，始來居此。符以進士官陽春縣令，時宋崇寧年間也。崇寧為宋徽宗年號，去今八百餘年矣，該鄉吉慶圍門右有碑誌其事。鄧氏為南陽世系，種族繁衍，新界之元塱、屏山、廈村、龍躍頭、大埔墟等處，皆有其支族。其十七世祖泉菴，以進士官至浙江衢州府龍游縣知縣而加贈儒林郎者，鄉人建祠祀之。又有祖曰自明，娶宋高宗之女，封稅院郡馬，今葬凹頭佛凹嶺，地名狐狸過水。近世如鄧伯裘、鄧煒堂、鄧勳臣、鄧慶堂等，皆為新界紳耆。則此鄉為新界最古之鄉，而其族人亦為新界最繁衍者也。

一九三八年六月十六日

33 逢吉鄉

菟裘營得錦田邊，逢吉鄉中正穩眠；
似聽霸陵呵夜獵，橫戈躍馬想當年。

在錦田之西北。南接沙埔，北通博圍，旁臨凹頭至上水之馬路；遠樹平堤，波光雲影，至顯幽妍。此鄉為已故協威將軍沈冠南鴻英所闢者。沈原籍岡郡，後遷柳州，釋戎以還，遂家於此。樓建數楹，為垣以範，左曰「鎮南堂」、「協威樓」；中曰「上將府」，右曰「沈氏家祠」，其旁，馬廐在焉。所懸楹聯，多出時人手筆，有曰：「氏原公姓。家本將門。」又曰：「鶯遷從柳地。鷦寄得桃源。」樓之周，田畦阡陌，間植菓木。沈於閒居之暇，好策馬馳騁山間。故時將軍，猶欲作霸陵夜獵之想乎？

逢吉鄉上將府

34 觀音山

山容趺坐似觀音，佛妙參來天地心，
十八邱陵羅漢立，錦田傳勝到如今。

去錦田東南二英里，高一六八八英尺。脈接大帽，北走下垂，是為林村凹，西麓一帶，八鄉在焉。是山形勝極佳，自凹頭望之，如老僧垂肩交手接拳屈膝趺坐，有齋罷垂垂渾入定，菴前潭影落疏鐘之致。倚麓有蓮花地。觀音坐蓮，為新界十景之一；土人又謂其前左右分列小邱十八，故曰「十八羅漢拜觀音」。而紫竹林、凌雲寺，圓通庵分處其麓。新界禪山，與昂平，杯渡鼎足而三也。其巔巖石雄踞，荒莽塞途，幾經穿插，始躋其頂，惟林木環立，未便俯瞰。傳有石鼓、怪井、石碗等，為該山之勝云。

一九三八年六月十八日

35 八鄉

村居錯落錦田隅，傳勝黃龍一吐珠；
廣廈宏開同益校，八鄉教育樹良模。

錦田之東，小村錯落，其著者有八：上村、上輋、橫台山、圓崗、滿崗、蓮花地、長莆、水牛田，即所稱之八鄉也。村居散處雞公山、大羅天山、磨刀刕山、觀音山、大帽山、打鼓山、蠔殼山之麓。豹隱層巒，螺堆列嶂，遠嵐晴翠，山色如畫。其前禾雪似浪，一望平原。計有居民千餘。民國十年九月，建同益學校，凡三楹立，校風極佳，為新界教育之良模。又有黃龍吐珠、落地金錢諸勝，而錦田河上游，支流四出，田獲以灌溉焉。

36 凌雲寺

凌雲律寺出幽泉，風定山幽鳥語圓；
花落蒲團禪意懶，鐘聲一杵夕陽邊。

原名凌雲律寺，在觀音山麓之上村。寺建於明，道光元年及民國十三年重修，幾經改建，非復舊觀。今則有大雄寶殿、觀音閣、地藏殿、甘露門、普渡橋、方丈室、蓮池，石室諸勝。重修之碑，立於寺左，一為欽授儒林郎太常寺博士乾隆乙亥恩科亞元陳鴻章所撰，一為住持妙參偕徒智修喜修募化立。妙參駐此最久，圓寂時年七十有八。今觀音山之僧尼，多其弟子也。智修為勞肇光太史之妹，繼妙參、觀修而任住持者。該寺位於幽澗流泉間，萬綠如雲，山光鳥語，禪悅清趣。寺鐘頗大，與青山寺、寶蓮寺所見者相若，鐘聲動處，響徹全山。而觀音山之巔，適與此遙遙相望，青蔥之氣，撲人而來，游山者多趨此。錦田清水邊之覺照園，即其下院也。

凌雲寺

一九三八年六月十九日

37 圓通菴

疎林曲澗繞圓通，九品蓮華法乳幢；
種得靈苗人去後，石門依舊滿清風。

在觀音山之麓，由凌雲寺南行至此可半英里，附近即黎公田。疎林曲澗，小院平橋，別有深致。菴建於民國九年冬，俗稱蔴雀菴。有門聯曰：「聞中深入山河淨；見處周偏大地寧。」佛中語也。內祀釋迦、準提、文殊三尊。菴後闢小園，稍植菓木，又有石門，顏曰「般若門」，形勝天然，清風爽颯。開山法師妙參，傳宗於此，今奉其禪像，以資景仰。

38 紫竹林

涼翠修篁紫竹林，一樓清磬法華深；
重生劫後香煙嬝，孤嶺寒鐘明月尋。

居觀音山之腰，仰望山巔，青翠欲滴，其勢下降，至此凝聚。樓臺三疊，修竹繞之，清篁瀟洒，景至幽深。山門曰「殊勝門」，聯云：「到此已無塵半點，上來更有碧千尋。」正門聯曰：「松下剪雲縫鶴氅。花間滴露寫鵝經。」內奉三尊，各高六尺，髹金，絢爛奪目。此為女兒靜修之所。民國十六年丁卯程四姑等建。嘗遭盜劫，相與引去，山門嚴閉，暫避其鋒，時民國廿一年事也。其明年秋，重整山門，闢蓮池，增栽植，引流繞之，涓涓然也。曼殊句云：「蒲團坐耐江頭冷，香火重生劫後灰」，斯亦有同感也。

香港新界百詠（一六）

一九三八年六月二十日

39 錦田河

一流帶錦出橋西，后海溟濛江樹齊；
惆悵南朝風物異，疎星澹月映長堤。

錦田河發源於大帽山之西北，經黎公田、石頭圍、鍾屋村、上村圍、蓮花地、錦田、逢吉鄉、沙埔，而入后海灣。支流甚長，來自大帽山之西，經長埗、圓崗，至錦田而會，長凡六英里。上游淺狹如溪澗，下游稍廣，灰沙圍，沙埔一帶，岸曲水迴，有如小湖，間有小橋三數。凹頭至上水之馬路，跨河而行，樹色蕭疎，長橋瀉影，風景幽蒨。錦田為新界最古之鄉，山川人物，益彰其妍，而此河亦為新界四大河流之一也。

40 新田

風簷展讀倍心驚，一過新田一愴情；
祇見文山遺族在，幾人涕淚哭新亭！

在新界之西北，西臨后海灣，東望麒麟山，去上水四英里耳。居民二千，皆文姓。先世居江西吉水縣，至十三世祖天瑞，始來廣東之惠陽。尋遷新安縣之西路，落籍廣東而後，至七世祖乃遷新田。天瑞者，諱輝，號東山，宋少保樞密使信國公文天祥之弟也。信國公淑配歐陽氏，無所出，其弟天瑞以子承繼之，遂衍其流。今日新界新田與太坑之文氏，皆信國公之遺族也。該處有祠四，曰文氏宗祠、莘野文公祠、麟峰文公祠、汞秀文公祠，祠堂之多，新界僅見。田畝濱海，縱橫甚廣，所產紅穀，最宜製酒。

一九三八年六月二十二日

41 鰂魚傍磡

風簷展讀倍心驚，一過新田一愴情；
傍磡文山似鰂魚，大頭紅水兩邊舒；
屏為杯渡涌為帶，遠望屏山一案如。

新田文族七世祖，葬於屯門新墟新圍仔附近，地名鰂魚傍磡，亦曰蝦公地，土名文屋山。墓倚小岡之腰，形勢極佳。堪輿家曰：「背負青山作主，左聳大頭山，右列紅水山，其勢若抱；前望屏山小邱，峙立如案，近臨小涌如帶，此牛眠地也！」墓碑苔蘚漫滅，題曰：「新田鄉闔族祖考，修我祖世歌文公妣淑德婦人邱氏之墓。」刻誌十行，糢糊難辨。世歌諱利濟，號新漢。明初，以避征軍役，來居屯門老虎坑；後遷新田，是為文族落轉新田之始祖。長子佛保，號麟峰，葬麒麟山；其裔分處洲頭、埔田、米埔、太坑等地。此墓嘗失其處，久覓復得，乃重修之。然新田文族，至今已五百餘年，為新界第二古鄉，且為民族英雄文文山之後，茲簡述其祖墓，使採風問俗者，知所觀覽焉。

42 勒馬洲

洲如勒馬水之涯，故國雲山隔岸賒；
斜葦渡旁波似笑，過河怯問到誰家。

去新田之北一英里，居深圳河口，與寶安之水圍村相望。側有小邱，形如勒馬，警署在焉。臨水多沼澤，墾以為田。村居數十，偎山而立。附近有茶寮及我國之稅關廠。其前即為渡河小艇停泊之處。

一九三八年六月二十三日

43 金錢村

城門谷住不知年，僻建水塘始別遷；
舊地詎思滄海變，新居月喜得金錢。

去錦田東南一英里，村居十餘，居者鄭姓，原住城門谷；民國廿二年間，香港政府在城門建銀禧水塘，乃移居於此。該村人云：「此地形勝，術家稱落地金錢，遂以名其村也。」村宇極整潔，有翰鵬鄭家祠，內曰「通德堂」。附近有息肩亭。其前之山徑，為往來錦田八鄉之孔道。

44 狐狸過水

宋封郡馬餘芳塚，南渡衣冠別恨多；
回首莞城獅子地，清風明月又如何。

在凹頭佛凹嶺，嶺高十餘丈，山勢起伏，形如狐狸，且瀕后海灣，術家因美其名曰狐狸過水。錦田鄧氏分房祖自明公之葬地也。由凹頭茶亭側沿馬路向北行，約五分鐘，左望斜坡，青蔥可愛，土名狐狸爪。由此登山，可數十武，即至其地。自明者，宋封稅院郡馬，賜祭田十頃，東莞之山埸餉渡並賜還。據廈村鄧氏宗祠內之贄惠二公碑有云：「承直郎元公，值宋高宗南渡時，國步多艱，公任贛口，勤王詔下，提公入衛，遇宋幼姬，與兵質廢中，奉之以歸，予其子。」墓誌則云：「祖諱維汲，字自明，號吉山，乃元亮公之子（略）。時宋亂未平，公與姬隱於錦田莊舍，至紹熙年間，公已歿。」而皇姑趙氏則葬東莞石井獅子滾毬地，且附祀於資福寺云。

一九三八年六月二十五日

45 上水

太守曾跨一萬石，科名爭說兩神童；
高陽廖氏居河化，閩海雲山百萬重。

原名鳳水鄉，在新界大陸之北，昔為新安縣官富司所轄之地。有丙岡、嶺下、隔田、下水、河上鄉，石湖墟，龍眼園等處。居民數千，多廖姓，系出高陽，西晉鎮國大將軍子璋之後也。先世居江西鹽都賴坪禾田。元初，由閩之粵。明萬曆間，聚族居河北之上，故名上水，迄今其族蕃衍，可千餘人。清季，科名頗盛，嘗任太守者五，因題扁于宗祠曰：「澤綿萬石。」又有有容、有執兄弟，有容拔貢生；有執十八歲舉孝廉，盛以神童目之，至今傳為佳話。順治三年九月，建圍以禦李萬榮之亂，圍址尚在。其宗祠則去警署不遠也，茶樓商店，皆在石湖墟。每年新界農展，多在此舉行。

46 雙魚嶺

山川也解恩情好，故並兩峰鰜鰈魚；
四面樓台皆在水，避炎明月入吾廬。

在上水河上鄉，去上水車站之西二英里，《新安志》云：「雙魚嶺在縣東上水河上鄉，兩山相並，如魚戲水。」山名鯉魚山，居鳳水河側（深圳河支流），高數百英尺，有鯉魚背村。兩山相距處曰「雙魚洞」，觀其形勢，則在兩魚頭之間也。其地多墳場，碑墓之飾，各擅其勝，惜流泉較少耳。

一九三八年六月二十六日

47 羅湖

華夷分限到羅湖，野渡煙迴仄徑迂；
但見磚窰凌漢立，滄桑奚忍認輿圖！

在新界大陸之極北，當深圳、鳳水兩河之匯。沿河小邱峙立。側有大路，東北行，經逕頭、打鼓嶺、逕肚、逕口而達沙頭角，凡七英里。渡河即屬寶安縣，亦稱羅湖，村居在焉。英屬僅有羅湖磚窰一所，煙突高廿餘丈，經營十餘年，今已停辦。直達廣州之公路，即經其側。南去上水，一英里耳。

48 粉嶺

樓臺歷落出平疇，粉嶺風光一望收；
話到隴西彭族事，六卿九子十知州。

原名粉壁嶺，距上水東南一英里許，九廣鐵路分站之一也。東北有

深圳車站

馬路直達沙頭角，長約七英里，軍地、孔嶺、龍躍頭、菱角圍、新圍、安樂村等，皆其附屬。神山東峙，一望平原，樓台歷落，景至幽也。安樂村、賽馬場、藏霞精舍、蓬瀛仙館、芝華堂、禮拜堂等，皆具園林之勝。土人系出隴西彭氏，世居粉嶺圍，去車站不遠。其先原籍江西廬陵郡，萬曆年間，來居龍躍頭，其後建圍移居粉嶺。遠祖六卿，生九子，分任廬陵、吉水、分宜、山口、潮陽、揭陽、廣州、惠州、興寧、長樂十處知州。時有九子十知州之譽。有祖曰彥昭，官朝散大夫，壽一百十九歲，生十五子十二女，洵人瑞也！新界蕉逕、汀角、九龍坑，皆有其支族，凡數千人，亦新界望族之一也。

藏霞精舍

香港新界百詠（二二）

一九三八年六月二十七日

49 安樂村

此間祠宇祀軒轅，漢族天潢帝冑尊；
幾處亭臺稱壯麗，一山猶帶茂陵園。

去粉嶺車站之東數百武，民國十三年，港商馮鏡湖等集資所闢者。東望龍躍嶺，縱橫廣袤，小溝繞之，有西河別墅、成法園、鏡湖別墅、瑞勝書室、鰲園、三教總學會、軒轅祖祠及安樂祠等。庭院幽深，花枝低亞，綠畦掩映，鳥語爭圓，極山居之勝。軒轅祖祠，三楹並立，額為柳宗元乩筆，聯云：「鴻動開漢族，燕翼擴民胞。」內頗壯麗，有陳子礪、桂南屏所題字。安樂祠則具園林之趣，前臨大埔路，左望藏霞精舍，花風醉人，祠宇軒敞，頗惹游蹤也。

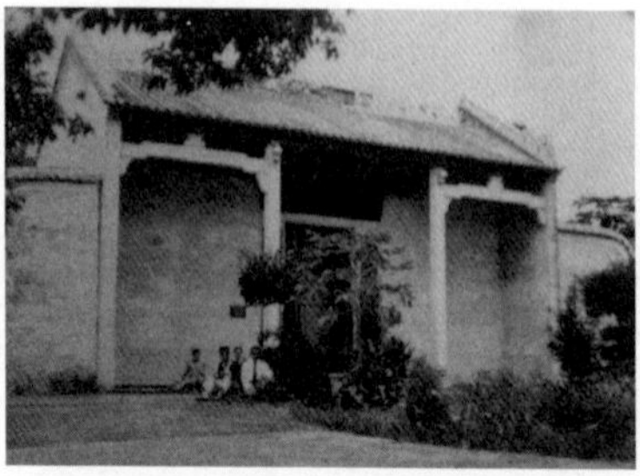
安樂村

50 龍躍頭

一水縈洄龍躍頭，居民新界此軒輶；
明時彭鄧皆來此，種族蕃衍秋復秋。

居龍躍嶺之西麓，去粉嶺車站東北一英里許，居民數百，多文姓。有崇謙學校，新界著名之古村也。粉嶺彭氏有祖曰秀華者，明季即居此。時有大埔鄧氏之房租，亦自莞城來，與比鄰居，後徙於樓村。彭氏則遷粉壁嶺，建圍而居。文氏亦有移居太坑者，縣志稱該處昔有龍躍於溪，故名。出產以芥菜為最佳。

香港新界百詠（二二）

一九三八年六月二十九日

51 萬屋邊

古寺鐘浮萬屋邊，龍山如笑亦如眠；
許多景物都非舊，祇有鐘聲似去年！

在粉嶺黎洞之北，側有和坑至深圳之古道；西南為丹竹坑，村居倚小梧桐山之麓，居民雜姓，可二百。《新安志》列為官富司屬客籍村莊之一也。西行數百武，則為廟徑，長山古寺在焉。寺建甚古，民國十年重修，面臨小邱，萬綠如雲，僻處一隅，游者甚少。內奉觀音、佛祖、地藏王。門聯曰：「長亭惜別，古道瞻歧，雨笠塵襟人日日；山鳥吟春，寺公送曉，煙鐘風磬我年年。」司寺事者，現有老尼數輩，規模甚簡，形式如廟耳。

52 龍躍嶺

巖奇泉冷水門山，野自青青雲自閒；
溪上何年龍躍處，尚餘龍石點苔斑。

一稱水門山，亦曰「神山」、「龍山」，在粉嶺之東，高一五八七英尺。《新安志》云，「龍躍嶺在縣東五十里，高百餘丈，週迴十餘里，林木叢生。下有溪水，相傳有龍躍其間」。是山崛起南涌之南，山脈綿延，縱橫甚廣；東南接八仙嶺，西南止於粉嶺，而黎洞、鶴藪、龍躍頭等村之間，泉石至多。有龍頭石者，水清而冽。值天旱，土人多向之祈雨，頗著靈異，傳為名勝云。

一九三八年六月三十日

53 禾坑

疎林長谷小梧桐，彌望禾坑積翠中；
可稼可宮惟所請，李生猶有愿之風。

一作和坑，在小梧桐山之南，北臨粉嶺至沙頭角之馬路，距粉嶺約四英里。村居位於兩山之間，形如長谷，東達沙頭角灣（英名噪林鳥小港），虹橋野岸，風致嫣然。居民三百餘，多李姓，有李氏世居及鏡蓉書屋。庠生李善餘者，該村之耆碩也，能享大年，德行之純，為村人所風範焉。（昔李愿歸盤谷，昌黎序而送之，有「盤之中，維子之宮，盤之土，可以稼」等語。）

54 南涌

綠野峰迴一水橫，板橋穿樹遠雲生；
翠迷隔岸鴻濛裏，人在南涌煙雨行。

去禾坑東南半英里，居民五百，分李、鄭、楊、羅、鄧五姓，各據一隅，以姓名其村。《新安志》稱南涌圍者，其統稱也。先世多籍古梅，故《縣志》又列入官富司客籍村莊。李屋村居東，其宗祠建於光緒十一年者；至光緒二十六年冬，又建靜觀家塾，額由九龍城西頭張壽仁所書者。張氏以書侯王廟之「鵝」字而顯也。其地環繞皆山，中有小涌，北流而入沙頭角灣。近岸，鴉洲峙立，麗比青螺。而長林曲港，板橋流水，山色翠迷，波痕蕩漾。時見彩雀三五，出沒灣環勝處，風景之佳，新界僅見。由禾坑往新娘潭者，多經此地也。

香港新界百詠（二一四）

一九三八年七月一日

55 沙頭角

梧桐迤邐出沙頭，落照孤墟雜古愲；
聽到海潮思畫戟，沿溪何事別鴻溝！

在新界東北，西接山咀，西南連穀埔，東北通鹽田，北望梧桐山。山有小涌，經此而入大鵬灣，去禾坑二英里餘矣。其地適居中英交界處，分界碑石，沿溪可見。居民千餘，多以農、漁、種蠔為業，屋宇鱗次，碉樓矗立。墟有茶樓商市，經營米、油、鹽，山貨者多。又有九龍税關廠、關帝古廟及東和學校。漁人歸此，集於海灘曝魚，堆列成行，彌望殊趣。昔日自沙魚涌，鹽田等處遵陸來粉嶺、大埔者，必經此地。《新安志》所稱之鹽田逕，蓋指此也。

56 烏蛟田

高原修谷有人家，綠竹清溪紫徑斜；
韻事游人添幾許，娘潭飛瀑濺雪花。

居八仙嶺之東北，地處高原，環繞皆山，修竹適翠，溪流掩映。西北去鹿逕，南涌可三英里。居民八百，多李姓。有李氏宗祠三，劉氏宗祠一，昆益雜貨店及育群學校。土人謂「該村原屬蜈蚣地。清季，科名頗盛，李氏一族，有庠生四人。」而該處之石徑，其色淡紫，至為嬌妍，附近有龍潭及新娘潭兩勝地。

一九三八年七月二日

57 橫嶺頭

古渡歸帆橫嶺頭，寒潭雲影漢時秋；
一溪村舍林深處，兩岸山光映綠油。

在大埔海之北，西望八仙嶺，北去烏蛟田一英里餘，居民雜姓，都二十餘家。村居倚樹，有涌自北來：溯涌而上，左為新娘潭，右為龍潭。前臨海灣，水麗如鏡，沼澤荒草，叢處岸沿。東南不遠，則有橫嶺仔，斜出古渡頭，煙波浩瀚沉逸動人。由大埔滘僱舟往新娘潭者，多在此登陸。

58

大埔海

薄酒三杯禮八仙，瀝源飲馬未投錢；
螺羊分別魚鴉畔，埔海輕開玳瑁筵。

大埔墟以東海面，古稱「大步海」，其名數見於《新安志》也。今人書作大埔海，英名 Tolo Harbour，故漢譯曰「陀羅港」。東出大鵬灣之海峽，則曰「陀羅海峽」，四望皆山，一如大湖，萬頃茫然，蔚為大觀。馬鞍山、火炭山、大埔山、八仙嶺聳立雲表，勢如裙帶。海面則有螺角洲、羊洲、鴉洲、三杯酒洲。前有黃魚頭村，半島斜出，水複山麓，灣環之勝，有輕舟已過萬重山之概。而山川之形勢，可作列螺、羊、鴉、魚之物，而獻三杯酒於八仙之前也。至若沿岸村落，則有鴨𡶶寮、烏雞沙、樟樹灘、大埔墟、船灣、汀角、橫嶺頭、大滘、小滘、鳳凰笏等，岸線延長幾及百英里也。

大埔海

一九三八年七月三日

59 船灣

曲水迴堤路轉歧，船灣景物認依稀；
行人過後葉初落，綠柚臨風欲墮時。

大埔海之北，有半島斜出，約一英里半，啣接螺角洲。東有海灣，綿亘一英里。北望八仙嶺，有莆心排、洞仔、圍下、黃魚灘數村，統稱船灣。沿岸西行，可至大埔墟。東去則為汀角，步行往新娘潭者，由大埔墟經此，需三小時半也。居民四百，皆事農漁，有關帝、天后兩廟。關帝廟側，育英中英文學校在焉。其地涌流四出，緣柯交蔭，瀕海築堤，遙對羊洲，山痕水色，風光如畫。黃角灘、圍下一帶，間植柚樹，熟時纍纍盈枝，臨風欲墮。每日由大埔滘有小艇來此，艇資每人半角耳。

60 八仙嶺

八峰起伏似波濤，列岫迴瀾勢自豪；
莫恃駒馳千里跑，此山猶作浪滔滔。

在大埔海之北，南麓有船灣，汀角等村；北有橫山腳村及新娘潭。是山挺立如屏，高一千二百餘英尺至一千八百餘英尺。有峰八，聯屬起頓，勢如波濤，故名。最高之峰，則為一八八八英尺也。南與馬鞍山遙遙相對，形勢絕勝。大埔海沿岸皆可見之，新界名山之一也。

香港新界百詠（二七）

一九三八年七月四日

61 大埔

此日樓臺開驛路，誰知南漢媚珠池；
半江漁火滄洲夢，一嶺秋雲動我思！

原名大步。南去沙田六英里，東瀕大埔海，居林村河下游。《新安志》

大埔

勝蹟略篇云：「媚川都在城南大步海，南漢時，採珠於此，後遂相沿。重為民害，邑人張維寅上書罷之。」又《山水略篇》云：「媚珠池，舊志云在大步海，漢時採珠於此，今廢。」媚川都想即指大埔，媚珠池其別名也。昔時該處為一大森林，過者大步而趨，故名。今有居民六、七千。鄧氏居此最久，來自粉嶺龍躍頭者也。地分新舊二墟，舊址居北，有省躬草堂。南行，經廣福橋，是為新墟，亦稱太和市。樓宇林立，街道修平，有安富、靖遠、北盛、南盛、崇德、仁興、懷仁、懷義、富善、瑞安等街。樓高三層，多為新建者，與元朗，荃灣之新建設略同。醫局、警署、郵局、滅火局，鄉議局皆有之。北約理民府亦部署於此。殆新界北約之首府也。

62 禁山

亭臺歷落出林泉，買得青山好學禪；
知是金人初入夢，禁山清磬晚來圓。

去大埔墟之西半英里，居林村河畔，倚山為屏，地頗幽靜。園林靜室叢集，夜來清磬，響徹遐邇。山川之魂，為之縹渺。最近有黃氏者，建半春園於此，聚流為池，可作夏泳。

一九三八年七月五日

63 太坑

新田而後太坑村，信國遺忠種族蕃；
今日太和墟上望，言功都向此鄉論。

一稱泰亨，又坑，或蔡坑。由大埔往粉嶺，約行半小時，左望即見之。南去梅樹坑一英里也。村民三百餘，多文姓。明末，由泮涌遷此，居分三處，兩處建圍，曰老圍，曰「下圍」，宋信國公之後也。有文氏宗祠、善慶書室、天后、觀音兩廟。有文洪者，村之先進也，居室軒敞，飾以封建匾額，有孫毓汶，許應騤等題贈文廷式者，饒有古意。其族人文參泉，嘗來大埔建墟，今日大埔之繁榮，文氏與有力焉。又大埔之省躬草堂原址，即文村莊也。泮涌圍側之小邱，有三家墳者，乃其祖墓云。

64 康樂園

企頭圍畔草蔥蔥，福帥如今一老農；
種得河陽千萬樹，廣芻擇教海山容。

太坑東望，有村曰「企頭圍」者，康樂園在焉。園佔地甚廣，環繞一匝，需四十分鐘。其門有識耕老人集王摩詰句題聯云：「門前學種先生柳，道旁時賣故侯瓜。」蓋中委李福林之別業也。李氏燕居，在園之中，內懸譚延闓、胡展堂等題字，及孫總理親筆題贈李氏之照象一大幀，款稱登同老兄者。園植菓木至疊，出品以楊桃、欖、木瓜、香芒，荔枝為最佳，產量亦宏，運售香港，廣州，上海，及長江流域一帶。

一九三八年七月六日

65 林村洞

鍾屋浮紅荔滿枝，憶看擘荔我來時；
濃陰一畫清如水，幽谷林泉未盡思！

居大帽與大笪秧兩山之間，勢成大谷，中為平原，東南去大埔一英里，地域廣袤，為新界大陸中部一大山洞。林村河上游，即分流於此。泉流綜錯，林木蔥蘢，洞名「林村」，職是故也。地有村落二十八，居民二千餘，鍾姓至多，分處寨吉、大菴山、上田寮、下田寮、泉水井、新村、平塱、鍾屋村及新屋排九地。先世來此，遠在宋、元之間也。鍾屋村產荔極豐，熟時，紅雲四野，臥地擘食，風味彌永。放馬埔有天后宮，建於清乾隆二十六年。坑下埔林氏，祖墳壯麗，全洞之冠，福建望族也。全洞有腐竹廠十餘處，由大埔往錦田者，必經此也。

66 碗窰洞

夾岸桃紅百媚嬌，一溪煙雨自飄蕭；
碗窑如染湘江粉，定與山靈畫六朝。

大埔南行一英里，即見十餘村落，處於山谷中，此碗窰洞也。共有上窰、下窰、荔枝山、打鐵㘭、燕巖、圓墩下、半山陬等村。馬姓較多，居下窰。有馬氏宗祠及樊公廟。荔枝山有桃源洞齋堂，建於民國十一年，主持田邵村，今已圓寂。該處桃紅映溪，不啻武陵，旅行者喜由荃灣經城門谷至此，昔多碗窰，今廢，衹餘腐竹廠數處耳。

一九三八年七月七日

67 掃稈灘

淺波容與共浮沉，九逕山頭綠漲深；
最是梁園經雨後，幾人能聽海潮音？

去屯門之南二英里半，俗稱十八英里半，九逕山南麓斜出之海灘也。南望大嶼山，大、小磨刀二洲在焉。沿岸有私建之游泳棚數十所，華洋雜處，形式不一。惜海潮洶湧，不宜初泳耳。麓有梁園，地極廣袤，亭臺花木，各擅其勝，粵軍宿將梁鴻楷之別業也。昔為消夏勝地，備設餐室跳舞場，士女紛臨，風光旖旎。今則嶺南大學附中遷校於此，暇時，學子習泳，戴紅藍之帽，出沒綠波中，風光亦無限也！

68 大欖涌

遠承一脈自潮陽，大欖涌居日漸長，
眼底河山多變幻，圓墩猶帶幕煙蒼。

居圓墩山之麓，西去掃稈灘二英里，村有居民百餘，分胡、李、陳、張四姓，胡姓最多。先世自北平遷福建汀州長汀縣者，其祖越綠，明季殿撰。子有通，洪武間移居廣東潮州揭陽藍田都，復遷惠州興寧，再遷於此，迄今二百餘年矣。村之東南，有天后古廟，同治十五年三月重修者。村居位於大涌之東，涌至青山道經長橋而入於海。涌旁曠地，可作哥爾夫球之戲，連道公司正致力於此項建築中也。村北有徑可通元朗之十八鄉，行經兩山之間，需二小時也。

香港新界百詠（三一）

一九三八年七月八日

69 大埔滘

曉風好趁大鵬渡，殘月猶依火炭山；
一處航程兩界海，不勝惆悵望鄉關！

去大埔墟東南二英里，南望火炭山（高一一四四英尺）；村居臨海，曰「尖坑口」。有雜貨店數家，漁艇時來，故主顧多為榜人也。其西半英里，即九廣鐵路車站。伸於海者，有長碼頭一。來往沙魚涌之大鵬輪泊此；而船灣、橫嶺頭、榕樹凹、烏雞沙一帶之艇渡，皆集於此。曉風拂岸時，即有鄉人到此趁渡。漁洋詩云：「行人繫纜月初墮，門外野風開白蓮！」髣髴似之。但往沙魚涌者，經華英兩界海面，需四小時，風物之殊，不無感慨矣！

70 三尋小澳

一環小澳可三尋，遠岸低林翠影深；
野渡不知何處去，兩峰新雨帶晴嵐。

在大埔海之南，澳修幾二英里，廣半英里，水深三尋，故名。惟沿岸甚淺，多沙石；西岸有井頭、蔴菇林、鴨𡸴寮、企嶺下舊園、西徑；南有企嶺下新圍；東有榕樹凹、深涌、鹹田。西南望馬鞍山，東望榕樹凹山。澳之南部，石堤貫之，長六百碼。由西貢經大環越山至此，僅一小時。將抵企嶺下新圍，一望全澳，沿江林木，岸線紆迴，風景絕勝！若沿西岸而行，柔枝低垂，野徑靜寂，海風徐來，岸影沉逸，過處猶聞鳥聲細碎也。按三尋小澳一名，不見於《新安縣志》。今版輿圖，皆作三尋小港，蓋轉譯英名 Three Fathoms Cove 者。「澳」與「港」有別，Cove 小灣也，故稱三尋小澳較妥。如布袋澳、大澳、將軍澳、瀝源澳，

三尋小澳（企嶺下海）

屯門澳之類是也。

一九三八年七月九日

71 青龍頭

清吏曾題貞女墓，我來田尾引芳魂；
亭亭倩影斜陽裏，碧血猶殷汲水門。

東北去深井一英里餘，西距大欖涌二英里。東北有青龍山，脈接圓墩山者，其形如龍；龍頭止於海濱，臨白沙灣，村居在焉，故名其地曰「青龍頭」。居民有鍾、羅、張等姓，都十餘家。村東有天后宮，金花廟及貞烈祠，三楹並立。貞烈祠祀某氏女，其墓在村西之田尾，碑文紅字，題曰「皇清待旌貞女墓」。書法極肖翁覃谿，深得化度寺、孔祭酒兩碑之神髓，並有小誌，略謂：貞女不詳其姓氏，被逼為娼門人，投水以殉。同治九年六月廿二日，屍浮汲水門海面，翌日為守吏葬之於此云。立碑者，廣東補用分府鄒淦、委員廣東補用巡政廳林一鶴、幫辦廣東補用藩參軍汪履仁、坐辦汲水門洋藥厘務廣東補用分府周書中等數氏也。其事雖不詳，然碑誌乃刻於同治九年者。

書法既佳，可備作新界文獻者也。

72 汀九

山陬海甸一漁村，瀉岸漸來雞踏門；
舊網巖沿拖半地，參差籬蓬暮煙痕。

原名癲狗，距青龍頭之東三英里。村居臨海，青山道高臨其後，側為汀九山，南望雞踏門馬灣島及青衣，村民分曾、戴二姓，可百餘。以捕魚，種菜，採稈草為業。海灘多游泳別墅，形式之壯麗，勝於掃稈灘也，惟當雞踏門之衝，濤聲拍岸，潺潺不絕；而海角漁村之風趣，此地擅其勝焉。

一九三八年七月十日

73 深井

平堂矮屋傍清溪，深井依山翠黛迷；
訝見村南樓矗立，已無甲子舊時題。

去汀九西南一英里半，圓墩山、清溪堂山、汀九山自西而東，繞如圍屏，村居臨其麓，青山道經其前。東有大涌，發源於清溪堂山而入於海；至青山道，建橋其上，長可六丈。沿海有香港啤酒廠及香港桔水公司。南距馬灣島不及一英里也。村有二十餘家，傅姓較多，為清溪堂傅氏支族。涌畔有文通書室，讀者十餘人，綠陰浮牆，地頗幽靜。

74 大帽山

帽山為勢絕雄奇，起伏盤旋迤邐馳；
新界河山分一半，蠻煙瘴雨立多時。

在荃灣之北，高三一三〇英尺，為新界大陸主山，亦最高者也。其

攀大帽山比賽

勢雄峻，盤踞百餘英方里，寶安之七娘山與梧桐山，差可比擬。計有峰二十餘，高逾二千英尺者得十三。東行有火炭山，東南行有尖山、石梨山、九龍嶺；北行有觀音山、雞公山、大笪秧山；西行有蓮花山、圓墩山、九逕山，紅水山等。而城門、錦田、林村三大河流，皆發源於此。自正峰迤邐而東南，巖石錯落，野草蔓生，草長及頸，行人經此，其絮輕飛，如逐小蠅。《新安志》謂大帽山上有石塔，多產茶，想即指此處也。若登峰四望，深圳、大嶼、香港，大鵬一帶，皆來眼底。帽山俯瞰，為新界十景之一。

一九三八年七月十一日

75 蓮華山

一屏列岫如蓮藕，絕頂形稱五佛冠；

小谷臚分三碗飯，此山合作佛堂看。

高一五三一英尺，簡稱花山。分上花山、下花山，在荃灣之西。東接大帽山，相距處，泉流四濺，林木扶疎。南麓有汀九、油甘頭、柴灣角等村。北行為蓮花山、觀音山。西行為清溪堂山、圓墩山，蓋大帽山之支脈也。頂有峰五，各如半月形，稱五佛冠，俗說地藏王冠，前飾五佛像，故名。右脈向南行，為巒四，延數百碼，形如蓮藕，頓感如藕節，山名基此。南有峰，頂立方形石，稱「三寶佛印」。下有小谷三，稱「三碗飯」，所以獻佛也。然天工造化，本無象形之初機。是山之巔如此，沙門中人，乃就其形勝稱以禪名，名山增色矣。予嘗履其地，縱觀其勝，歎為巧妙，其名亦甚當也，山有袛園寺、西竺林、靈巖諸勝，新界禪山，此亦有名。

76 檀香澗

一林幽澗有檀香，飛瀑生雪撲面涼；
靜瀑潭清尤似水，山容入定味偏長。

居大帽，蓮華兩山之間。附近有製香寮五、六間，故美其名曰檀香澗。該處泉瀑交濺，頑石險巇，池可作泳，略似三疊潭；惟水之清則過之。由荃灣往川龍者皆見之，香港旅行人多喜趨此，亦新界消夏勝地之一也。

一九三八年七月十二日

77 靈巖

難忘雲水此孤僧，今念靈巖悵不勝；
滑石橋頭且待我，此心早已冷于冰。

在蓮華山五佛冠之下，去西竺林之左百餘武。巖高二丈，濃陰護之，巖門就石書聯云：「霞迴朝日彩，巖隱暮雲蒼。」書者圓行法師，字體似《靈飛經》，內有佛座，有僧床。盡處右折，拾磴而下，一洞豁然，開穴引流，流依巖側，築小渠以導之，是為僧人治食之所。此處幽絕，清風時來，流水澌瀝。居者為心空、圓行兩上人。心空者，嘗任大嶼山靈隱寺住持，後移駐昂平之彌勒巖。年前，予游昂平，與之相值於雲水之間，偶聆禪悅，世味頓失。上人本大澳商人，能堅持佛行，見性於靜，空山幽巖，雲水一身，山川草木，相對忘言，一苦行頭陀也。民國廿五年，卓錫於此。予至靈巖，未與相值，得西竺林比邱尼為予言，乃知上人遷地此巖。其明年，復過其處，淨侶告予曰：「彼已圓寂矣！」予為憮然久之，新界沙門，予最心儀其人。噫！是亦佛門之劫也。

78 川龍

寒林一谷蔭川龍，原有葛懷上古風；
添得教堂稱壯麗，此鄉不與舊時同。

在大帽山之西南腰，地處高涼，環繞皆山。居民四十餘家，有曾、陳、李等姓，以耕種為業。天主教堂及雜貨店亦有之。其南涌流錯雜，林木交蔭，建川龍橋其上。民國四年，惠陽廩貢生李國春為文誌之。

香港新界百詠（三六）

一九三八年七月十三日

79 城門

眾山環翠若龍蟠，依谷為塘海樣寬；
偶到白雲斜徑裏，坐看流水入城門。

去荃灣之東北，大帽山、針山、火炭山、石梨山環繞之。廣袤四英方里，居城門河上游，泉流百出，水利最饒；惟地面高下不一，約由水平線上七百餘英尺至千餘英尺之間，峭壁斜坡，隨處可見。北有鉛鑛凹，通碗窰、大埔。南有波蘿凹，通葵涌、荃灣、城門凹、通大埔路。昔為新安縣六都所屬，由大埔往荃灣者，必經此也。香港政府以其水饒，建水塘於此，初名城門水塘，後改銀禧水塘。規模宏壯，有水碗、水塔、堤壩、隧道等。針山與石梨山之腰，各建暗導水渠一；又在海底安置大喉，輸往香港，貯水量為數十兆加倫，建築八、九年始完成者，工程偉麗，東方有名。

80 針山

一峰拔地勢如針，遙望沙田景最深；
腳底寒雲迎石崖，層巒縱翠亦千尋。

一名尖山，在城門之東南，高一七四一英尺。北接火炭山。西南二麓，城門河繞之。西南小腰，產鎢甚豐，有人開採。沙田之白田村，即依其東南麓，由此有徑登山，沿路紆迴曲折，及頂尤甚，其巔挺出，下望如臨峭壁懸崖，形勢甚險，有若馬鞍山者然。

一九三八年七月十四日

81 葵涌

澹雲斜帶石梨移，修竹臨風巧弄姿；
田舍半從灣角亂，水流紛作一涌葵。

去荃灣東南一英里餘，石梨山、馬子嶺、探凹山、禾籬峽山，自東而北聯屬為屏。北有大涌，自大帽山麓來，經全村而入葵涌灣，其流紛出，錯落灘上，形如葵，故名。青山道斜貫之，左曰「下葵涌」，右曰「上葵涌」。分黎木壽、禾田咀、油蔴磡、圳邊、大連排、芒樹下等村。居民六百餘，雜姓；菜園、腐竹寮，波蘿田皆有之。又有同治十一年建之永安橋及道光年間所築之天后廟。大連排有淨覺園齋堂，附近修竹千竿，高逾五丈，婆娑弄影，惹人流連。而葵涌灣修、廣可一英方里，西接青衣門海峽，青洲、綱洲在焉。灣環之間，又分孖角、磨石、垃圾、拖罟排等小灣，岸迴沙淨，田舍蕭疏，斜拖一抹，漏碧天心，景至沉逸也。

82 九華徑

九華徑裏綠離離，一水三山橫翠微；
旖旎灣頭隨日盡，輕風麗月送人歸。

一名狗扒澗，去葵涌東南一英里。村之三面環山，曰大洞山、龍頸山、竹仔山，各高三、四百英尺耳。南有荔枝角灣，泳棚三數，士女紛臨，綠波浮沉，風光旖旎。村多田畝，彌望青蔥，東有小涌，樓舍錯落。居者二百餘，曾姓眾多，系出武城，亞聖之後也。先世自歸善淡水望牛崗來，清乾隆間，居大欖涌之瀝竹角，後徙於此，祖墓在城門石梨山之二芒田。村設養正家塾。村人極淳樸有禮，是可風也。

庸社行友在九華徑

一九三八年七月十五日

83 煙墩山

泰火山頭裂兩峰，龍塘依舊夕陽紅；
烽煙尚記前朝事，不盡興亡一覽中！

高一五一九英尺，在九龍塘之北，東有九龍凹，脈接獅子山。巔有二峰，相距不遠，橫看成巒，如爆裂之火山，土名泰火山。惟今版輿圖皆作燕壇山，想必轉譯英文地圖所註 In Tan San 者。英名亦曰 Bacon Hill 直譯則為烽火山，其名與土名較近，得自象形者已。然土人云：「在昔山上嘗舉烽煙以示警」，則其名煙墩山者，亦較切也。燕墩與燕壇，音相近也，豈輿圖所註之 In Tan 本作 In Tun 者耶？ u與 a之差，便成此矣。予故決其名曰「煙墩山」。山之陰，林木茂密，九廣鐵路最長之山洞，即經其下。

84 獅子山

危崖古道入蒼茫，寂寂鰲洋寄大荒；
向晚園林多劫後，一屏獅嶺帶殘黃。

高一六二〇英尺，在九龍城之北。別名至多，若虎頭山、金鳳山、駱駝山、鷹咀山、禾鐮咀山，獺子頭山，皆是也。嶺極峻峭，須攀沿而上，惟面平如台，頑石數頭，雜以荒草。南瞰，危崖壁降，如登雲端，搖搖欲墜。北望瀝源灣，大埔海，山川如畫也。《新安志》云：「虎頭山在官富九龍寨之北，亦名獺子頭。怪石嵯峨，壁立插天。其下凹路，險峻難行；然實當衝要道，乾隆壬子年，土人捐金，兩邊砌石，較前稍為平坦。」自打鼓嶺村西北行，有徑登山，先抵九龍凹，高一〇三六英尺；然後東折登峰，需時四十分鐘耳。

一九三八年七月十六日

85 蠔涌

村舍臨溪綠漲天，海潮如帶夕陽前；
橋頭古廟山隈立，指點蠔涌隔暮煙。

在新界大陸之東南，居水牛山之東南麓。東臨蠔涌灣，自赤網嶺、黃麖仔有涌奔瀉而下，至村側成一大溪，綠影扶疎，波痕如笑。村之間，纍石為短垣。居民六百餘，溫、張二姓較多。落籍於此，約在元明之間。東有車公古廟，位於斜坡上，其前築台，植紫薇樹。開花時，冶紅妖翠，彌望爛然。廟建於六十年前，至光緒三十年重修，每隔十年，村人建壇設醮以祝之。下望為永安橋，民國十年建，經窩美、南圍、大埔仔等村。土人云：「在昔該處沿海多產蠔，潮退即見，故名。」由九龍城往西貢者必經此。

86 北圍

北圍水滿一灣肥，山角茶亭夕照微；
燈火漸從簷底出，有人林裏帶樵歸。

居蠔涌灣之北，與南圍相望，有小艇往還其間。村居倚山，面臨田畝，沿海築堤，半圓形。中有數家，以收魚為業，得魚轉售，有若魚欄。村南堤盡處，有茶亭一，來往西貢者，多喜憩此。當潮漲時，水幾與堤平，灣肥岸闊，山光水痕，欲醉人也。

一九三八年七月十七日

87 南圍

曉風吹月墮南圍，角動疎星曙色微；
歸渡江頭初繫纜，村人爭論晚魚肥。

居蠔涌灣之南，北望北圍，西鄰窩美。村舍數十，背山臨田；田瀕海，築堤護之。堤長數百丈，岸迴水曲，至為幽妍。其東斜出，為小半島，形如洲，萬綠如雲，蒼翠欲滴。其側，天后廟在焉。村人多邱姓，建宗祠二。事農而外，亦有收魚者。收魚之人，皆備釣艇。深夜，遠出滘西海面，向各漁船收買，多為鰻鱔蝦蟹之類，將拂曉即歸。遠離村岸時，吹角為號，預報所獲。一担者，響角一聲，以便候購者得所商訂，然後再出海外，及午而返。旦夕二次，早晚之市，所得皆運往九龍城發售也。

88 白沙灣

古廟濃唸聽海潮，白沙如雪浪花嬌；
漁人染網來三兩，閒與清風破寂寥。

去北圍東北一英里，斜對南面，僅有小屋數間耳。天后廟，雜貨店各一，隱於濃青澹綠間。前望曠地，有薯莨井，間有漁人三兩，到此染網而曝於灘上。灘之沙，其白如雪，海潮微起，遠望江天之外，一角自右斜出者，打石灣也。此灣綿延數百碼，水平沙潔，綠蔭扶疎，微風起時，落葉作響；左望蕨林窟半島，環抱其前，有如小湖，山靜欲笑，風光嫵媚，誠海浴之勝地也。

香港新界百詠（四一）

一九三八年七月十八日

89 西貢

東去漁舟一市廛，桅檣時滯此江邊；
樓頭沽酒驚初醉，又向煙波度歲年。

去蠔涌東北三英里，西北望馬鞍山，東南臨滘西海，南為西貢灣，對岸曰水井頭。警署設於邱上。地有樓宇數百，多二層，居民六千餘。商店如雜貨、海味、山貨、金飾、布疋，茶麵等皆有之。尤以油，鹽，米，糖四項為最大宗。東去漁船，多歸此購糧或修理。歸時，多至百餘艘。漁人皆好飲食，歸帆甫息，登樓買醉，此去彼來，深宵未已，市況頓呈熱鬧，有若長洲，大澳者然，蓋新界東部重鎮之一也。臨海有天后、關帝兩廟，經此北行，可至榕樹凹或三尋小澳也。

西貢墟天后廟

90 浪打金鐘

重山複水繞金鐘，帶得長沙脈似龍；
顯宦雖曾卜此穴，漁樵閒話有無中。

滘北海面一小洲也。去西貢東南五英里，與龍船灣相近。洲高數丈，形如覆釜；側有沙痕，遠接大山，沒於水中，潮退可見。其南遙望水牛洲，菓洲，檯洲，峭壁洲。風鑑師因美其名曰「絲線吊金鐘」，亦曰「浪打金鐘」。傳明末有顯宦某，相地至此，驚為佳城，遂妥其先靈於此。至嘉慶間，其後人有為巡撫者，歲復清明，挾族人數百，到此掃墓；惟水淺不能進，乃逼附近漁船，聯接為橋，並環繞其洲，以壯聲勢；不從者，嚴撻之；從者，雖勞而不報。其後，舟人苦之，謀敗其山脈，勢果大挫，其族亦漸替，至今其墓亦無存矣。

一九三八年七月十九日

91 滘西海

滘西島嶼似星羅，萬頃波濤逐恨多；
愁向楚山皆歷亂，傷心更怯聽漁歌。

在新界大陸之東南。由佛堂門沿岸北行經西貢，龍船灣而至朗吉，成一大環；環內之海，即滘西海。海面洲嶼至多，如星羅棋佈，薯莨洲、網洲、針頭洲、瓦竈洲、鋭洲、鋸洲、笋洲、劍洲、城洲、火石洲、水牛洲、峭壁洲、氈洲、菓洲、北排洲、高洲，九針洲等。鋸洲、高洲最大，可三、四英方里；餘如鴨脷洲、校椅洲耳。然顧名思義，可知其形勝為如何也。在城洲、峭壁洲、火石洲之間，有大欽門、小欽門兩海峽，昔設税關，今廢。舟行經此，水複山重，島嶼瀠洄，江天一色，煙波浩瀚，誠有輕舟已過萬重山之概也。

滘西海

92 白花林

一墳傳勝白花林，建國慈顏萬象欽；
別後河山知念舊，鐘靈偏到此間尋。

在赤綱嶺之東，地居山腰，俯瞰黃麖仔、蠔涌，有孫總理太夫人楊氏之墓，墓廣十餘尺，周作圜形，碑高三尺，題曰「香邑孫門楊氏太君墓」，祗此九字而已。遙望南、北二圍，勢若環抱，蔴纜窟半島橫亘如案，縱目一覽，襟懷豁然，此堪輿家所謂佳城也。楊太夫人昔居九龍城牛池灣小梅村（今安老院故址），墓成於宣統三年，葬後百日，即為辛亥之役，孫哲生氏亦嘗到此掃墓也。

93 佛堂門

一九三八年七月二十日

山陬古廟綠陰屯，鐫石為龍壁上翻；
鳥向江帆雲影盡，天風海嘯佛堂門。

在新界大陸之極東南，北倚田廈山，南對南堂洲，中為佛堂門海峽，廣四百碼耳。地分北佛堂與南佛堂，南佛堂即南堂洲，居劉姓數家，有北帝廟。北佛堂有天后廟，俗稱「大廟」，三楹並立，廣五丈，修四丈，高如之，簷垣鏤飾，饒有古意。廟臨高台，濃陰環翠，拾階而下，為大廟灣。門額為光緒三年舉人陳常韶所書者。其內楹聯頗多。有重八百餘斤嘉慶八年鑄之古鼎一。值天后誕，漁艇紛集，香港士女，來此亦眾，與赤灣相似，蓋新界最著之古廟也。廟後曰「凹頂」，越此可至布袋澳。《新安志．古蹟篇》云：「石壁畫龍，在佛堂門，有龍形刻於石之側。」《古今圖書集成》亦載此。予至其地，未及訪之，不知今尚存否也。惟斜望佛堂門海峽，水流湍急，天風海嘯，江帆雲影，飛鳥翱翔，頗有天涯海

佛堂門天后廟

角之感。

94 坑口

長橋野岸帶潮平，卸甲將軍入望青；
挾夢滄洲寒雨歇，一邱如蟹海邊生。

居將軍澳灣之極東北。三面環山，勢成小港，村居百餘，有小市集。東有大涌，築坑導之入海，故名。西為大埔仔山之斜坡，地名將軍脫甲，一望青蔥，影沉沙岸。南有道光二十年所建之天后廟。沿岸而南，一邱墳起如蟹，名曰蟹地，形勝與將軍脫甲並稱。村居背海，有石碼頭，來往筲箕灣之電船泊此。海上釣艇，時有海鮮出售。予嘗偕友人數輩，登艇治食，把酒持螯，縱談網罟事，漁家風味，好在半酣時領略之也。

坑口

一九三八年七月二十一日

95 清水灣

綠漲灣深水更清，寒潮時共白沙明；
清涼閱盡人間世，懶向炎方寄此生。

在佛堂門之北，西為漁翁山（又名大環山，高一一〇三英尺），至田廈山（高八七七英尺）之列岫，灣分二環。在北者較小，有大環頭、大凹門等村。沙灘幼潔，綿延一英里，海水極清；雖深至四、五丈，亦能見底。跳水者，一躍而下，黑影一團，蠕蠕而動，漸向上升，透視無遺。浮沉其間，涼沁心脾，琉璃世界，如處廣寒。沿灘樹叢，間植野波蘿，菩提子之屬，可擷取為戲。且東望為大洋，雲天浩蕩，豁人襟懷。夏時，香港士女，最喜到此，或帶月而歸。浴罷臨風，心曠神怡，幾不知有人間天上，誠新界海浴場最勝之處！最近由牛池灣有馬路直達于此，長七英里半，沿途經井欄樹、大埔仔、坑口，而出滘西海面。山川景物，秀麗迎人，亦旅行一好去處也。

96 布袋澳

布袋灣深翠欲流，渡旁煙樹洞庭秋；
歸帆無限蒼茫色，燈火臨江月滿樓。

倚佛堂門之凹東，而對大角頭山，北去清水灣至近。澳海深入，形如小湖。居民三百餘，分居東西兩岸，有福德祠、洪聖廟。稍有商店，經營薯莨、山貨，雜貨等。街坊有事，集福德祠商議之。漁戶居半。漁多遠出菓洲一帶，歸舟泊岸，夕陽淩影，漁村逸趣，風光無限。

香港新界百詠（四五）　一九三八年七月二十二日

97 沙橋

隱隱滄波聽落潮，鏟洲啣接白沙橋；
水痕染得山光淨，一艇拖翻浪百條。

在田廈山之南，東接佛堂門，有小洲峙立海中，名曰「鏟洲」。洲高數丈，周圍五百碼，南有小排，屹立如球；北有沙條，沉於海中，直達對峰，凡二百餘碼，此沙橋也。舟行經此，白沙一片，隱現波中，離海面可五、六尺，潮退高出，遠望如橋，亦如長堤；兩端巖石崢嶸，如鋸齒釘耙，為狀至怪，極山川之形勝也。

98 博寮洲

榕樹灣深景最饒，天涯依舊滿漁樵；
滄桑草問前朝事，鰲海荒煙鎖博寮。

距長洲之東五英里，與鴨脷洲相隔一東博寮海峽，遙約一英里餘，面積為五英方里。峰巒聯屬，形如裙帶；自赤柱望之，更如長屏矣。最高之山為一一六〇英尺。有榕樹灣、茅笪、東澳、榕樹下、大灣、流蘇城、橫塱、高塱、大坪、轆洲、蘆荻灣、榕樹塱、筲箕篤、北角等村。以榕樹灣為最繁盛，居洲之西北，倚大坪山而望西博寮海峽，灣廣一英里，亦稱龍水灣，有小市集及天后廟。洲有居民二千，多業農漁，有小艇往還鴨脷洲、赤柱兩地；攷古者亦嘗在該處發掘古代兵器，謂為遠在秦漢間之遺物也。

一九三八年七月二十三日

99 蒲台

橫欄風雨滿蒲台，不絕濤頭滾滾來；
地老天荒思故國，山川景物有沉哀。

去香島東南二英里，面積約得青衣之半，山高七九二英尺。西北對螺洲，臨雙樹門海峽，西有白排洲，東北望酸薑洲、橫攔洲。天涯海角，煙波浩渺，濤頭十丈，一望溟濛。北有村曰「蒲台」，居民四百餘，多來自寶安南頭者。有天后廟、小商店及茶市等。夏秋之間，漁艇紛集，出品以腐竹，魚卵為最著名，每日均有小艇往來赤柱。天后誕時，建棚演戲。端陽競渡，該處亦頗活躍也。

100 汲水門

海流湍急似螺旋，汲水潮翻夕照邊；
看到迴瀾心轉靜，願君同識舊山川。

大嶼山之極東北，與馬灣島相距處，曰「汲水門海峽」。廣三百餘碼，海流湍急，轉作漩渦。香港老建造家嘗言：「其底有潭，側植珊瑚，大魚涵淹卵育於此。」為西部各輪船出入香港之要道，與鯉魚門並重也。東北岸為汲水門村，村居臨岸，稍有市集。來往香港大澳之輪船，以此為分段之一。清時，置官守之。馬灣島面積約半英方里，與坪洲等耳。山高不逾三百英尺，東有馬灣，與青衣隔一雞踏門海峽，南峙小洲，燈塔在焉。

民國廿七年七月廿一日，脱稿於九龍半島之綿綿孝憾廬。